교회의 심장을 깨우는 **잠들지 않는 사역자**

A Visionary Minister who awakes Heart of the Church

교회의 심장을 깨우는 *잠들지 않는 사역자*

오정현 지음

국제제자훈련원

상함을 고침으로

부족함을 넘침으로

갇힘을 자유로

절망을 소망으로

사망을 생명으로 바꾸는 역사를 꿈꾸며...

서문

저는 어릴 때부터 교회 가는 것이 그렇게 좋았습니다. 어쩌면 의식하지는 못했지만 달동네에서 저의 영혼의 갈증을 채워주는 것이 교회밖에 없었기 때문에 본능적으로 저의 발걸음이 교회를 향하지 않았나 싶습니다. 자라면서 예수님을 구주로 고백하고 구원의 감격을 알게 되면서부터는 신학적으로, 교리적으로 교회가 무엇인지는 다 알지 못해도 교회사랑은 저의 의식의 틀을 형성하였습니다. 그래서 학교에서 교사들이 반교회적인 발언을 하거나, 친구들이 교회를 폄하하는 말을 하는 것을 들을 때면, 마음이 아프고 견딜 수가 없었습니다.

교회에 몸을 담은 지 제 나이와 같은 시간이 흘렀지만, 교회에 대한 사랑은 조금도 줄어들지 않았습니다. 오히려 시간이 흐를수록, 사회의 온갖 세속적인 현상을 바라볼수록 제 속에서 불덩이처럼 커지는 마음이 있습니다. "교회만이 이 세상의 희망이다. 교회만이 죽어가는 생명을 살리는 소망의 터전이다. 다윗의 때처럼 예배의 감격을 회복하고, 초대교회처럼 교회의 능력과 영광을 회복해야 한다."는 것이 꿈결에서도 소리치는 제 영혼의 간절함입니다.

20세기 초만 해도 한국 교회는 사회의 버팀목이었고, 사회를 이끌어가는 존경받는 곳이었습니다. 비록 숫자적으로는 기독교인이 전체 인구의 2%도 되지 않았지만, 사람을 가르치고, 병을 치료하고, 어려운 사람을 돕는 일에 교회가 가장 앞서 나갔고, 지금도 많은 사람들이 그때에 세워진 교육기관이나 의료기관 혹은 복지단체로부터 도움을 받고 있는 것이 사실입니다.

그럼에도 불구하고 90년대 이후로 교회의 성장은 정체상태에 있으며, 사회는 점점 더 반기독교 정서에 물들어가고 있습니다. 1907년 평양대부흥이 일어났을 때 한국 교회가 가졌던 권위와 영향력은 점차 위축되고 쇠약해져서 사회의 빛과 소금으로서의 사명을 다하지 못한 채 하나님의 영광을 가리는 아픔을 겪고 있습니다.

이러한 원인에 대해서 가장 책임을 져야 할 사람은 저 자신을 포함하여 사역자들입니다. 교인들을 잘 양육하지 못한 책임, 사회의 어려움을 돌보지 못한 책임, 그리고 무엇보다도 주님의 몸된 교회를 목회자의 아집의 장소로 전락시키고, 교회를 분열시킨 책임이 있습니다.

그러나 아무리 이런 이유로 교회가 사회로부터 손가락질을 받는다고 해도, 저는 주님의 교회만이 이 사회의 유일한 소망의 터전임을 믿습니다. 이 조그만 땅덩어리에서 온갖 계층과 지역으로 분열되고, 20세기의 잔재로 극복해야 할 이념 때문에 가장 긴밀해야 할 부모와 자식간, 스승과 제자 간의 관계조차 찢겨지면서 국가의 기초가 흔들리고 있습니다. 물질 만능주의와 외모 지상주의의 덫에 사로잡힌 채 도덕성의 황폐화로 치닫고 있는 이 사회의 회복 불능의 고통과 상처를 온전히 회복시킬 수 있는 것은 교회밖에 없습니다.

사람들은 고통받는 영혼으로 괴로워하면서도 어디에서 영혼의 갈증을 해결할 수 있을지 주변을 두리번거리고 있습니다. 그래서 점집이나 마음의 위로를 약속하는 곳들이 문전성시를 이룹니다. 그러나 세상의 그 무엇도 영혼의 텅 빈 공간을 채우지 못합니다. 주님의 몸된 교회만이 그들의 영혼의 아픔을 감쌀 수 있으며, 그들의 빈 마음을 만족시킬 수 있습니다.

교회를 이 시대의 소망으로 삼는 첫 단추를 제대로 채우느냐 하는 것은 무엇보다도 사역자의 건강한 목회철학에 달려 있습니다. 이를 위해서는 지금까지 한국 교회와 사역자들이 갖고 있는 한계를 돌파하고 사회에 대한 관심과 참여를 통해 역동적인 교회, 유기적인 교회로 거듭나야 합니다. 또한 모든 족속으로 제자를 삼는 대사명과 이웃을 내 몸처럼 사랑하는 대계명을 가지고 세상 속으로 나아가 제자의 삶인 예수사랑을 실천할 수 있어야 합니다.

한국 교회의 신앙의 선배들은 열악한 환경 가운데서도, 심지어 일제시대의 잔혹한 핍박 가운데서도 신앙의 정체성을 갖고 수천 년 내려오던 민족종교를 백 년 만에 바꿔 버렸습니다. 저는 한국 교회의 혈맥 속에 흐르는 순교적 영성의 힘을 믿습니다. 이 순교적 영성에 한국 젊은이들의 선교적 영성과 세계 179개국에 흩어져 있는 743만의 디아스포라 한국인의 국제적 영성을 잘 네트워킹 한다면 21세기에 필요한 사역들을 한국 교회가 잘 감당할 수 있으리라 생각합니다.

이 책은 저의 40여 년간의 목회 현장에서 땀과 눈물로 쓰여진 육필 원고라고 말할 수 있습니다. 페이지마다 사역의 현장이 녹아 있고, 감사와 환희, 때로는 눈물과 고통의 숨결이 스며 있습니다.

저는 한국 교회가 예수 그리스도의 영광을 회복하는 그날을 꿈꾸고 있습니다. 한국에서부터 시작된 새로운 부흥의 물꼬가 일본과 중국까지 이어지고 예수님의 재림의 시기를 앞당기는 데 작은 밀알이 될 수 있기를 소망합니다.

책을 출간하면서 특별히 저를 위해 늘 사랑과 기도로 함께하는 사랑의교회 교우들에게 감사를 드립니다.

한국 교회가 예수 그리스도의 영광을 회복하는 그날을 꿈꾸며
오정현

목차

- 6 　서문
- 12 　프롤로그

Part 1 │ 영원을 바라보는 지도력

- 28 　서번트 리더십
- 36 　균형 감각을 갖춘 사역자
- 48 　성경적 리더십
- 60 　영성 형성으로 점검하는 리더십의 뿌리
- 72 　사역의 한계극복을 위한 결정력
- 83 　전심을 회복하는 사역의 미학

Part 2 │ 건강한 사역자가 만드는 건강한 교회

- 96 　감동이 흘러넘치는 사역
- 108 　사역자의 자기관리
- 115 　영성의 위기 앞에서
- 124 　내면이 건강한 교회
- 131 　영적 부국강병책
- 138 　예방 사역과 예배의 회복

Part 3 | 생명을 살리는 21세기 교회

- 154 복음의 세대계승에 성공하는 제자훈련
- 162 소그룹 전도의 영향력
- 172 계속되는 생명의 역사
- 179 새신자를 동화시키는 교회
- 187 디지털 시대의 감각 있는 전도 전략
- 201 기도 도보로 꿈꾸는 새로운 부흥

Part 4 | 미래 목회 통찰

- 214 과거의 가치로 새로운 미래를 건설하라
- 228 사람을 변화시키는 목회
- 244 전통과 개혁의 균형 있는 파도타기
- 251 21세기 팀 사역의 비밀
- 260 시대를 아우르는 사역의 통찰력
- 269 시대의 변화를 읽는 사역자
- 277 교회를 살리는 비전
- 286 예수 그리스도가 생각하는 교회

프롤로그

교회의 영광을 회복하라

교회는 역사의 중심

몇 년 전 하버드 대학의 케네디 스쿨 행정대학원에서 세계적인 역사학자 데이비드 맥클라우(David Mccullough)를 만날 기회가 있었다. 전미도서상(National Book Award)과 퓰리처 상을 각각 두 번씩 수상한 그는 "역사는 반복되는 것이 아니다. 단지 해석만 반복될 뿐이다."라는 말을 하면서 제 2차 세계대전 이후에 한국만큼 경제 발전이 된 나라가 없는데 한국의 발전은 경제학적인 시각, 역사학적인 시각, 사회학적인 시각, 그 어떤 것으로도 해석이 안 된다고 했다. 그러나 나는 한국이 오늘날 이렇게 발전된 것은 교회 때문이라고 확신한다.

우리는 세상 사람들이 보는 시각과 다른 차원에서 역사를 바라봐야 한다. 예수님 오신 이후에 지나간 2천 년의 역사는 교회의 역사이다. 16세기 이후, 근대 선교로 들어서면서 윌리엄 케리를 중심으로 해변 선교가 이루어졌다. 이것은 마젤란, 바스쿠 다가마, 콜럼버스 같은 사람들이 항해의 길을 열었기 때문에 가능했다. 세상적인 시각에서 문명사를 보면 무역로를 개척하기 위해서 항해의 길을 열었다고 생각할지 모르지만 영적으로 볼 때는 해변 선교가 가능하도록 하나님께서 만드신 것이다. 한걸음 더 나아가 내륙에서도 기차가 발달하고 교통이 발달하여 허드슨 테일러를 중심으로 한 내륙선교(inland mission), 중국내륙선교, 아프리카 내륙선교, 수단 내륙선교, 남미 내륙선교의 길이 열렸다. 교통이 발달함으로써 내륙선교를 잘 감당할 수 있게 된 것이다.

현대에 들어와서 비행기가 발달하고 문물이 원활하게 교류될 수 있는 교통이 발달한 이유가 무엇인가? 미전도 종족들에게 선교하도록 하신 섭리인 것이다. 또한 오늘날 정보를 많은 사람들이 공유하고 전문인들이 많아지기 시작하면서, 전문인 선교시대가 열렸다. 이 역시 주님께서 교회를 통하여 선교의 마무리를 감당할 수 있도록 허락하신 것이다.

역사의 중심은 교회다. 역사는 교회 중심으로 흘러간다. 더 깊이 이야기하면 역사는 교회를 위하여 존재한다. 어떤 시각으로 바라보느냐는 매우 중요하다. 마태는 갈릴리를 바다라고 표현한 반면 누가는 갈릴리를 호수라고 표현했다. 마태는 지중해를 본 적이 없지만 누가는 지중해를 본 사람이었다. 지중해를 본 누가에게 갈릴리는 호수 정도밖에 안 되었지만 마태는 지중해를 못 보았기 때문에 갈릴리가 바다처럼 보였다.

예수 믿고 구원받은 하나님의 사람들은 자연스럽게 마음속에 세계적인 꿈을 갖게 된다. 복음의 영광을 위한 눈이 열리게 되면 하나님의 영광을 위해 살겠다는 꿈을 갖게 되고 다른 사람을 위하여 헌신하고 축복을 유통하는 삶을 살게 된다. 이런 정신들이 교회를 통하여 한국 민족 근대사에 자리잡을 수 있었기 때문에 하나님께서 오늘날 우리 민족을 이만큼 이끌어 주신 것이다.

부르심의 소망에 눈뜨라

교회가 '세상으로부터 부름받은 거룩한 자들의 모임'이라는 것은 부인할 수 없는 사실이다. 그러나 부름받은 자의 모임만 강조하다 보면 특권 의식에 안주할 성향이 농후하다. 교회가 세상으로부터 부름받은 거룩한 자들의 모임이라는 것이 너무나 중요한 사실이지만, 오늘 한국 교회에는 여기에만 만족한 채 교회의 또 다른 날개인 세상으로 나가야 하는 소명에 대해서는 눈을 감고 있는 경향이 있다.

아버지께서 나를 보내셨다는 예수님의 말씀은 조금도 타협할 수 없는 엄청난 진리이다. 창세기 1장 1절 "태초에 하나님이 천지를 창조하시니라", 요한복음 3장 16절 "하나님이 세상을 이처럼 사랑하사", 마지막 요한계시록 22장에 "아멘 주 예수여 오시옵소서 마라나타", 이 확고부동한 예수 그리스도의 구원사 속에 '아버지께서 나를 보내신 것같이' 그와 동일한 무게를 갖고 '나도 너희를 보낸다'고 하신 것은 얼마나 엄숙한 절대 소명이요, 명령인가. 한국 교회가 세상으로부터 부름받은 특권의식에만 머물러 정적(靜的) 교회론으로 안주하고 있다면 이제 보냄받은 소명자의 의식을 회복해야 한다.

에베소서는 교회론의 핵심으로 하나님의 부르심의 은혜를 성부 하나님의 역할, 성자 예수 그리스도께서 하신 일, 성령께서 하신 일들을 통해 설명하고 있다.

성부 하나님께서는 "그의 은혜의 영광을 찬미하게 하려" 창세 전에 우리를 자녀로 삼으시기로 예정하셨다(엡 1:4~6). 예수 그리스도는 "우리로 그의 영광의 찬송이 되게 하려" 하나님의 예정하신 구속사가 실제화 되도록 피 흘려 주셨다(엡 1:12). 성령께서는 우리로 "그의 영광을 찬미하게 하려" 인치심을 받게 하셨다(엡 1:14).

그러니까 성부 하나님의 예정하심, 성자 예수 그리스도의 피 흘리심, 성령께서 우리에게 주신 그 인치심, 이 모든 것의 목적이 동일하게 하나님의 영광을 찬미하게 하려 하심이다. 이것이 부르심의 소망이다. 한 영혼이 그 구원을 위하여 성삼위 하나님이 총동원되셔야 할 정도로 소중한 존재라는 것을 깨닫게 되면, 보이지 않는 무형교회가 갖는 하나님의 영광에 대해서 눈이 열리는 것이다.

"너희 마음 눈을 밝히사 그의 부르심의 소망이 무엇이며 성도 안에서 그 기업의 영광의 풍성이 무엇이며"(엡 1:18).

영적인 눈을 열어서 부르심의 소망, 그 기업의 영광의 풍성함에 눈을 뜨라.

그리스도의 영광에 눈뜨라

교회는 지상에서 절망을 모르는 유일한 곳이다. 왜냐하면 헨리 나우웬의 말처럼 "교회는 하나님의 은혜의 정원"이기 때문이다. 이것은 우리의 환경이나 상황이 아무리 절망스럽다고 해도 은혜의 정원에 거하는 우리는 결코 절망할 수 없음을 말한다.

은혜가 무엇인가? 은혜는 하나님의 영광에 대해서 눈이 열리는 것이다. 신자들이 누리는 최고의 행복과 특권은 그리스도의 영광을 보는 데 있다. 이것은 최후의 청교도 신학자로 일컬어지는 존 오웬이 잘 지적하고 있다. "이 세상에 태어나 영원한 세계에 이르기까지 신자들이 누리는 최고의 특권과 진보 가운데 하나는 그리스도의 영광을 보는 데 있다." 우리 가운데 그리스도의 영광을 회복하는 것은 예수님께서 그의 제자들을 위한 기도의 소원이기도 했다(요 17:4~5, 24).

그리스도의 영광을 보는 것은 신약성도의 특권이다. 구약의 위대한 신앙의 인물들은 한결같이 하나님의 영광을 보기 원했지만, 하나님께서 보이신 것은 영광의 그림자뿐이었다. 그러나 신약에서는 누구든지 예수님의 영광을 볼 수가 있고, 또 보아야 한다고 말씀하고 있다. 성도들을 섬기면서 내 마음속의 간절한 기도의 소원은 그리스도의 영광에 대한 갈망과 갈증이 있는 성도들을 재생산하는 것이다.

그러나 한국 교회의 현실은 교회를 출입하는 모든 사람들에게 은혜의 정원으로서 은혜를 끼치기보다는 어떤 면에서는 오히려 사회의 짐으로 전락하고 있는 실정이다. 2005년 한국갤럽리서치에 따르면 한국 교회에 대한 부정적 이미지는 개선되지 않고 있으며, 절대적 생명종교임에도 불구하고 타종교보다도 못한 이미지를 주고 있다. 이처럼 한국 교회가 사회의 짐으로 전락한 이유는 무엇인가? 그것은 바로 교회 내에서 하나님의 은혜를 찾지 못하고 있기 때문이다.

100여 년 전, 니체가 "왜 그리스도인들을 그토록 부정적으로 보느냐"는 질문에 대해서 "그들이 눈꼽만치라도 구원받은 사람들처럼 보인다면, 나는 그들의 구원을 믿을 것이다."라고 교인들을 향해서 했던 말은 오늘날의 교회가 반면교사로 삼아야 할 말이다.

그러므로 오늘 한국 교회가 가장 먼저 해야 할 일은 교회의 은혜를 회복하고, 교회의 정체성을 회복하고, 결국은 주님의 몸된 교회의 영광을 회복하는 것이다.

영광을 회복하는 교회

교회의 바른 정체성을 갖는 것이 중요한 이유는, 특히 목사가 교회의 정체성에 대해서 확고하게 바른 생각을 가져야 하는 이유는 리처드 할버슨 목사의 말처럼 교회를 생각하는 목사의 태도가 그 교회의 미래를 결정짓기 때문이다. C. S.루이스는 스크루테이프의 편지에서 교회의 정체성을 상실한 교회를 마귀가 얼마나 비참하게 조롱하는지 "우리의 가장 큰 협력자는 교회이다."라고 쓰고 있다.

에베소서 1장 21절부터 22절까지는 교회의 정체성을 보여 주고 있다. "모든 정사와 권세와 능력과 주관하는 자와 이 세상뿐 아니라 오는 세상에 일컫는 모든 이름 위에 뛰어나게 하시고 또 만물을 그 발 아래 복종하게 하시고 그를 만물 위에 교회의 머리로 주셨느니라."

교회에 대한 여러 가지 설명이 있겠지만 에베소서에서 교회에 대해 정확하게 이야기하는 것은 '예수 그리스도를 교회의 머리로 주셨다'는 것이다. 이 사실이 확증될 때 교회의 영광과 하나님의 영광에 대해 눈이 열리기 시작한다.

예수 그리스도가 교회의 머리라는 것은 지역과 인종과 크기와 교단에 상관 없이 그리스도의 피 값으로 사신 교회라면 그 교회는 영광스럽다는 뜻이다. 예수님이 이 땅에 오실 때에는 초라한 모습이셨다(사 53:2). 그런데 주님께서 교회와 함께 등장하실 때만은 찬란하고 영광스러운 모습으로 등장하셨다(계 1:20). 1960년대의 한국 교회는 비록 초라

했지만, 그래도 그 엄위한 하나님의 영광이 교회마다 압도적으로 역사하셔서 한국 사회와 한국 교회 부흥의 견인차 역할을 감당할 수 있었다. 한국 교회가 이 영광을 다시 회복해야 한다.

나는 개척교회 목사의 아들로 태어났다. 절 근처에 교회를 개척했기 때문에 내가 지나가면 예수 안 믿는 불교 신자들이 나를 보고 저기 예수쟁이 아들 지나간다고 욕을 하며 돌멩이를 던지곤 했다. 그렇지만 비가 새는 초라한 교회라고 함부로 그 교회를 폄하하지는 못했다. 10명, 20명, 100명이 모이는 작은 교회였어도 교회의 영광이 사라지지 않았던 것이다.

그러나 지금 오천 명, 만 명 모이는 교회가 사회 앞에 수치를 당하고 있다. 이 시대 개혁의 주체가 되어야 할 교회가 개혁의 대상처럼 여겨져서 사회로부터 비난과 조롱을 받고 있는 것이다. 순정부품으로 거듭나야 할 교회가 사회로부터 비난을 받고 있다. 예수 그리스도를 교회의 머리로 주셨다는 것은 유기적으로 이해해야 한다. 오늘날 많은 한국 교회가 역사의 흐름 가운데 자기도 모르게 조직적인 기관으로 흘러가는 수가 많다. 교회는 그리스도의 피가 명백히 흐르는 유기체이다.

교회는 제2의 성육신이다

에베소서 1장 23절에서 "교회는 그의 몸"이라고 말한다. 교회가 그리스도의 몸이라는 것은 어떤 의미가 있는가? 윌리엄 버클레이의 말처럼 "교회가 그리스도의 몸이라는 말에는 엄청난 가치가 숨어 있다."

머리는 몸이 없이는 기능할 수 없고, 몸도 머리 없이는 제 기능을 할 수 없다. 그러므로 머리가 꿈꾸고 계획하는 것은 몸의 지체들을 통해서 이루어져야 한다.

유기적으로 교회를 이해할 때 몸은 일하기 위해 존재한다는 것을 깨닫게 된다. 예수 그리스도는 이 땅에 몸을 입고 오셨다. 몸을 입고 오셔서 공생애를 사시면서 몸을 가지고 제자들을 훈련시키셨다. 육신의 몸으로 제자들의 발을 씻기시면서 몸을 가지고 사람들을 섬기셨다. 몸을 가지고 피 흘려 구속 사역을 완성하셨다. 영으로만 오셨으면 피를 흘리실 수가 없다. 육신의 몸으로 오셔서 피를 흘리셨다. 주께서는 완벽하게 몸을 가지시고 무죄한 자의 피로써 구속 사역을 완성하셨다. 몸을 가지고 일하셨다. 그리고 주님이 승천하시면서 성령을 보내셔서 가장 먼저 한 일은 교회를 세우시고 예루살렘 교회를 그리스도의 몸이라 일컬어 주신 것이다.

신학적으로 교회는 제2의 성육신이다. 교회는 예수님의 또 다른 몸이 되었다. 따라서 그리스도의 몸으로서 당당하게 일할 수 있는 교회가 되어야 한다. 그러려면 건강해야 한다. 아프면 일을 할 수가 없다. 건강한 교회가 되어야 한다. 아파서 일 못하는 교회들이 오늘 한국 교회에 너무 많다. 교회의 영광을 회복하려면 교회가 일할 수 있어야 한다. 건강한 교회를 통하여 교회의 영광을 선포할 수 있다. 이렇게 될 때 교회는 역동력을 회복하고 맥박이 고동치기 시작할 것이다.

21세기 포스트모더니즘 시대에 교회의 최고의 화두는 '어디에 건강한 교회가 있는가'이다. 교회의 순결성, 거룩성 모두 참으로 소중한 것이다. 그러나 그것이 우선 순위가 되어서 거룩과 순결만 강조하다 보면 자칫 역동력과 폭발력이 사라지기 쉽다. 존재적 영성과 사역적 영성이 균형을 맞춰 가야 한다.

또한 교회가 건강하려면 이제는 더 이상 목사의 능력만 갖고 일해서는 안 된다. 성도들을 훈련시켜야 한다. 과거에는 목사들에게 모든 것을 다 의존했다. 결국 성도들의 약점으로 일한 셈이다. 그러나 이제 그런 시대는 지났다. 지금 각각의 전문 분야에서 빛을 발하는 똑똑한 사람들이 교회 내에 얼마나 많은가? 이제는 성도들을 훈련시켜서 강점이 사는 목회를 할 수 있도록 해야 한다. 훈련 사역을 통해 성도들의 강점으로 일하는 교회가 돼야 한다.

이것은 교회뿐만이 아니라 눈에 보이지 않는 무형 교회인 우리 자신도 마찬가지이다. 영적으로 잘 되고 대대손손 집안에 영적 은혜가 가득하여 하나님께서 쓰시는 집안을 가만히 보면 그들은 낙타무릎처럼 기도의 무릎을 꿇고 영적인 비상신호에 민감하게 깨어 간절한 마음으로 제단을 쌓고 기도한다. 기도를 통하여 미리 예방하는 가정이 될 때 하나님께서 그 집안을 붙잡아 주신다.

예수 그리스도가 교회의 머리이고 교회가 몸이라면 성도들은 교회의 지체이다. 지체와 몸의 관계는 생명의 관계이다. 지체는 몸에 붙어 있어야 사는 것이다. 지체는 몸에서 떠나가면 죽는 것이다. 따라서 성도는 교회를 떠나면 죽는다. 교회는 성도의 생명의 젖줄이다. 이런 유기적인 관계를 우리는 깨달아야 한다.

이것을 깨닫는다면 교회의 모든 사역을 함부로 대할 수 없을 것이다. 이것을 깨닫고 눈에 보이지 않는 무형교회인 한 사람 한 사람의 소중함을 인식한다면 우리는 한 생명에 목숨을 걸어야 한다. 생명의 역사가 일어나도록 우리 삶의 진액을 쏟아내야 한다.

한국 교회의 문제

최근 세계 복음주의 역사의 중심을 잡는 로잔 언약에서 세계 역사의 흐름을 평가하기를, 유럽의 역사는 지금 사회주의로 흐르고, 미국의 역사는 신보수주의로, 아시아의 역사는 민족주의로, 아프리카의 역사는 부족주의로 흐르고 있다고 했다. 그런데 한국의 역사는 오히려 유럽의 사회주의 역사 쪽으로 점점 더 가까이 가려는 것 같다. 이러한 가운데서 과연 한국 교회 복음주의자들은 앞으로 어떤 방향을 잡아야 할 것인가?

그동안 한국 교회는 3.1운동이나 70년대의 복음화, 엑스플로대회, 인권운동을 통해서 나름대로 역할을 감당했다. 그리고 지금까지 천여만의 성도들로 성장하게 되었다. 공유된 비전이 있었기에 함께 마음을 모을 수 있었다. 그런데 21세기에 들어와 함께 땀 흘리고 함께 구축해야 할 공유된 비전이 상실되었다.

이것이 내가 보는 한국 교회의 가장 큰 문제이다. 1900년대 평양은 술집이 많고 세속적인 문화가 가득한 도시였다. 그런 평양에서 대부흥운동이 일어나 10년 만에 동방의 예루살렘으로 바뀌었다. 우리 민족의 1%도 안 되는 소수의 그리스도인들 가운데 민족의 사표, 스승들이 역사의 길목에서 섬광처럼 빛나는 빛을 던졌다. 고당 조만식, 남강 이승훈, 도산 안창호, 우남 이승만, 월남 이상재, 백범 김구 등 시대의 인물은 전부 그리스도인이었다. 그들은 예수 믿는 것이 애국하는 것임을 보여 주었다. 그런데 지금은 시대를 향한, 또 다음 세대를 위한 공유된 비전이 사라졌다. 다음 세대를 위하여 한국 교회의 상실한 비전을 어떻게 회복할 것인가, 이것이 가장 큰 문제다.

두번째, 비전 상실이라는 문제에 관해서 역사적으로, 사회적으로, 민족사적으로 분명한 좌표를 제시하지 못하는 것이다. 미국 유수한 명문대학의 신학과들은 성경적 균형을 잃어버린 자유주의로 경도되었다. 이들은 지금 소외된 자, 약자, 상처받은 자, 제3세계, 여성 등에 관심을 두고 있다. 하지만 복음주의자, 성경을 성경대로 믿는 자, 그리스도의 신성과 인성을 믿고 기적을 믿는 복음주의 계열은 오히려 가진 자, 있는 자 사이에서 기득권층을 형성하고 있다. 한국 교회의 비전은 여기에 딜레마가 있다. 복음주의 교회의 사회적 책임의 문제를 어떻게 해결해 나갈 것인가? 이것은 한국 교회의 명운이 걸려 있는 숙제다.

세번째, 한국 교회의 문제는 잘못된 유교적 영향이 고착화되고 있다는 것이다. 조선왕조 5백 년의 역사는 유교문화다. 유교문화의 특성은 선지후행, 곧 먼저 깨닫고 그 다음 행하는 것이다. 그러다 보니 우리나라만큼 실사구시가 약한 나라도 없다. 지금 교단의 상황을 보면 본질적인 것보다 비본질적인 데 에너지를 다 낭비하고 있다. 그러나 중국을 보라. 지난 10여 년 동안 틈틈이 중국의 30성을 두루 여행하면서 발견한 것은 중국인들은 무시무시한 실사구시의 사람들이라는 것이다. 그런 차원에서 우리는 실사구시의 개념을 다시 회복해야 한다. 실제로 우리나라는 전 세계 개신교 역사 가운데 유일하게 백 년 만에 민족 교회를 굳게 세운 나라다. 그러니 그 역동성은 말로 표현하지 못할 정도다. 그런데 지금 이러한 역동성은 어디론가 사라지고 관료주의화되었다. 교회가 고착화되어 건강한 사역이 안 되는 것이다.

이 관료주의에서 나온 것이 한국 교회의 잘못된 이원론이다. 우리는 주일 예배와 생활 예배가 다르면 안 된다, 신앙과 삶이 다르면 안 된다고 가르친다. 그러면서도 한국 교회 안에는 무서운 이원론이 있다. 철야기도 할 때는 눈물을 흘리며 기도하던 사람이 갑자기 당회만 들어가면 정치꾼으로 바뀐다. 또한 지교회에서는 거룩한 목사가 노회에 오면 완전히 다른 사람이 된다. 이러한 잘못된 이원론 때문에 한국 교회가 얼마나 힘을 잃고 있는지 모른다. 교회는 유기적인 생명의 공동체인데 왜 유기적인 일원론이 되지 못하고 이원론에 사로잡혀 있는가? 교회의 머리가 예수 그리스도라는 것을 유기적으로 이해하고 이런 문제들을 거룩한 일원론으로 만드는 것이 필요하다.

항해를 하던 배가 갯벌에 좌초되었다면 그 좌초된 배를 어떻게 끄집어낼 수가 있을까? 내려가서 진흙을 묻히며 애를 써도 소용없다. 진흙만 더 묻힐 뿐이다. 갯벌에 박혀 있는 배를 끄집어 내는 길은 딱 하나밖에 없다. 밀물이 쏟아져 들어오면 되는 것이다. 한국 교회도 마찬가지다. 갯벌에 좌초되어 있는 한국 교회가 그곳에서 빠져 나오는 방법은 은혜의 밀물, 기도의 밀물이 쏟아져 들어오면 되는 것이다.

"교회의 머리 되신 예수 그리스도를 통하여 교회의 영광을 회복케 하여 주시옵소서. 교회는 그리스도의 몸인 것을 깨닫게 하여 주시고 다시 한번 한국 교회가 건강하게 회복되도록 도와주시옵소서. 동시에 교회의 성도들은 교회의 지체이오니, 주여, 생명의 관계가 회복되게 도와 주시옵소서."

이 마음 가지고 하나님 앞에서 우리가 다시 한번 회복될 때 하나님께서 은혜를 베풀어 주시리라 확신한다.

교회의 존재 이유

교회는 세 가지 역할, 곧 하나님 앞에서 해야 할 역할과 교회 자체를 위해 해야 할 역할, 그리고 세상을 향해 해야 할 역할이 있다.

먼저 교회는 하나님 앞에서 해야 할 역할이 있다. 그것은 영광스러운 예배이다. 한국의 복음주의 교회가 잃어버린 가장 큰 보석은 예배이다. 예배가 영광스러워야 하는데, 고답적이고 형식적인 예배로 변하고, 기름부음이 사라져버렸다. 예배가 무엇인가? 예수 그리스도의 구원의 은총을 축제하는 것이다. 물론 거기에는 회개도 촉구되고 은밀한 복음의 비밀을 통하여 사람들의 마음을 칼끝같이 도전하는 것도 있지만 그러나 결론적으로는 그런 역사를 통하여 정말 구원의 은혜를 하나님 앞에 축제하고 감격하는 것이다. 예배는 축제가 되어야 한다.

한국 교회의 영광이 회복되기 위하여 매 주일마다 예배드리는 그 시간이 온 성도들의 사역과 삶의 절정이 되어야 한다. 그래서 그 순간 은혜를 받고 나머지 일주일을 힘차게 살아가는 것이다. 주일 예배의 영광을 통하여 받아 누리는 새로운 차원의 은혜로 자신을 무장한 다음에 나머지 6일 동안 생활 예배와 일 예배에서 승리하는 것이다.

두 번째로 교회는 교회 자체를 위해 훈련해야 한다. 훈련의 목표는 삶의 변화이다. 한국 교회는 수많은 변화된 사람들을 배출해 내야 한다. 10년 동안 교회만 왔다갔다 하는 사람보다 단 6개월, 1년이라도 제대로 훈련받아 말씀 공부한 사람이 훨씬 더 빨리 성장할 수 있다. 한국 교회가 이런 정신을 회복해야 한다.

세 번째로 교회는 세상 앞의 증거이다. 목회자나 장로나 모든 직분은 복음 증거를 위해서 필요한 것이다. 이 사역의 중요도에 대해서 추호도 흐트러뜨림이 있어선 안 된다. 교회의 모든 직분은 복음 증거라고 로마서 1장 5절에서 말하고 있다. 로마에 있는 교회 교우들에게 바울이 다시 한번 복음을 전하기 원한 것은 "내가 복음을 부끄러워하지 아니하노니 이 복음은 모든 믿는 자에게 구원을 주시는 하나님의 능력이 되기"(롬 1:16) 때문이다. 그 능력을 통해 교회가 회복되는 것이다.

알렉산드리아의 클레멘스는 당시 로마의 반기독교적인 사상을 격파하고 변혁시킨 교회를 보면서 "그리스도는 모든 황혼을 새벽으로 바꾸어 놓으셨다."고 말했다. 그리스도의 몸된 교회가 다시 한번 이러한 그리스도의 능력을 회복한다면 이 땅에서 하늘의 능력을 보이는 교회의 영광을 되찾을 수 있을 것이다.

Part_ 1

영원을 바라보는 지도력

세상의 경영인이 오늘과 내일을 생각한다면 지도자는 영원을 바라보는 안목을 가져야 한다. 세상의 경영인이 과정을 대표한다면 지도자는 역사의 진로를 생각해야 한다. 세상의 경영인은 경영할 대상을 잃어버렸을 때 모든 것이 끝나지만, 진정한 지도자는 위치를 잃어도 사람들을 계속 따르게할 수 있다.

- 서번트 리더십
- 균형 감각을 갖춘 사역자
- 성경적 리더십
- 영성 형성으로 점검하는 리더십의 뿌리
- 사역의 한계극복을 위한 결정력
- 전심을 회복하는 사역의 미학

서번트 리더십

불행한 사실은 오늘날의 많은 지도자들이
종의 자세로 시작하지만 유명인사로 끝난다는 것이다. —릭 워렌

　세계 최대 교단인 미국 남침례회연맹이 지난 100여 년간 운영해 온 출판사의 이름을 '브로드맨(Broadman)'에서 '라이프(Life)'로 변경했다. 왜 이름을 바꾸었는지 물어 보았더니 교육 본부측은 이제 어느 한 교단에 얽매이는 시대는 지나지 않았냐고 대답했다. 단순한 듯하면서도 많은 의미가 함축된 말이라고 생각되었다. 아마도 교단을 초월하는 이런 부류의 흐름이 한국 교회에도 곧 밀어닥치지 않을까 싶다.

　2000년 10월 말, 미주 한인 OM국제선교회의 연차 이사회가 뉴저지에서 있었다. 대부분이 40대인 열두 명의 이사들이 간단히 이사회를 끝낸 후 밤을 새워 가며 치열한 사역의 현장을 심도 있게 나누는 시간을 가졌다. 특히 인터넷 사역에 관해서 중요한 통찰력을 나누었다. 한국의 인터넷은 주로 오락적인 요소에 집중하지만 미국의 인터넷은 철저히 생산성 중심이라는 것을 확인하고, 이제는 교회의 홈페이지도

단순히 사역을 소개하고 정보를 나누는 차원이 아니라 복음을 전하고 교회 행정을 진행하는 등, 목양의 도구로 선용해야 하는 시대가 도래했음을 절감하게 되었다.

진리는 변함이 없지만 옷은 갈아입어야 한다. 물론 전통도 중요하다. 그러나 시대 변화와 무관하게 전통만을 고수하는 것은 어리석은 짓이다. 창조적인 지도력이 없으면 새 시대의 사역을 감당할 수 없다.

지금 사역자들의 가장 큰 난제는 이처럼 시시각각으로 변화되는 오늘날, 2000여 년 전에 예수님께서 선포하신 복음의 진리를 붙들면서 생각의 속도 이상으로 펼쳐지는 21세기의 새로운 교회사역을 어떻게 창조적 능력으로 이끌 것인가 하는 것이다. 이를 위해서 가장 필요한 것 가운데 하나가 바로 기름부음이 있는 종의 리더십이다.

기름부음이 있는 지도력의 요체

올바른 지도력을 갖기란 쉽지 않다. 지도자의 자리에 있는 사람들은 남을 권위적으로 지배하려는 성향이나 비교의식, 이기주의에 빠지기 쉽기 때문에 더더욱 그러하다. 이렇게 되면 소위 사역의 '초심(初心)' 마저도 잃어버릴 수 있다.

권위를 남용하는 것 때문에 교회들이 큰 어려움을 겪는 것도 비단 어제 오늘의 일은 아니다. 대부분 교회 안의 힘겨루기나 준비되지 않은 지도력에서 이와 같은 비극이 일어나지 않던가? 문제는 여기에서 그치지 않는다는 것이다. 교회는 사회로부터 손가락질을 면할 수 없을 뿐더러 우리 주님의 마음에 다시 한번 못질하게 된다. 만일 이 사실을 깨닫는다면 과연 지금처럼 할 수 있겠는가?

지도력을 남용하는 것도 문제지만 지도력이 부족하거나 신뢰성이 결여되어 있을 때도 사역은 쇠퇴할 수밖에 없다. 지도력에 있어서 거룩한 중도(中道)를 걷는 것은 매우 중요하다. 예수님은 리더십을 행사하되 이를 과용하거나 남용, 악용하지 않으셨고, 부실하게 사용하신 예도 없으시다. 또한 리더십 자체를 비난하거나 거부하지 않으시고 오히려 건강한 지도력을 격려하셨다(눅 22:25~27).

스스로 구축하는 리더십이 아닌 위로부터 부어주시는, 곧 성령의 기름부으심이 있는 리더십을 갖길 원하는가? 우리는 예수님의 리더십에서 그 해답을 발견하게 될 것이다.

섬기는 지도자

최근에, 우리 그리스도인들에게는 친숙하지만, 세상적인 시각에서는 낯선 개념의 리더십이 대두되고 있다.

"21세기에 기업들이 생존 발전하기 위해서는 새로운 리더십의 패러다임이 필요하다. 최근 경영학계에서는 전통적인 리더십 모델들에 대한 대안(代案)의 하나로 '섬기는 리더십'(Servant Leadership)을 제시하고 있다." 한마디로 21세기의 급변하는 상황에서 기업들이 살아남기 위해서는 명령하고 지시하는 전통적인 리더십 대신에 섬기고 채워주고 먼저 다가서는, 예수님의 섬기는 리더십을 배워야 한다는 말이다.

대개의 리더십이 눈에 드러나는 데 반해, 섬기는 리더십은 눈에 드러나지 않는 리더십이다. 평소에는 눈에 띄지 않지만, 자리에서 사라진 뒤에야 그동안에 조직이나 관계가 그렇게 순조롭고 평안하였던 이유가 그의 존재 때문임을 절감하게 하는 사람이 섬기는 리더십의 주인공이다. 세상의 리더십은 지위나 지식이 요구되지만 섬기는 리더십을 위해서는 보다 따뜻한 마음과 손길이 필요하다.

예수님의 지도력의 핵심은 섬김이었다. 예수님은 지도자가 되고 싶은 사람은 종이 되어야 한다고 도전하셨다. 철저하게 섬김의 관점에서 리더십을 말씀하셨다. 즉 사역자는 지도력과 섬김, 둘 중의 어느 하나만을 선택하는 것이 아니라 섬기는 지도자로서 둘 다 갖추어야 한다는 것이다. 오늘날의 교회가 요구하는 지도자는 리더의 역할과 종의 역할을 확실하게 겸해서 할 수 있는 사람들이다.

일반적으로 이상적이고 도덕적인 사람들은 비즈니스 세계에서 이익을 못 남긴다고 생각하고, 이익을 남기는 사람은 깨끗하지 못한 사람이라고 매도하는 경향이 있다. 하지만 우리 앞에 펼쳐진 시대는 도덕적이면서도 이익을 많이 남길 수 있는 지도력을 가진 사람들이 일하는 시대가 되었다. 'Either-or'가 아니라 'Both-and' 법칙을 터득해야 한다.

어떤 교회는 강력한 지도력의 중요성을 강조하여 그 교회의 비전, 사람들을 다루는 것, 사역의 효율성, 목적을 성취하는 것에만 힘을 집중하다 보니 종의 도(Servantship)와 섬김에 대해서는 간과하는 경향이 있다. 반대로 어떤 교회는 종의 도만 강조하다가 책임지는 사람이 아무도 없고, 사역의 열매도 거의 없는 경우가 있다. 교회에서 일어날 수 있는 온갖 종류의 갈등, 충돌들을 그냥 내버려 두면 오히려 더 큰 문제가 야기될 수도 있다. 이런 상황에서 기름부음이 있는 지도자, 즉 섬기는 지도자는 확실한 지도력과 변함없는 섬김의 영, 양면을 다 갖춘 사람을 말한다. 이 시대의 교회들은 예수 안에서 다른 사람이 성공할 수 있도록 돕겠다는 섬김의 가치에 대한 인식이 분명한 동시에 열정을 가진 지도자를 목말라한다.

1. 섬기는 지도자가 되려면 복종해 본 경험이 있어야 한다

여기에 관해서는 예수님이 최고의 모범이다. 겟세마네 동산에서 하나님 아버지께 기도드리실 때 예수님은 자신의 뜻대로가 아니라 아버지의 뜻대로 되기를 기도하셨다. 이것이 우리가 따라야 할 예수님의 모범적인 복종의 예이다. 섬김의 본을 보이는 지도자는 끊임없이 스스로에게 질문해야 한다.

'나는 과연 주님께 복종하는 삶을 살고 있는가?' '주님의 음성을 듣는 데 민감한 사람인가?' '허물없이 지내는 사람이라 할지라도 과오가 있을 경우 사과할 수 있는가?' '가족들 간에 서로를 존중하는가?' '따르는 자 앞에서 모르면 모른다고 할 수 있는가?' '남의 말을 진지하게 들어 주는가?' '논쟁이 있을 때 양보할 수 있는가?' '마음과 정성, 목숨을 다하여 이웃을 사랑하려고 노력하는가, 아니면 외면하는가?' 자기가 먼저 충심으로 복종해 본 경험이 없이 남들에게 섬김을 요구할 수는 없다.

이 섬기는 지도자에 대해서는 릭 워렌이 목적이 이끄는 삶에서 잘 이야기해 주고 있다.

리더십에 관한 수천 권의 책이 쓰여졌지만 섬김의 도에 대해 쓰여진 책은 거의 없다. 누구나 다 지도자가 되기를 원하지 종이 되기를 원하지 않는다. 우리는 장군이 되기를 원하지 사병이 되기를 원하지 않는다. 그리스도인들도 '섬기는 리더(servant-leaders)'가 되기를 원하지 그저 종으로 남기를 원하지 않는다. 그러나 예수님처럼 되기 위해서는 종이 되어야 한다. 왜냐하면 예수님이 바로 자신을 그렇게 부르셨던 것이다.

미국의 찰스 콜슨은 닉슨 대통령 보좌관으로 있다가 예수를 만난 후 교도소 전도자로 다시 태어난 사람이다. 그는 책에서 미국의회 역사상 가장 감동적인 순간은 테레사 수녀가 미국 국회를 방문하여 연설했던 때라고 말했다. 테레사 수녀가 던진 마지막 말은 참석한 모든 사람들의 영혼을 전율시키고 박수조차 잊게 만들었다. "섬기는 자만이 다스릴 자격이 있습니다." 그렇다! 섬기는 자만이 다스릴 수 있다는 것은 예수님의 제자훈련 정신의 맥이다. 좋은 교회는 그 모세혈관까지 섬김이라는 피가 쉬지 않고 돌고 있을 때 가능한 것이다. 주님께서 이 땅에 오셔서 죽기까지 섬기셨기에 그의 몸된 교회가 이러한 섬김의 정신을 이어간다는 것은 너무도 당연한 것이다.

2. 효과적인 결정을 위한 결단력이 필요하다

기름부음이 있는 섬김의 지도자는 중요한 결정을 유효하게 잘 내릴 수 있는 사람이다. "나팔이 분명치 못한 소리를 내면 누가 전쟁을 예비하리요"라고 지적하고 있는 고린도전서 14장 8절의 말씀을 보면 지도자의 역할은 더욱 분명해진다. 지도자가 이 말씀을 외면하면 혼란과 큰 문제가 일어난다. 우리 앞에는 분명한 나팔 소리가 필요한 일들이 산적해 있다.

무능한 리더는 필요할 때 결단력을 발휘하지 못하는 경우가 적지 않다. 그들은 문제의 원인을 알지 못하거나, 알면서도 책임을 지려 하지 않는다. 만약 우리 가운데 이런 현상이 나타나고 있다면 당장 해결해야 한다. 교회 사역의 우선순위를 재정립하고, 직원과 성도들에게 어떤 방향과 가르침이 필요한지 결단해야 한다. 섬김과 결단력 중에 하나라도 무시하지 않는 균형 감각이 있어야 한다는 것이다.

리더가 결단력을 갖고 효율성 있는 결정을 내리도록 하는 힘에 대해서는 레로이 아임스가 잘 말하고 있다. "리더는 다른 사람이 보는 것보다 더 많이 보며, 다른 사람이 보는 것보다 더 멀리 보며, 다른 사람이 하기 전에 벌써 보는 사람이다." 어떻게 미래를 볼 것인가? 고린도전서 2장 1절의 말씀처럼 "모든 것 곧 하나님의 깊은 것이라도 통달하시는" 성령께 온전히 의탁할 때에만 가능하다.

3. 책임감과 따뜻함을 겸비해야 한다

기름부음이 있는 섬김의 지도자는 사람들이 자신의 행동에 대해 책임질 수 있도록 분명하게 요구하는 동시에 따뜻한 연민도 가져야 한다. 이것은 교회 사역뿐만 아니라 인생의 모든 면에서도 동일하게 적용될 수 있다. 만약 사랑하는 자녀가 마음대로 사는데 부모가 간섭을 하지 않는다면 그 뒷일을 어떻게 감당할 것인가? 그러므로 지도자는 자기 자신뿐 아니라 교회에서 사역하는 모든 사람들에 대해서 피드백을 받아야 한다. 지금 한국 교회나 이민 교회는 피드백 없이 봉사하는 데가 너무 많다. 교회의 영적인 물을 흐려놓거나 인간관계의 갈등을 유발시키는 사람, 혹은 영적으로 전혀 성장이 없는 사람에게 중요한 일을 맡긴 결과 많은 문제점이 노출되고 있다. 힘이 들겠지만 이런 상황에서 솔직한 평가를 감당하는 사람이 올바른 리더이다.

반면에 리더는 사람을 판단하며 평가하는 자리에 있기 때문에, 사람들을 내 마음대로 조정하여 내가 원하는 결과를 얻을 수 있다는 착각에 빠지는 경우가 있다. 이것은 기름부음이 있는 섬김의 지도자의 태도가 아니다. 사람을 자기 식으로 통제하면 당장 눈에 보이는 결과는 얻을 수 있을지 모르지만 그것이 꼭 하나님 나라의 확장을 가져온다고 볼 수는 없다. 그러므로 따뜻한 마음가짐으로 충고를 주고받는 섬김의 문화가 필요하다.

자신에게 이렇게 질문해 보자. '과연 내 주위의 사람들은 내가 그들에게 충고할 때 정말 그들에 대한 사랑이 동기가 되어서 하는 것임을 믿고 있는가?' 그렇지 못하다면 상처가 있을 수 있기 때문에 서로의 상처 때문에라도 기름부음 있는 지도력이 발휘될 수 없다. 마음에 안 들어도 내 식구, 내 가족이라고 생각하면 상처 없이 포용할 수 있는 마음이 생긴다.

새 시대의 사역은 새 시대에 맞는 섬김의 문화를 요구하고 있다. 기름부음이 있는 지도자는 교회라는 방주가 늘 섬김의 정신으로 항해하도록 힘써야 한다는 것이다. 사실, 가장 변화하기 힘들고 천천히 변하는 곳이 교회이다. 바람직한 교회 문화 한 가지가 정착되려면 최소한 5년은 필요하다. 거기에 맞는 코칭(Coaching), 지도력, 본보기가 함께 요구되기 때문이다. 지도자는 이런 현상을 꿰뚫어 볼 수 있어야 한다. 교회가 섬김의 새 문화로 거듭나기 위해서는 지도자의 말 한마디나 사고방식, 설교, 가르침으로 성도들을 계속 섬김의 정신으로 무장시켜, 섬김의 장으로 나아올 수 있도록 해야 한다.

균형 감각을 갖춘 사역자

크리스천 사역자는 이상한 부류의 사람들이다.
그들은 자신들이 하는 일이 매우 힘들다는 인상을 풍기고 싶어한다. −찰스 스윈돌

지도력은 시(詩)다

한국 교회나 한국 사회에 대해서 참으로 안타깝게 생각하는 것이 있다. 개인적으로 훌륭한 자질을 갖춘 사람이 그에 걸맞는 지위에 오르지 못한다는 점이다. 이는 사회적으로나 교회적으로 비극이라 할 수 있다. 한국 사회의 면면을 살펴보면 지도력에 관한 많은 경험과 훈련을 받은 사람들이 곳곳에 준비되어 있음에도 불구하고, 정계나 학계, 문화계, 예술계를 비롯한 각 분야에서 최고의 자질을 가진 사람들이 최고의 영향력을 발휘하지 못하고 있음을 볼 수 있다.

위대한 지도력이란 힘과 탁월한 비전을 구비해야 하는 매우 독특한 예술이라고 할 수 있다. 세상의 경영과 하나님이 원하시는 지도력은 별개의 것이다. 사우스캘리포니아 대학 경영학과 교수인 워렌 베니스(Warren Benis)는 "경영인의 목표는 일을 바르게 하는 것인데 반하여, 지

도자의 목표는 바른 일을 하도록 하는 것"이라고 말했다. 지도력에는 물론 기교가 필요하지만 기술을 상회하는 그 무엇을 겸비해야 한다는 것이다. 이런 면에서 경영이 산문(散文)이라면 지도력을 발휘하는 것은 시(詩)라고 할 수 있다. 따라서 올바른 지도자란 필연적으로 광범위한 기초, 상상력, 역사의 원동력이라 할 수 있는 활기 넘치는 아이디어를 갖추지 않으면 안 된다.

교회 안에서의 올바른 지도력이란 성도들이 영적 에너지를 모아 발산할 수 있도록 돕는 것이다. 사람들은 이성으로 납득하지만 이성만으로 움직이지는 않는다. 영적 에너지가 감정과 부딪쳐야만 움직일 수 있다. 그러므로 지도자란 모름지기 사람들을 설득하고 에너지를 발산시켜서 움직일 수 있도록 도와줘야 한다.

세상의 경영인이 오늘과 내일을 생각한다면 지도자는 영원을 바라보는 안목을 가진 자라야 한다. 세상의 경영인이 과정을 대표한다면 지도자는 역사의 진로를 생각해야 한다. 세상의 경영인은 경영할 대상을 잃어버렸을 때 모든 것이 끝나지만, 진정한 지도자는 위치를 잃어도 사람들을 계속 따르게 할 수 있다. 지도력이란 말 자체가 현재를 넘어 미지의 세계로 사람들을 안내할 수 있는 능력까지도 함축하고 있는 만큼 지도자는 나아갈 방향에 대한 본능적인 감각이 있는 사람이어야 할 것이다.

지도력은 균형이다

미국의 개혁주의가 갖는 약점은 개혁주의 가운데 폭발적으로 성장한 교회가 하나도 없다는 것이다. 그도 그럴 것이 감동 없는 냉랭함만으로는 21세기 포스트모던 시대를 살아가는 사람들을 끌어들일 수 없기 때문이다. 물론 오순절 계통처럼 성령강림이나 감성주의적인 것만 강조해서도 오랫동안 존속할 수 없다. 따라서 우리에게 필요한 것은 의존적 책임감(Dependent Responsibility)이다. 이것은 우리가 성령께 의존하지만 동시에 책임감 또한 가지고 있다는 것이다. 이것은 칼빈주의나 알미니안주의 중 어느 한 쪽에 치우친 것이 아니라 인간의 자유의지와 하나님의 절대주권 양자에 있어서 균형을 갖는 것을 말한다.

가령 농부가 씨를 뿌릴 때 하나님께서 비를 안 주시면 어떻게 농사를 지을 수 있겠는가? 하지만 그렇다고 해서 농부가 가만히 있어서는 안 된다. 마찬가지로 하나님이 하시겠지만 우리 편에서도 성령의 은혜를 사모하며 거룩함을 추구해야 한다. 의존적 책임감을 가져야 하는 것이다.

교회 지도자가 믿음의 방주인 교회와 함께 승선하고 있는 교인들을 은혜의 항구로 인도하는 책임이 있다면, 두 가지를 생각할 필요가 있다. 첫째, 배는 선원들에 의해 갈 수 있으나 배의 진로를 결정하는 것은 지도자에게 달려 있다는 것이며, 둘째, 배에 승선한 모든 사람의 능력이 조화와 균형을 이루어 가야 한다는 것이다. 유명한 지휘자인 정명훈 씨는 이런 말을 했다. "오케스트라를 지휘함에 있어서 가장 중요한 것은 균형감각이다." 아무리 능력 있는 단원이라도 조화와 균형을 깨뜨리면 이미 최고의 화음을 낼 수가 없다는 말이다. 이것은 하나님의 교회에서는 독불장군이 있을 수 없다는 말과도 통한다.

1. 책임과 의존의 균형

종의 지도력을 갖춘 지도자는 이 땅의 자원을 풍성하게 확보하는 동시에 하나님께만 철저히 의존하는 사람이다. 섬기는 지도자들은 하나님 나라를 위하여 헌신할 수 있도록 사람들을 지혜롭게 도전하는 은사를 가지고 있다. 이 같은 예는 성경에서도 어렵지 않게 찾아볼 수 있다. 왕을 지혜롭게 설득해 예루살렘 성 재건축을 허락받은 느헤미야가 그 대표적인 예라 할 수 있다. 느헤미야는 예루살렘 성 재건축을 허락받았을 뿐만 아니라 건축에 필요한 기둥과 재목들을 아삽으로부터 무상으로 제공받는 지도력을 발휘했다. 느헤미야의 이 같은 지도력은 그가 하나님의 사람이었기 때문에 가능했다. 그는 하나님의 비전을 품음으로써 문제 해결에 필요한 사람들을 만날 수 있었고, 그들을 통하여 자신의 비전을 성공적으로 펼쳐 나갈 수 있었다.

종의 지도력을 갖춘 지도자라면 사역에 필요한 자원을 효율적으로 사용할 줄 알아야 한다. 누수와 낭비가 발생하는 부분에 대해 아픔을 느껴야 한다. 따라서 교회 예산과 재정을 아껴야 하고, 이를 두렵고 떨리는 마음으로 다루어야 한다. 그러나 원하는 대로 일이 진행될 때에는 자급자족할 수 있다고 판단하여 쉽게 거만해지며, 하나님만 의존하는 태도가 약해질 수 있다. 이 모든 것이 자기의 능력과 열정과 헌신으로 이루어진 것이라고 착각할 수 있다. 때문에 시각이 점점 좁아져 자기 목적과 자기 교회만을 위해 일하기 쉬워지는 것이다.

성경은 이런 생각에 대한 엄한 질책과 경고를 하고 있다. 사도행전 12장 20절을 보면 두로와 시돈 사람들이 헤롯에게 의지했음을 볼 수 있다. 헤롯은 자기가 가진 권력으로 인해 거만해졌다. 사도행전 12장

21~23절 말씀을 보면 헤롯이 하나님께 영광을 돌리지 아니하여 충이 먹어 죽었다고 기록하고 있다. 헤롯은 모든 것이 자기 지배하에 있다고 착각하고 있었다. 하나님을 섬기는 우리는 주어진 모든 자원과 은사들, 재능들, 능력들을 하나님 나라를 위해서만 사용해야 한다. 그렇기 때문에 섬기는 지도자는 결코 기도를 쉬는 법이 없다. 바쁘기 때문에 오히려 더 기도에 힘써야 한다.

2. 사역의 긴박성과 여유 사이의 균형

섬기는 지도자, 섬김의 능력을 가진 지도자는 맡은 일의 긴급성을 인정하면서도 인생과 삶의 모든 문제에 있어 관대하게 생각할 줄 아는 자이다. 예수님은 제자들에게 긴급한 명령을 하셨다. "모든 족속으로 제자를 삼아, 분부한 모든 것을 가르쳐 지키게 하라." "세상의 빛과 소금이 되라." 이런 사명은 얼마나 중요하고 긴급한 사명인가? 우리 모두는 하나님께서 부여하신 사명을 위하여 이 땅에 살고 있는 것이다. 또 우리는 하나님 나라를 위하여 부르심을 입었고, 그렇기 때문에 다른 사람들에게도 우리와 같은 부르심의 은혜를 동일하게 나누어야 한다.

그런데 어쩌면 우리는 이 긴급성을 외면하고 변화를 거부하며 안락함에 빠져 있는지도 모른다. 우리는 편안한 것을 너무 좋아해서, 최선이 아닌 그저 평범한 것과 타협해 버림으로써 긴박성, 긴급성을 무시할 때가 있다. 나는 목회 현장에서 파탄 일보 직전의 부부와 죄로 인해 삶이 파괴된 사람들, 소망이 없는 사람들, 불치의 병으로 죽어 가는 사람들을 볼 때마다 사역의 긴박성을 느끼지 않을 수 없다.

그러나 동시에 사역과 삶을 관대하게 볼 수 있는 안목이 필요하다. 사역자의 소명과 인생 목표의 긴박성은 인정하면서도, 남들이 나처럼 못하는 것에 대해서는 불쌍히 여겨야 한다. 긴박성을 인정하는 사람들 중에 많은 수가 완벽주의자이기 때문에, 그들 중에는 사역의 열매가 크고, 명성을 얻어 남들에게 영향력을 끼치는 사람들이 많다. 그래서 자신도 모르게 자신처럼 되지 못하고, 따라오지 못하는 사람들에 대해서 완벽주의적인 시각을 가지고 다그치는 경향이 있다. 그런 면에서 사역의 관대함 혹은 관조(觀照), 그리고 여유가 필요하다.

3. 고독의 시간과 교제의 시간 사이의 균형

섬기는 지도자는 고독하게 보내는 시간뿐만 아니라, 공동체 생활을 통한 축제의 분위기도 즐길 줄 알아야 한다. 공동체의 삶과 홀로 깊은 고독을 경험하는 시간이 절묘한 조화를 이루어야 한다는 것이다. 나는 개인적으로 이 두 가지는 훈련과 연습으로 개발되는 것이라고 생각한다. 예수님의 사역을 보면 혼자만의 시간(고독)과 공동체 생활의 균형을 유지하신 것을 알 수 있다. 이같은 사실은 누가복음 6장 12~19절에 잘 나타나 있다. 예수님께서는 밤이 맞도록 홀로 기도하신 후 작은 공동체와 함께 사역을 시작하셨다. 즉, 열두 명의 제자들과 생활하신 것이다. 그리고 오후에는 큰 무리들을 만나셨다. 하나님과 고독하게 보내는 시간과, 사람들과 공동체로 만나 사역하는 시간이 균형을 이루었음을 볼 수 있다.

예수님께서는 고독한 시간, 즉 하나님과의 교제의 시간을 통해 능력을 받으셨다. 사역에 앞서 고독한 시간(기도의 시간)을 통해 아버지의 뜻이 무엇인지를 분별하셨다. 갈릴리 사역에 앞서 40일 동안 광야에서 혼자 지내시며 하나님의 뜻이 이 땅 위에 이루어질 수 있도록 고독한 시간을 보내셨다. 그리고 사역을 완성하실 때도 십자가 위에 홀로 계셨다. 고독의 시간을 통해 하나님으로부터 힘을 얻었고, 마침내 아버지의 뜻을 온전히 이 땅 위에 이루셨다. 이렇게 볼 때 고독은 섬기는 지도자에게 꼭 필요한 시간이다.

섬기는 지도자가 고독한 시간을 가져야 하는 것은 성령 안에서 힘을 얻고 자유롭게 사역하기 위해서이다. 지도자에게는 다른 사람의 간섭 없이 성령 안에서 성숙할 수 있는 공간이 필요하다. 고독을 통해서 성숙의 공간이 만들어지는 것이다. 고독할 때에는 모든 사람을 항상 만족시키거나 감동시키거나 패배시키거나 지배할 필요가 없다는 사실을 깊이 깨닫게 된다. 지도자는 많은 사람들의 요구와 비평을 감수해야 한다. 어떤 사람들은 구체적으로 목회자의 인도를 받기 원하는 반면, 그런 인도를 필요로 하지 않고 오히려 거부하는 사람들도 있다. 예수님을 보라. 종교 지도자들에게 하나님의 은혜를 가르쳐 주고자 하셨던 예수님을 그들은 오히려 시기하고 핍박했다.

예수님은 공생애를 시작하시면서 열두 제자들과 함께 작은 공동체를 만드셨고, 3년이란 시간을 그들에게 투자하셨다. 가장 위대한 지도자이신 예수님께서 자신의 모든 것을 제자들과 나누며 그들에게 평생 잊지 못할 교훈들을 남겨 주셨다. 그러나 그들은 예수님의 가르침에 관심을 기울이기보다는 하늘나라에서 누가 더 높은 자리에 앉을 것인가를 놓고 다툼을 벌였다. 제자들을 위해 3년이란 시간을 투자하셨지만 그들은 쉽게 변화되지 않았다. 그런 제자들의 모습을 바라보시던 예수님의 마음은 얼마나 안타까우셨을까? 이렇게 보면 섬기는 지도자의 수고가 헛되다고 볼 수도 있다. 하지만 기억해야 할 것은 진심으로 섬기는 지도력을 가지고 하나님 나라를 구하면 헛된 것이 없다는 것이다. 이 사실을 더 실감나게 깨닫기 원한다면 하나님과 은밀한 곳에서 은밀한 시간을 보내야 한다. 하나님이 "이는 내 사랑하는 아들이요, 기뻐하는 자"라고 말씀하시는 목소리를 들어야 한다.

인간적으로 볼 때 예수님은 모든 사람을 실망시키셨다. 종교 지도자들에게는 그들의 권위와 영적 상태를 위협하셨고, 또 열심당원들에게는 로마에 대항하거나 로마를 정복하지 않음으로써 실망감을 안겨 주셨다. 요한복음 7장 5절을 보면 친형제들조차 예수님을 믿지 않았다. 제자들도 예수님이 왜 십자가에 못박히셨는지 이해하지 못할 정도였다. 예수님은 고독을 통한 마음의 자유가 있었기 때문에, 모든 사람을 실망시키는 줄 알면서도 기뻐하실 수 있었다. 그리고 결과에 대한 두려움을 갖지 않고 사랑으로 진실을 말씀하실 수 있었다.

진리는 이것이다. 섬기는 지도자로서 너무 인간의 인정을 받으려 하면 안 된다. 사람이 알아주는 것과 인간의 찬성에 관심을 기울일 때 재난은 시작된다. 우리는 다른 사람들이 우리의 수고와 헌신을 알아주기 원하며, 우리가 하는 한마디 한마디를 하나님이 보내신 계시로 받길 원하기 때문에 비난과 불평을 늘어놓게 된다. 이런 생각만으로 우리 머리 속이 가득 찬다면 어떻게 기쁜 마음으로 섬기며, 좁은 마음에서 해방되어 좋은 지도자가 될 수 있겠는가? 예수님은 고독하게 하나님과 일대일의 관계로 사람들 가운데서 섬기셨다.

또한 섬기는 지도자는 공동체 안에서 사역할 때 자신의 됨됨이를 확인할 수 있다. 공동체 속에서 확증되지 않은 신앙은 제대로 검증되었다고 말할 수 없다. 일대일로 만날 때는 동정심이 많고 영적으로 성숙해 보이던 사람들이 다른 사람들과 부딪힐 때 인격적인 문제들이 드러나는 것을 종종 보게 된다. 그러나 기억할 것은 사람과 사람이 부딪힐 때 진정한 자신을 발견하게 된다는 것이다. 왜 그런가? 공동체 안에는 늘 나와 맞지 않는 사람이 있기 때문이다.

이처럼 섬기는 지도자는 고독의 시간과 공동체의 삶에 있어서 균형을 잡은 자이다. 그러기 위해서는 상황에 따라 흔들리지 않는, 진정으로 주님과 나만의 깊은 고독의 시간이 필요하다. 일을 벌여 놓고 생각대로 되지 않을 때 할 수 없이 하나님을 찾는 것이 아니라, 먼저 하나님과 상의하고 공동체 안에서 사역하는, 순서가 분명한 섬기는 지도자가 되어야 할 것이다. 이 순서는 주님과 나만의 고독, 공동체 속에서의 확인, 사역의 열매로 연결될 수 있다.

빌 하이벨스 목사는 지도자의 고독과 경건을 이야기하면서 지도자가 자신만의 유니크한 능력을 유감없이 발휘하기 위해서는 하나님 앞에서 자신만의 오솔길을 걸으며 그리스도와 생명력 넘치는 동행을 지속해야 한다고 말한다. 하이벨스는 지도자에게는 관계의 오솔길, 지적인 오솔길, 섬김의 오솔길, 묵상의 오솔길, 활동가의 오솔길, 창조의 오솔길, 예배의 오솔길이 있는데 자신이 어떤 길을 택하든지 가장 중요한 것은 하나님께 완전히 순복하는 마음임을 상기시키고 있다.

사역자의 세 가지 용량

지도자는 공(功)을 이루기가 어렵다. 공을 들여도, 애를 쓰고 노력을 해도 성공하기가 어렵고, 성공한다 하더라도 그 성공을 지키는 일 또한 어렵다. 그러므로 지도자는 항상 시작 못지않게 결말을 조심해야 한다. 또한 지도자는 겉으로는 둥글지만 안으로는 네모나게 사역해야 한다. 스스로를 지키는 훈련을 해야 한다. 밖으로는 환하게, 밝게, 부드럽게, 하지만 안으로는 나름대로의 틀과 나 자신의 사역을 철저히 점검하는 시스템을 갖고 나의 경건을 점검해 나가는 네모난 사역을 해야 한다. 사실 지도자의 경건을 자신이 아니면 누가 점검해 주겠는가?

리더십 전문가인 존 맥스웰은 결과를 결정하는 것이 리더십의 능력이라고 말한다. 교회적인 용어로 말한다면, 사역의 결과를 결정하는 것은 교회를 섬기는 사역자의 용량이라고 말하고 싶다. 그러면 사역자의 용량을 결정하는 것은 무엇인가?

교회를 섬기는 사역자는 세 가지 용량을 담게 된다. 바로 인격의 용량, 교회의 용량, 사역의 용량, 이 세 가지가 사역자의 용량을 결정하게 된다.

1. 인격의 용량

각 사역자마다 인격과 은사와 믿음의 용량이 다르다. 사역자의 인격의 용량은 다른 사역자들과 담임목사와의 관계와 그들의 용량에 의해 성장하고 바뀔 수 있다. 또한 훈련을 통하여 용량을 넓힐 수 있다. 그러나 인격의 용량은 단번에 늘어나지 않는다. 꾸준한 인내와 노력이 필요하다.

믿음의 용량을 넓히려면 먼저 그릇을 준비해야 한다. 좋은 그릇으로 준비될 때 만남의 축복, 사역에 대한 통찰력, 기도의 용량, 자신을 추스르는 것 등이 필요한데, 그 중 무엇보다도 온전한 마음 밭이 필요하다. 이 그릇은 처음부터 준비되는 것이 아니다. 다듬어져 가는 것이다. 개인적인 용량에 관한 문제는 복음에 대한 총체적인 이해와 사역의 본질, 생명력 있는 사역에 대한 감각, 그리고 섬김의 리더십에 달려 있다.

2. 교회의 용량

흔히 목사의 용량 이상으로 교회가 자라지 않는다고 말한다. 교회를 섬기는 사역자의 용량이 그만큼 크지 못할 경우에도 교회의 성장은 멈춘다. 이와는 반대로 목사의 용량이 크다 하더라도 교회의 용량이 그에 미치지 못하면 교회는 성장할 수 없다. 하지만 누수가 없는 집중력 있는 사역으로 교회의 용량을 넓히는 것이 가능하다.

교회의 용량을 넓히는 방법은 크게 2가지다.

첫째, 사람을 키우는 것이다. 곧 평신도 지도자들이 그 교회의 용량을 결정한다.

둘째, 교회 용량은 철저하게 단순한 구조로 키워야 한다. 그냥 단순함이 아닌 사명 선언서, 소명과 비전과 전략이 철저하게 집중되어 있어야 한다. 그러기 위해서는 교회의 매년 사명 선언서가 무엇이었는지, 각 사역마다 사명 선언서가 무엇인지 철저하게 다시 확인하고, 이에 따라 비전과 전략을 설정해야 한다. 모든 사역 팀의 뚜렷한 사명 선언서, 전략과 전술이 조화롭고 논리적인 연결 고리가 되어 누구든지 다 알 수 있을 정도로 철저하게 집중되어야 한다. 그래야 작은 구조로 크게 일할 수 있는 형태가 된다. 이것이 교회의 용량을 결정시켜 준다.

심플한 구조로 크게 일할 수 있는 역동성을 만들고 지도자들을 훈련시키고 마음 밭을 준비할 때 영적인 용량도 자란다.

3. 사역의 용량

사역의 용량을 키우기 위해서는 지성(intelligence)과 영성(spirituality), 능력(ability)과 충성(loyalty), 글로벌(global)과 로컬(local)의 균형이 필요하다. 대개 능력이 있으면 충성이 부족하고, 충성과 겸손이 있으면 디테일하지 못한 경우가 많다. 지성이 있으면서도 영성이 깊고, 디테일하면서도 능력이 있고, 그러면서도 충성과 겸손이 있는 사역자로서 균형을 갖추는 것이 사역의 용량을 넓히는 데 중요하다. 또한 글로벌하면서도 로컬하고 로컬하면서도 글로벌한, 즉 글로컬(glocal)한 안목을 키워야 한다. 한 마리 양을 귀하게 생각하면서도 세계를 생각할 수 있어야 하는 것이다. 자신의 사역에 어떤 위치를 주장하지 않고 개척교회 목사의 심정으로 뛸 때 사역의 용량이 커지는 것을 경험할 것이다.

앞의 두 가지 용량과 달리 사역의 용량은 조금 더 유연하다. 큰 비전과 꿈에 따라 달라진다. 내가 속해 있는 교회의 용량이 작다고 해서 그에 맞게 사역을 하면 사역의 용량은 답보상태에 머무를 수밖에 없다. 큰 꿈을 키우라. 하루도 꿈 없이 잠들지 말고 꿈 없이 깨지 말라. 사역의 용량을 넓힐수록 인격의 용량은 따라오게 마련이다. 그리고 그 사역의 용량이 커지다 보면 교회의 용량도 넓어질 수밖에 없다.

성경적 리더십

양떼를 이끌 때 지팡이와 막대기를 혼동하지 말아야 한다.
지도자들이 부하들의 신뢰를 얻지 못하는 것은
지팡이가 아니라 막대기로 양떼를 이끌기 때문이다. ―케빈 리먼

대양주에서 사역하는 한인 목회자들을 대상으로 목회자 세미나를 인도한 적이 있다. 며칠 동안의 집회를 마치고 질의응답 시간을 가졌다. 여러 가지 질문들 중 특별히 기억에 남는 질문이 하나 있었다. 목회자가 교회의 평신도 지도자, 곧 장로나 당회원들과의 오랜 갈등을 어떻게 해결하면 좋겠는가 하는 것이었다. 나는 이 질문에 대해 다음과 같이 네 가지 방향을 제시했다.

첫 번째는, 지도자를 선출할 때 목회자의 비전이나 사역 방향에 동의하는 사람들을 뽑아야 한다는 것이다. 선택은 아무리 신중해도 지나치지 않다. 교회 중직자들의 경우 선발에 특별히 신중해야 한다. 그들은 담임목사에게 있어 든든한 후원자가 되기도 하지만 갈등의 원인이 되기도 하기 때문이다.

두 번째로, 일단 사람을 선택해서 당회가 구성되었다면 그 후부터

목회자는 철저하게 본질과 비본질을 구별해야 한다. 말하자면, 비본질적인 행정 등의 사안들을 가지고 교회 지도자나 당회원들과 충돌을 일으킨다든지 가슴 아픈 대립구조를 만들어서는 안 된다는 것이다. 교회 내부적인 갈등을 해소함에 있어서 비본질적인 요소에 매달리다 보면 갈등의 골만 깊어질 뿐 해결의 실마리를 찾기 어렵다. 비본질적인 요소들에 대해서는 과감히 포기하는 결단력이 필요하다. 그러고 나서 소명, 제자훈련, 목양 등과 같이 본질적인 부분에 집중해야 한다. 본질적인 부분에 대해서는 어떠한 타협도 용납해서는 안 된다.

세 번째로는, 인간관계를 최우선하는 자세를 가져야 한다. 교회는 본질적으로 유기적인 속성을 가지고 있다. 때문에 지체들과의 관계는 문제 해결을 위해 꼭 필요한 부분이다. 목회자 자신이 문제 해결을 위해 스스로를 낮추고 정성을 다해 섬기려는 섬김의 리더십을 보일 때 반드시 좋은 결실을 맺을 것이다.

그러나 그렇게까지 했는데도 안 될 경우는 어떻게 할 것인가? 의식적으로 이 짐을 지고 나아가야 한다. 하나님께서는 하나님의 사람을 다듬으실 때에 여러 가지 경로로 인격을 무장시키시기 때문이다. 예를 들어, 모든 것이 완벽한 사람에게는 몸을 아주 아프게 해서 주님 앞에 더욱 가까이 나아가게 한다든지, 아니면 어려운 인간관계를 통하여 몸부림치면서 주님만을 의뢰하도록 만드셔서 우리로 하여금 계속 하나님의 사람으로 성장해 가도록 하신다.

주위의 여러 지도자들을 보면서, 하나님께서 사람들에게 나름대로의 가시를 주셔서 하나님만을 의뢰하게 하는 상황을 만들어 가시는 것을 자주 목격하게 된다. 여하간 우리는 첫째, 선택에서 조심하고 둘째, 본질을 중시하며 셋째, 주님을 섬기는 마음으로 주님이 연단하실 때 다듬어지겠다는 자세를 가져야 한다. 이러한 리더십이 바로 성경적 리더십이다.

세상의 리더십과 다른 리더십

하나님의 일을 하는 사람들, 특별히 영적 지도자들은 세상이 바라는 기대와 성경을 통해 예수님께서 우리에게 바라시는 기대가 무엇인지를 비교할 수 있는 능력을 가져야 한다. 이 두 가지 영역에서 갈등이 일어날 때 영적 지도자들은 항상 좁은 길을 택해 걸어가야 한다.

우리는 왜 좁은 길을 걷는 지도력을 발휘해야 하는가? 세상의 지도력과 예수님이 원하시는 지도력에 본질상 차이가 존재하기 때문이다. 세상의 지도력은 자기 자신에 대한 확신, 곧 자신감이 중요하지만, 예수님이 원하시는 지도력은 하나님께 대한 신뢰와 확신이 더 중요하다. 또 세상의 지도력은 정치적 상식이 중요하지만, 예수님이 원하시는 지도력은 영적 상식이 더 중요하다.

세상적인 지도력과 예수님이 원하시는 지도력의 차이는 여러 가지 예를 들어 설명할 수 있다. 다른 사람에게 명령하는 것과 다른 사람을 섬기는 것, 세상에서 통용되는 아이디어를 통해 인간적인 독립심을 갖는 것과 하나님을 의존하는 것, 적극적인 것과 온유하고 유순한 것, 자기를 먼저 내세우는 것과 다른 사람을 먼저 내세우는 것, 자기 유익을 위하는 것과 사랑으로 행하는 것, 자기 자신을 신뢰하는 것과 하나님을 신뢰하는 것 등으로 그 차이가 분명히 드러난다.

사람들은 삶에서 만난 모든 문제에 대해 바르게 반응함으로 리더가 될 수 있지만, 하나님께서 그들을 부르시고 예비하시지 않는다면 영적인 리더는 될 수 없다. 세속적 리더십은 원하는 사람이 노력을 통해 얻을 수 있는 것이지만, 영적인 리더십은 전적으로 하나님께서 맡겨 주시는 것이다.

역사적으로 하나님께서는 평범한 사람들을 선택하셨다. 그들의 마음에 있는 것을 보시고 그들에게 특별한 책임을 맡기신 것이다. 우리는 하나님께서 우리를 능력 있게 사용하시기를 기대할 수 있으나 리더의 위치에 세우는 일에 있어서는 하나님의 뜻을 온전히 따라야 한다. 영적 리더에게 가장 중요한 것은 마음이기 때문이다.

이렇듯 영적 리더십은 우연히 얻어지는 것이 아니다. 이는 하나님께서 한 사람으로 하여금 개인의 성품과 하나님과의 관계에서 성숙해 가도록 하심으로 얻어지는 것이다. 성품은 지혜, 정직 그리고 도덕적 순결성을 포함한다. 하나님과의 깊은 관계는 하나님을 신뢰하고 하나님께 순종하며 하나님을 사랑하는 것을 의미한다. 비록 하나님께서는 많은 경우에 리더로서의 자격이 전혀 없어 보이는 사람을 사용하셨지만, 이런 사람들의 공통점은 모두 성품이 바르고 하나님과 가까이 동행했다는 사실이다. 하나님께서 맡겨 주신 것이 클수록, 성숙한 성품과 하나님과의 깊은 관계가 요구된다.

성경적 리더십의 다섯 가지 원칙

이제까지 언급한 내용들을 차근히 비교해 보면 성경적 리더십과 세상적인 리더십의 차이를 올바로 구분할 수 있을 것이다. 특별히 그동안 교회를 섬기면서 배운 성경적 리더십에 대해 간단하게 나누길 원한다.

첫째, 교회의 주인과 교회의 리더는 주님이시다. 사도 바울은 에베소서 1장 22절에서 "만물을 그 발 아래 복종하게 하시고 그를 만물 위에 교회의 머리로 주셨다"고 말씀하고 있다. 교회가 크든 작든, 인종이나 교단, 지역을 초월해서 예수님이 교회의 머리가 되셨다는 것은 교회가 영광스럽다는 말인데, 여기서 사역의 영광이 나오는 것이다. 그러므로 교회 안에서 예수님의 머리 되심이 실제적으로 어떻게 실행되고 있는가를 성도들이 구체적으로 볼 수 있도록 만들어 주어야 한다.

처음 교회에 등록한 사람들을 대상으로 교회의 영광 회복에 헌신하는 일의 중요성을 함께 나누는 것이 중요하다. 성령의 하나 되게 하심을 힘써 지키고, 교회 지도력에 대해 겸손히 순종하며, 이러한 헌신은 지도자를 위한 것이 아니라 교회가 영광스럽게 되기 위한 것임을 늘 주지시켜야 한다.

둘째, 성경적인 지도자들은 종으로서의 삶을 살아야 한다. 예수님께서는 자신을 따르는 무리들에게 "너희 중에 누구든지 으뜸이 되고자 하는 자는 너희 종이 되어야 하리라"(마 20:27)고 말씀하셨다. 오늘 이 시대는 말을 들려 줘서 해결되는 시대가 아니라 능력을 보여 줘야 하는 시대다. 그것도 능력을 보여 주되 섬김으로 보여 줘야 한다. 종의 섬김은 온 교우들로 하여금 직분을 존경하는 것이 아니라 섬김의 실천을 존경하게 해준다.

셋째, 다양한 은사에 따라 섬겨야 한다. 출애굽기 18장 25절에 보면, 이스라엘 무리 중에서 재덕이 겸전한 자를 뽑아 그들로 천부장, 백부장, 오십부장, 십부장을 삼았다는 말씀이 나온다. 계급이 아니라 은사에 따라 천부장의 할 일과 오십부장의 할 일에 차이가 있는 것처럼, 성경적 리더십은 은사에 따라 봉사하는 주역을 만들어 주어야 한다.

사도행전 15장 36~41절에는 바울과 바나바처럼 다양한 지도자들이 등장한다. 이러한 여러 유형의 지도자를 통해 다양한 스타일의 지도력이 나오는 것이다.

넷째, 지도자들은 먼저 주님께 온전히 순종해야 한다. 히브리서 13장 17절에 보면 "너희를 인도하는 자들에게 순종하고 복종하라 저희는 너희 영혼을 위하여 경성하기를 자기가 회계할 자인 것같이 하느니라"고 권고하는 말씀이 나온다. 결국 신앙의 핵심은 십자가인데, 이 십자가의 핵심은 죽기까지 순종하며 자아가 깨어지는 것이다. 그런 차원에서 지도자가 먼저 솔선해서 주님께 온전히 순종해야 한다.

결국 사역이라는 것은 얼마나 주님께 잘 순종하느냐에 따라 결정되는 것이다. 예수님은 "내 양은 내 음성을 들으며 나는 저희를 알며 저희는 나를 따르느니라"(요 10:27)고 말씀하셨다. 교회의 지도자들이 앞서서 주님의 심장을 보여 주면, 성도들은 자연히 예수님께 순종하듯이 주의 몸된 교회와 지도자를 순종하게 되며, 여기서 사역의 참된 성공 여부가 결정된다.

다섯째, 모든 지도자들은 반드시 다른 지도자들을 길러야 한다. 사도 바울은 성경적 리더십의 목적이 "성도를 온전케 하는"(엡 4:12) 것이라고 말한다. 우리의 사역을 통해 많은 사람들이 키워지고 세워져야 한다는 것이다. 사울 왕의 시대처럼 암울한 때에도 다윗을 예비하시고, 사사 시대의 암흑 속에서도 사무엘을 예비하셨던 것처럼 하나님은 언제 어느 때든지 하나님의 사람들을 준비하고 계신다.

진정한 영적 성공은 나를 통해 다른 사람들이 은혜받아 변화되는 데 있다. 나로 인해 변화된 사람이 나의 영적 성공의 척도가 되어야 한다. 리더 자신이 다른 사람들에게 축복의 근원이 되어야 하는 것이다.

성경적 리더십은 팔로워십이다

내게는 담임목사로서 가지는 고민과 반성이 있다. 좋은 부교역자를 발굴하기 위해 과연 얼마나 많은 에너지를 쏟고 있느냐 하는 것이다. 좋은 부교역자를 선택하여 세우는 것이 담임목사가 교인들을 잘 섬기는 역할 중 하나라고 생각하기 때문에 동역자를 뽑을 때도 팔로워십(followership), 곧 따르는 자의 도에 대해 훈련되고 준비된 사람을 주목하게 된다. 왜냐하면 한 배에 탄 심정을 가지고 전체가 팀워크를 이루려 할 때 소위 따르는 자의 도가 삶으로 체득되지 않고는 불가능하기 때문이다. 배는 홀로 쉽게 운항되는 것이 아니다. 각 기관들이 제 역할을 감당할 때 가능하다. 따라서 배 하나가 뜨는 것은 모든 역할들이 종합된 결과라고 할 수 있다.

마찬가지로 동역자 사이에 좋은 관계가 형성되어야 공동체가 잘 굴러가게 된다. 과거에 비해 시대가 많이 달라졌고, 교역자의 자세 역시 너무 많이 달라졌다는 것이 원로 목사님들의 한결 같은 이야기다. 오늘날 선배로서 따끔한 충고를 해주는 사람도 드물고, 후배로서 선배의 충고를 진지하게 받아들이는 사람도 드문 것은 참으로 안타까운 일이 아닐 수 없다.

예수님은 완전하게 따르는 자의 삶을 사셨다. 그분은 섬기러 오셨고, 빌립보서 2장 7~8절 말씀처럼 종의 형체를 지녔음에도 아랑곳하지 않으셨다. 예수님께서 맨 처음 베드로와 요한과 야고보를 제자로 부르실 때, 그들을 리더로 부르지 않고 따르는 자로 부르시며 따르는 자의 삶을 제시해 주셨다. 성경을 보면 다윗, 모세, 디모데, 디도, 빌레몬 등 따르는 자의 도에 대해 모범적인 인물들이 많이 나온다. 이 가운데 가장 대표적인 예로 다윗을 들 수 있는데, 그는 한마디로 따르는 자였다.

다윗은 왕이 되기 전까지 부모 밑에서 성실하게 양을 쳤고, 사울 왕 밑에서는 정성껏 수금을 켰다. 사울이 다윗을 죽이려고 하기 전까지 한번도 그를 떠나려고 마음먹은 적이 없었다. 한마디로 그는 사울 앞에서 충성된 신하였다. 사울이 다윗을 배반해도 다윗은 한번도 그를 배반한 적이 없었다. 심지어 사울이 죽었을 때 다윗은 슬피 울며 금식했고(삼하 1:12) 애가를 지어 조상했다(삼하 1:17).

모세의 경우는 창조적인 리더에게 필요한 후원자들의 중요성을 잘 보여 준다. 비록 그가 이스라엘의 위대한 지도자요, 따르는 자의 삶을 살았던 사람이었지만 만일 주변에 따르는 자의 도에 대해 익숙한 충성된 사람들이 없었다면 결코 홀로 출애굽 사역을 완성할 수 없었을 것이다. 바로왕 앞에 설 때 아론의 도움이 있었고, 아말렉과의 전쟁에서도 아론과 훌의 도움이 있었다.

창조력 있는 지도자들 곁에는 항상 따르는 자의 도에 대해 익숙한 사람들이 있다. 그리고 그들로부터 여러 가지 후원, 곧 정기적인 기도, 전화를 통한 격려, 대화, 편지, 글, 좋은 아이디어 등을 받는다. 그래서 팔로워십을 지향하는 지도자나 후원의 역할을 감당하는 팔로워들은 서로가 서로에 대해서 따르는 자의 도를 통해 동역해 나간다.

제자의 삶이란 다른 사람을 위하여 예수님을 닮아가는 삶, 곧 예수님을 따르는 삶이라고 할 수 있다. 1등 사역자가 되길 원한다면 1등을 따르는 자의 삶을 살아야 한다.

동역자들끼리, 또는 팀 안에서, 담임목사의 관계에 있어서 진지하게 따르는 자의 도를 실천하기 위한 섬김의 계획을 세워 보라. 따르는 자의 도를 통한 진정한 리더십을 통해서 시대와 나라와 다음 세대를 엮을 수 있는 기회를 하나님께서 주실 것이다.

오늘날 많은 사람들이 그들이 속한 비즈니스와 사역 가운데서 굉장한 스트레스를 받고 있는 것을 보게 된다. 심지어 교회 안에도 이러한 긴장 구조가 그대로 재현되고 있다. 그러나 열두 제자들의 협력 사역, 바울의 팀 선교 등을 모델로 삼을 때, 교회 안의 평신도 지도자와 목회자들의 사역 역시 팔로워십을 갖고 팀 사역을 해야 한다는 결론을 어렵잖게 끌어낼 수 있다. 팀 사역을 하지 않으면 사역의 핵심을 잃기 쉽다. 그러나 불행하게도 많은 교회 지도자들이 이 중요한 팀 사역을 놓치고 있는 것 같다.

21세기 리더십은 에베레스트 산을 등정하는 것과 비슷하다. 에베레스트 산은 결코 혼자 오를 수 없다. 에베레스트 산을 오르기 위해서는 서로 돕는 자가 필요하다. 마음을 모아 협력하면서 올라가는 것이다. 훌륭한 지도자는 서로 섬기고 따르며 훌륭한 팀 사역을 한다. 그들은 모든 지도자들이 기본적으로 평등하다는 철학을 갖고 있기 때문이다. 그들은 리더들로 하여금 다양한 기능과 책임을 함께 나눌 수 있도록 한다.

삼위일체 하나님을 생각해 보라. 성부, 성자, 성령 하나님은 동일한 본질을 지니고 계신다. 그러나 그 가운데서도 구조에 명백한 순서가 있고 책임이 각각 존재한다. 성부께는 최초의 권위가 있고, 성자, 성령은 그에게 순종하신다. 성부 하나님은 구원을 계획하셨고, 성자는 그것을 이루셨고, 성령은 한 사람 한 사람에게 그것을 적용시키고 초청하신다.

성경의 많은 구절들이 삼위일체 한 분 한 분의 순서와 기능에 대해 가르치고 있다(요 14~17장; 엡 1장; 골 1장; 빌 2장; 요일 2:1, 2). 이 구절들이 강조하는 핵심이 성경적 리더십을 통해 교회를 섬기는 모든 지역 교회들에 그대로 적용되어야 할 것이다.

열매가 아닌 관계 중심의 리더십

성경적 리더십의 핵심은 헌신이다. 헌신을 통해 능력이 나타난다. 이 헌신은 더 나은 삶이 아니라 더 나은 관계를 위한 것이다. 세상의 지도력은 이 땅에서 좋게 여기는 삶이나 가치를 목표로 하지만, 그리스도인의 지도력은 주님과의 더 나은 관계를 목표로 한다. 그래서 일이 잘 성사되지 못할 때라도 실망하거나 상처받을 이유가 없다.

기독교를 제외한 모든 종교는, 믿음의 대상과 맺는 인격적인 관계 중심이 아니라, 그저 이 땅에서의 더 나은 삶을 누리게 해줄 축복을 구하는 도구일 뿐이다. 그러나 우리의 목적은 하나님을 더 깊이 알아가고, 하나님께 더 가까이 나아가는 것이다. 더 나은 삶을 추구하는 삶의 방식의 초점은 자기 자신이다. 자신이 우상이 된다. 자신의 평안, 자신의 행복, 자신의 물질, 심지어 리더에게는 자신의 사역조차도 우상이 될 수 있다. 여기서 자기중심적인 사고방식이 나온다. 그러나 새로운 삶의 방식은 모든 초점이 하나님께 있다. 여기서 더 나은 소망을 가질 수 있는 것이다.

세상의 지도력은 문제나 어려움이 생기면 그것 자체로 원망과 좌절에 빠지기도 하지만, 성경적 지도력은 오히려 그러한 난관을 통해서 하나님과 더 나은 관계를 유지하게 된다. 많은 리더들이 성공의 척도를 외형적인 성취나 업적에 따라 평가하지만, 진정한 삶의 성공은 마음의 중심에서 시작된다.

중요한 것은 사람의 평가가 아닌 주님의 평가이다. 주님의 신학적인 평가는 주님과의 관계, 주님에 대한 의식구조에 있다. 한 예로 모든 이스라엘 왕들을 평가할 때, 중요한 코드는 여호와 앞에 정직히 행했느냐에 있었다. 열매를 가지고 이야기한 것이 아니었다. 사람들의 인정과 열매로 평가하자면 당연 여로보암이 이스라엘에서 최고였다.

여로보암은 솔로몬 시대의 유능한 장군이었으며, 누구보다도 백성들의 마음을 잘 헤아렸다. 물론 위대한 업적을 이룬 솔로몬과 비할 수 없을지 모르지만, 솔로몬은 예루살렘 성전과 왕궁을 건축하면서 백성들로 하여금 백향목을 나르고 물자를 조달하게 하는 등 그들의 삶을 곤궁하게 했다. 그래서 여로보암이 솔로몬에게 백성들을 좀더 위하도록 직언을 했다. 이 일로 여로보암은 솔로몬의 미움을 사게 되어 결국 애굽으로 쫓겨나고 만다. 그 후 솔로몬이 죽고 난 다음 르호보암이 등극하자, 비로소 여로보암이 백성들로부터 지지를 받게 된다. 백성들의 마음을 대변해 줄 수 있는 사람으로 인정을 받게 된 것이다. 마침 르호보암이 젊은 사람의 말만 듣고 노인들의 말은 듣지 않자, 우리의 말을 들어 줄 수 있는 사람은 여로보암밖에 없다는 생각에 그를 10지파의 왕으로 삼았다.

하지만 역대기 저자의 평가는 냉정하다. 북이스라엘 왕이든, 남유다 왕이든 상관없이 악을 행한 왕에게는 "여로보암의 길을 행하며"라는 말이 항상 꼬리표처럼 따라다닌다. 이것은 하나님의 평가 기준이 사람과 다르다는 것을 의미한다. 주님이 우리를 평가하실 때 열매보다 관계를 더 중요시 여긴다는 것을 기억해야 한다.

역대상 28장 9절을 보면 구약의 이스라엘이나 히브리 민족의 지도자를 향한 하나님의 판단 기준을 볼 수 있다. 그것은 다윗이 솔로몬에게 이야기한 세 가지, '하나님을 아는 것'과 '온전한 마음'과 '기쁜 뜻'이다. 사역이 철저하게 하나님의 은혜로 된다고 생각한다면 우리가 열심히 기도하는 것은 마땅한 일이다. 주님께 더 의탁하고 매달려야 한다. 하나님을 더 알기 위해, 온전한 마음으로 섬기며 기쁜 뜻을 얻기 위해 노력해야 한다.

이것이 곧 하나님과의 깊은 관계이며, 성경적 리더에게 이보다 더 중요한 것은 없다. 이 시대의 교회 지도자들은 하나님과의 더 나은 관계를 통해 참된 리더십을 세상에 보여 줘야 한다. 이 일이야말로 21세기에 교회가 세상에 던져 줄 수 있는 진정한 소망이다.

영성 형성으로 점검하는 리더십의 뿌리

기독교 지도자들은 단순히 이 시대의 불붙은 이슈들에 대해서
박식한 의견을 가진 사람들일 수 없다.
그들의 리더십은 성육신하신 말씀이신 예수님과의
영속적이고 친밀한 관계에 뿌리를 두고 있어야 한다. ─헨리 나우웬

크리스채너티 투데이(Christianity Today) 지에서 바나 리서치 그룹 대표인 조지 바나(George Barna)의 글을 읽은 적이 있다. 현대의 미국 교회 사역자들에게 리더십의 갱신을 강력히 촉구하는 그의 예언자적 경고는 매우 도전적이었다. 조지 바나는 그동안 미국에서 그 누구보다도 많은 목사들과 사역자들을 만나 보았다고 한다. 그들 중에는 그가 탄복할 만한 훌륭한 목사, 위대한 설교자들도 많았다. 그러나 그는 훌륭한 목사, 설교자는 많이 만나 보았지만, 위대한 리더를 만나 본 적은 없다고 솔직히 털어 놓았다. 그러면서 그는 "지금 '위기에 처한 미국', '위기에 처한 미국 개신교'가 진정 필요로 하는 리더는 사람들에게 일순간의 감동을 주고, 개인적인 변화만을 가져다 주는 위대한 설교자가 아니라 사회를 구체적으로 변화시킬 시스템을 만들어낼 위대한 리더"라고 말한다.

그의 말은 미국 교회뿐 아니라 지금 한국 교회에도 필요한 도전이다. 오늘날 세속 문화에 종속된 교회를 변혁시켜 한 세대의 시대 정신을 역전시킬 수 있는 사람들은 바로 훌륭한 목사이기 이전에 위대한 리더일 것이다. 그러면 지금 우리에게는 어떠한 리더십이 필요한가? 여러 가지를 들 수 있겠지만, 요즘 미국 개신교에서 많이 거론되는 영성 형성의 관점에서 사역자가 갖추어야 할 리더십의 기초를 이야기하고자 한다.

위대한 리더는 사역적 기술로만 세워지는 것이 아니다. 무엇보다 말씀에 중심을 둔 철저한 영성 관리가 핵심이다. 1920년대에 출발한 미국 남침례교 성인 주일학교의 열매, 1950년대부터 교회 밖 선교 단체들이 시작한 일대일 양육의 효율성, 1960년대부터 불길처럼 번진 귀납법적 성경 공부를 주축으로 한 역동적인 소그룹 시대가 이제는 그 황금기의 자리를 영성 형성에 내주고 있다. 21세기에 맞는 새로운 옷으로 갈아입게 해주는 사역의 큰 매개체로서 바로 영성 형성 훈련이 뜨고 있는 것이다. 특히 목회자의 진정한 리더십과도 깊은 관련을 맺고 있기 때문에 그 중요성은 더하다.

사역적 순전함의 기초

우리는 보통 비그리스도인들을 교회로 초대해서 예수를 믿으라고 권한다. 그런데 과연 우리 사역자들은 예수를 믿지 않는 사람들에게 권면하는 그대로의 삶을 살고 있는가? 솔직히 따지고 보면 목회자로서도 하나님과의 밀접한 관계, 하나님과의 올바른 관계를 맺는 일, 곧 영성 형성 훈련은 일반적인 사역보다 더 힘겨운 일이 될 수 있다.

사역자의 삶 자체가 경쟁 관계나 시기심으로 점철되어 있는 경우도 적지 않다. 남들이 잘되는 것을 보면 냉소적인 모습을 보이기도 하고, 나름대로 에고이즘도 있고 때로는 분노도 생긴다. 그런데 문제는 이런 것들이 자연스레 표출되는 것이 아니라, 내면 속에서 얼어붙은 분노로 남아 있는 경우가 많다는 것이다. 사실 이것이야말로 끊임없이 사람들을 섬겨야 하는 사역자에게는 매우 무서운 경험이다.

그러므로 이제는 영성 형성을 목회 사역의 한 과제로만 생각해서는 안 된다. 영성 형성은 사역자의 중심에서부터 흘러나와 심령을 직접 만지는 훈련이 되도록 이뤄가는 것이 중요하다. 영성 형성 훈련을 통해 목회자의 순전함을 더욱더 정교하게 다듬어야 목회 사역을 의미 있게 감당할 수 있는 것이다.

영성 형성이란 무엇인가?

예수님이 우리에게 가르쳐 주신 진정한 복음이 무엇인가? 마태복음 3장 1절부터 4장 17절까지의 핵심은 "회개하라, 천국이 가까웠다"는 것이다. 그런데 이 하나님의 나라는 미래에 다가올 어떤 것으로만 생각하면 안 된다. 만일 그 나라가 지금 경험할 수 있는 것이 아니라면 무슨 의미가 있겠는가?

예수님 당시까지만 하더라도 하나님의 나라는 특수 계층인 율법사나 서기관과 같은 종교 지도자들만 경험하는 것이라고 여겼다. 그러나 그런 상황에서 예수님이 강조한 것은 하나님의 왕국이 평범한 사람에게도 임마누엘로 임할 수 있다는 것이었다.

예수님이 특별히 강조한 것은, 복음은 지금 당장 여기에서 경험할 수 있는 것이라는 사실이었다. 만약 하나님의 나라를 이 땅에서 체험하기를 원치 않거나 하나님의 나라가 이 땅에서 경험할 수 있는 것이 아니라면, 죽고 나서도 꼭 가야 할 이유가 있을까. 땅에서 '지금 이곳'에 임한 하나님 나라에 대한 가치관으로 살아가지 않는다면, 죽고 나서도 그런 나라에는 갈 필요가 없을 것이라는 말이다.

그러므로 영성 형성이란, 현재 우리가 영적 존재임을 실감하고 우리의 몸이 하나님 나라의 원칙에 따라 하나의 거룩한 틀로 형성되어 가는 것을 의미한다. 몸도 운동을 하면 형태가 생기는 것처럼 우리의 영성과 인격도 훈련에 의해 일정한 형태를 만들어 갈 수 있다. 즉 올바른 영성 훈련이 몸에 기억되면서 변화가 일어나는 것이다. 갈라디아서 4장 19절에 나오는 것처럼 "예수 그리스도로 옷 입고", 로마서 12장 1절에 기록된 말씀대로 "마음을 새롭게 함으로 변화를 받게" 된다. 영성 형성이란 결국 훈련을 통하여 주님을 닮아가는 것을 말한다. 주님의 거룩, 주님의 사랑을 닮아가고 우리의 이미지가 그의 이미지로 무장되는 것을 뜻한다.

이것은 지식을 쌓는 것이라기보다는 삶에 전인격적인 변화가 얼마나 일어나느냐 하는 문제다. 목회를 하다 보면 성도들 가운데 말로는 기쁘다고 하는데 표정에는 기쁨이 없는 이들이 종종 있다. 그런가 하면 다른 사람을 이해해 주지 않고 자기 방법만 주장하는 사람들도 본다. 이런 종류의 사람들이 변화되지 않는 것은 사실 그리 놀라운 일이 아닐지 모른다. 정말 놀라운 것은 이런 종류의 사람이 변화되지 않는데도 우리 사역자들이 별로 놀라지 않는다는 사실이다. 그것은 사역자들 스스로도 영성 훈련의 중요성에 대해 충분히 눈뜨고 있지 못하기 때문이다.

영성 형성의 기준

교회 안에서 술, 담배 문제로 논란이 되는 경우가 많다. 그러나 이것은 삶의 표준적인 기준은 아니다. 우리 삶의 기준은 성령의 열매이다. 작년에 비해서 올해 얼마나 더 온유한가? 얼마나 더 잘 참아내는가? 작년에 비해서 얼마나 더 감사하고 있는가? 이런 것들이 성숙의 기준이 되어야 한다. 그리고 이것이 곧 영성 훈련이 추구하는 지향점이기도 하다.

성령의 열매는 측정하기 어려울 수 있지만, 특정한 몇몇 기준을 가지고 점검해 볼 수는 있다. 예를 들어, 과거에 유대의 율법학자들은 안식일이나 할례, 음식 등의 규례에 대한 책을 많이 썼다. 그 이유는 무엇일까? 이 세 가지 이슈가 이른바 '적군'과 '아군'을 가장 쉽게 구분할 수 있게 해주었기 때문이다. 이런 식으로 울타리를 자꾸 쳐 나가면 바로미터를 만들 수 있었다. 이런 바로미터들을 갖게 되면 자기 편 외의 다른 부류들을 배제시킬 근거를 더 많이 가질 수 있게 되었다.

예전에 한국 교회 내에서도 주초(酒草)금지나 성수주일 같은 규례들을 가지고 정죄하는 예가 적지 않았다. 우리가 영성을 잘못 이해하면 때로는 그것이 고통의 원천이 되고, 심지어 하나님을 대적하는 원인을 제공할 수도 있다. 사실 예수님이 우리에게 가르쳐 주신 것은 마음을 다하여 하나님을 사랑하고 이웃을 사랑하라는 것이었는데 말이다.

예수님은 규례를 내세우기 좋아하는 종교 지도자들을 '독사의 자식들'이라고 추궁하시면서 그들 스스로는 하나님의 자녀요 종교 지도자라고 여기지만 실제로는 그렇지 않다고 강하게 말씀하시곤 했다. 고대의 유대인 역사가 요세푸스에 따르면, 예수님이 활동하시던 당시에 율법사와 서기관을 비롯한 이스라엘의 종교 지도자들은 2만여 명에 달했다고 한다. 그러나 그들 가운데 예수님이 사용하실 수 있는 사람은 거의 없었다. 규례에 얽매인 사람들은 많았지만 영성 형성으로 준비된 사람은 없었던 것이다. 예수님께는 단순하고 열성 있고 소박하고 순수한 영성을 지닌 어부들이 더 나았다.

참된 영성은 사랑을 더욱더 풍성하게 가질 수 있게 해준다. 사람이나 전통, 관습이 만들어낸 인위적인 규례 이전에 예수님이 말씀하시는 참된 하나님의 사랑, 이웃 사랑의 정신이 곧 영성 형성의 기준이 되어야 한다.

노력과 훈련의 차이

교회가 균형 잡힌 영성으로 내실 있게 성장하지 않는다면 점점 이상한 단체로 변질되어 갈 수 있다. 사람이 만든 규례에 지나치게 얽매이면 본질을 놓칠 수 있는 것이다. 성경적 기준에 핵심을 두고 고민하는 과정을 거치지 않은 채, 사회적 윤리의 잣대로 쉽게 판단하고 편을 가르면 참된 성숙에 도리어 방해물을 놓게 된다.

특별히 이렇게 영적 방향을 올바로 잡지 못할 때, 교회 안에 비판하고 심판하는 분위기가 생겨난다. 진정한 의는 하나님을 사랑하고 사람을 사랑하는 데서 나온다. 바리새인은 현실 속에서 하나님 나라를 기대하도록 비전을 제시하며 도전하는 일은 하지 않고, 율법을 기준으로 판단하고 정죄하는 일에만 익숙했다. 그러나 참된 영성 형성 훈련에 민감한 사역자들은 사람들에게 정확한 비전을 제시하고 그들로 하여금 하나님 나라에 대한 분명한 목표를 가지도록 도전할 수 있다. 그래서 성도들이 스스로 선택하고 결정하도록 도와줄 수 있다. 결정하게 한다고 다 되는 것이 아니라 현명한 방법을 찾을 수 있게 해주는 것이 사역자들의 진정한 의무다.

이런 지도자로 준비되어 가기 위해서는 엄격한 훈련이 필요하다. 사도 바울은 고린도전서에서 엄격한 훈련을 달음질에 비유하고 있다. "내가 복음을 위하여 모든 것을 행함은 복음에 참예하고자 함이라 운동장에서 달음질하는 자들이 다 달아날지라도 오직 상 얻는 자는 하나인 줄을 너희가 알지 못하느냐 너희도 얻도록 이와 같이 달음질하라 이기기를 다투는 자마다 모든 일에 절제하나니 저희는 썩을 면류관을 얻고자 하되 우리는 썩지 아니할 것을 얻고자 하노라 그러므로 내가 달음질하기를 향방 없는 것같이 아니하고 싸우기를 허공을 치는 것같이 아니하여 내가 내 몸을 쳐 복종하게 함은 내가 남에게 전파한 후에 자기가 도리어 버림이 될까 두려워함이로라"(고전 9:23~27).

바울은 그리스도인으로서 사역자의 참된 영성 형성에 대해 이야기하고 있다. 여기서도 노력(trial)과 훈련(training) 사이에 큰 차이가 있음을 알 수 있다. 마라톤을 할 때도 마찬가지다. 마라톤을 하라고 하면 당장 선뜻 뛰겠다고 나설 수 있는 사람은 아무도 없다. 그러나 마라톤 전에 훈련을 실시하겠다고 하면 거의 다 그 훈련에는 참여할 수 있다고 나설 것이다. 그만큼 완주를 위해 훈련이 중요하다는 것은 모두가 인정하는 사실이다. 훈련이란 자신의 삶과 특정 행동을 다스려서 지금 할 수 없는 것을 가능하게 하는 것이다. 우리가 어떻게 예수님처럼 살 수 있는가? 하나님께 무엇인가를 먼저 보여 드리려고만 할 것이 아니라 하나님의 능력을 받기 위한 훈련이 선행되어야 한다.

이러한 이상적인 변화를 지향하는 것이 바로 영성 훈련의 목표다. 노력은 향방이 없는 가운데서도 이뤄질 수 있지만, 훈련은 분명한 방향과 목표가 정해져 있다. 이 훈련에서 성령의 역할은 매우 중요하다. 성령은 바람과 같다. 돛단배가 목적지를 향해 움직이기 위해서는 돛을 올려야 한다. 영적인 돛을 올려 성령의 움직임에 민감해야 한다. 이것이 영성 훈련에 중요한 열쇠가 된다.

훈련이 많을수록 자유함도 많다

성도들을 가르치는 위치에 있는 목회자는 남의 눈을 통한 자기 평가를 하는 것이 가장 힘든 일 가운데 하나다. 목회자가 이런 자기 평가에 솔직하게 직면하고 사역자로서 하나님 앞에 부끄러움이 없으려면, 성경에서 제시하는 영성 훈련을 꾸준히 쌓아 나가야 한다. 끊임없이 예수님을 닮아 가고자 애써야 하는 것이다.

그러면 어떻게 해야 영성 훈련에 성공할 수 있을까? 어떻게 하면 노력하는 데 그치지 않고 훈련에 들어설 수 있을까? 이를 위해서는 여러 단계들이 필요하겠지만, 특별히 사역자들에게는 사람들의 평가로부터 자유로워지는 훈련 과정으로서 고독이 필요하다. 예수님이라고 해서 실망시키지 않은 사람이 있었겠는가? 예수님은 사람들의 인정을 필요로 하지 않았기 때문에 사람들로 하여금 종종 환멸을 느끼게 만들었다. 제자들도 실망했고, 정치·종교 지도자들은 예수님을 미워했으며, 가족들도 실족했다. 예수님에 대해 실망하지 않은 사람이 드물

정도다.

역설적으로 들릴지 모르지만, 이런 자세가 우리 사역자들에게도 필요하다고 믿는다. 운동선수나 음악 하는 사람도 마찬가지다. 전문가들을 가만히 살펴보면 어떤 면에서는 남들에게 매정하게 보일 때도 있다. 이것은 그들이 나름대로 자신의 영역에서 고독의 훈련을 쌓아 가고 있기 때문이다. 사역자도 동일한 맥락에서 고독과 친해지는 훈련이 필요하다. 물론 우리는 예수님이 아니기 때문에 다른 사람들과의 관계에서 주의해야 할 부분이 있다는 것도 염두에 두어야 할 것이다.

훈련을 쌓아가면 쌓아갈수록 우리는 그만큼 더 자유인이 된다. 훈련을 많이 할수록 자유함을 느끼는 감도도 그만큼 더 크고 넓다. 농구 황제 마이클 조던은 고등학교 1학년 때 농구 대표팀에서 방출된 후, 2군에서 여러 번의 시합을 통해 자기를 계속해서 단련했으며 끊임없이 연습해 화려하게 복귀했다. 프로가 된 후에도 그는 가장 먼저 연습장을 찾고, 가장 늦게 연습장을 떠나는 선수였다. 그의 코치였던 딘 스미스는 "조던이 한 것은 매일 연습한다는 원칙을 충실히 지킨 것뿐이다."라고 회고했다.

네 손가락의 피아니스트로 알려진 이희아. 그녀는 '선천성 사지기형'으로 인해 한 손에 손가락이 두 개씩밖에 없고 무릎 아래 두 다리도 세 살 때 절단했다. 처음 피아노를 치기 시작한 것은 여섯 살. 힘이 없는 손가락으로 연필이라도 쥘 수 있게 하기 위해 어머니가 시킨 것이었다. 그녀의 대표곡으로 자리잡은 쇼팽의 '즉흥환상곡'은 하루에 10시간 이상씩 5년 동안 연습한 끝에 연주에 성공할 수 있었다.

피아노 연습을 많이 한 사람은 나중에 눈을 감고도 피아노를 칠 수 있는 자유함을 누리게 된다. 마이클 조던은 훈련을 많이 했기 때문에 자유롭게 슛을 던지는 것이다.

사역자들이 영성 훈련에 임할 때는 어떤 훈련이 자신에게 필요한가를 먼저 알고 있어야 한다. 사람에 따라 비중을 두어야 할 영역이 다르기 때문이다. 가령 정말 기쁨이 없는 사람은 어떤 훈련을 해야 할 것인가? 기쁨이 없는 사람들, 기쁨을 취할 줄 모르는 사람들은 축제의 훈련을 쌓아야 한다. 사역자가 기쁨을 가질 때 성도들에게도 기쁨을 전해 줄 수 있다. 무뚝뚝한 성도들과도 칭찬과 격려를 주고받는 훈련을 꾸준히 실습해야 한다. 교제가 풍성한 파티에 많이 참석해 보는 것이 영성 훈련의 한 방법이 될 수 있다. 한국인은 특히 이런 일에 약하다. 게다가 한국 목회자들은 더하다. 그러나 하나님은 이스라엘 백성에게 과분할 정도로 기뻐하라는 명령을 많이 하셨다. 사치스러울 정도로 축하하라고도 하셨다. 이것을 '축제에 대한 연단'이라 이름 붙일 수 있겠다.

영성 훈련의 시작과 마침은 하나님이다

대부분의 사람들이 변화를 두려워하고 변화 앞에서 주저하기도 한다. 그러나 부모가 어린아이를 양육하고, 의사가 환자를 돌보고, 코치가 운동선수를 지도하듯이 사역자와 성도들 간에도 이런 관계 훈련의 과정이 필요하다. 이것은 또한 영성 훈련의 주된 방향을 잡아 준다. 소그룹 중심으로 사역자와 성도들이 만나는 제자훈련은 목회자의 영성 훈련과도 직결되는 좋은 경건의 도구가 될 수 있다. 목회자 자신의 건강하고 균형 잡힌 영적 성숙을 위해서도 영성 훈련이 필요하지만, 사역적으로 자신이 맡은 양떼들을 잘 목양하고 올바른 성숙의 길로 이끌어 가기 위해서도 꼭 필요하다.

진정한 영적 변화는 훈련으로 시작한다. 그러나 솔직히 말한다면 인간의 계획과 능력이 주도하는 제자훈련만으로는 진정한 변화를 이끌 수 없다. 영적인 변화는 하나님과 인간의 합동 작전에 의한 오랜 노력의 산물이다. 이 일에는 하나님과 우리 모두의 공동 사역이 있어야 한다. 오트버그는 그것을 대양을 횡단하는 것에 비유하고 있다.

어떤 사람은 영적인 성숙을 위해서 날마다 노력한다. 그러나 혼자서만 애를 쓰는 것은 마치 대양을 횡단하기 위해 젓는 배를 타고 노력하는 것과 같다. 노를 저으면 저을수록 힘은 소진되고 결국은 실패하게 될 것이다. 어떤 사람은 노력을 멈추고 하나님의 은혜에 완전히 자신을 내던진다. 그것은 마치 뗏목으로 표류하는 것과 같다. 아무것도 하지 않고 매달리기만 한다면 아무것도 얻을 수 없을 것이다. 최상의 훈련의 모습은 바람을 이용하여 달리는 범선을 타고 가는 것이다. 범선은 바람의 힘으로 달린다. 우리는 바람을 통제할 수는 없다. 그러나 훈련된 선원은 바람의 방향을 알고 거기에 맞추어 항해한다. 성령과 함께 일한다는 것은 바람을 분별하고, 우리가 가야 할 방향을 알며, 하나님께서 제공하시는 바람을 붙잡을 수 있도록 우리의 돛을 훈련시키는 일에 참여하는 것을 의미한다. 제자훈련 사역은 바로 우리의 돛을 훈련시키는 일이다.

목회자의 영적 성숙이 직접적으로 성도들의 영적 성숙에 영향을 미치는 만큼, 이제 영성 훈련의 중요성은 아무리 강조해도 지나치지 않을 것이다. 영성 훈련을 통해 한 시대를 일깨우는 영적 리더십의 근간이 제대로 세워질 때 한국 교회와 사회도 바로 세워질 것이다.

사역의 한계극복을 위한 결정력

모든 결정은 수술과 같다.
시스템 내부로 파고 들기 때문에 충격의 위험이 따른다. —피터 드러커

생명력 있는 결정

제임스 쿠제스가 전세계 경영자들 1,500명에게 "당신은 상사의 어떤 가치, 개인적인 특성 혹은 성격을 발견하고 존경합니까?"라고 물었다. 여기에 대해서 많은 항목의 대답이 있었지만, 그 중에서도 가장 높은 점수를 받았던 항목이 '정직'과 '청렴'이었다. 미래를 만드는 리더들의 핵심 자질을 다룬 앤디 스탠리의 넥스트에는 2,600명 이상의 최고 경영자들이 리더에게 바라는 것을 작성한 목록이 언급되었는데, 그들이 리더에게 바라는 최고의 특성은 역시 정직이었다. 정직이 능력과 지성과 격려보다 우선시된 것이다.

왜 지도자들은 리더의 자질을 평가할 때 능력 대신에 가장 중요한 것으로 정직과 청렴을 꼽았을까? 능력이 중요하긴 하지만 진정한 능력의 중요성은 그것이 올바르게 제대로 쓰여질 때에 한할 뿐이다. 사

람을 살리는 능력이 아니라, 수천 수만의 사람을 죽이는 데 쓰여지는 능력이라면 오히려 그것만큼 파괴적이고 무가치한 것은 없을 것이다. 정말 정직과 청렴이 중요한 이유는 어쩌면 능력의 방향과 결과를 담보하는 것이기 때문 아닐까? 정직이 마음의 절제를 말한다면 청렴은 삶의 절제를 의미한다. 이들은 한마디로 리더의 능력이 최상의 결과를 가져올 수 있는 결정을 내릴 수 있게 한다. 중요한 것은 어떤 결정인가가 아니라 어떻게 내려진 결정인가이다. 겉이 아무리 황금빛으로 코팅되어 있다 해도 그 속에 사심이 들어가 있는 결정이라면 출생부터가 잘못된 것이며, 그것은 언젠가 곪아서 썩은 냄새를 드러낼 것이다.

 이것은 양떼를 돌보는 목회자나 교회 지도자들에게도 마찬가지다. 훌륭한 결정은 훌륭한 인격이 뒷받침될 때에만 보장될 수 있다. 하나님 앞에서 영혼의 순진무구함이 없는 결정은 반드시 뒤탈이 있게 마련이다. 모세가 말도 많고 탈도 많은 수백만 이스라엘 백성들을 광야에서 젖과 꿀이 흐르는 가나안으로 인도할 수 있었던 힘이 어디에 있었는지를 주목해 보자. 모세의 지도력이 끝까지 힘을 잃지 않았던 이유는 그의 온유함이, 달리 말하면 그의 성품이 지면의 모든 사람을 압도했기 때문이다. 이것은 모세의 몸에 하나님께서 그의 성품을 인정하는 도장을 찍었다는 말이다. 목회자의 인격이 하나님께서 인정하는 도장을 받는다면, 그것만큼 그의 결정에 영향력을 더하는 것이 또 있을까! 그러므로 사역의 한계를 극복하기 위한 결정의 첫 번째가 인격의 확립이다.

지도자는 힘 있을 때 죽어야 한다

그러나 우리나라 상황에서는 인격만으로는 2%가 부족하다. 사역의 한계를 극복하기 위한 결정을 내리기 위해 필요한 두 번째는 인재를 제대로 키우고 쓸 줄 아는 시스템에 있다.

작금 한국의 정치적 카오스나 사회의 혼란을 보노라면 참으로 안타까움을 금할 수 없다. 한국의 가장 큰 비극이 무엇이냐고 묻는다면, 주저없이 말할 수 있는 것 가운데 하나가 최고의 자질을 가진 사람이 최고의 위치에 오르지 못한다는 것이다.

나는 1997년 평양을 방문했을 때 북한은 쉽게 와해되지 않겠다는 느낌을 받았다. 당시 북한이 곧 허물어질 것이라고 추측하는 사람들이 많았지만, 북한의 각 분야는 그 계통에서 평생 잔뼈가 굵은 실력 있는 사람들이 영향력 있는 위치에 자리 잡고 있었다. 아마 이것이 지금까지 체제를 지탱하는 보이지 않는 힘이 되지 않았을까 싶다.

그래도 그동안 한국 교계는 뛰어난 자질을 가진 많은 분들이 리더로서 방향을 설정하고, 사역에 많은 영향을 끼쳐 왔다. 뛰어난 자질이 있는 이들이 리더의 자리에 올랐다는 말이다. 비록 개척 교회를 하더라도 10년, 20년 최선을 다해 목회하며 교회가 잘 자라면 영향력과 발언권을 가질 수 있는 위치에 설 수 있었던 것이다. 예를 들어 지금 교계에서 큰 영향을 끼치고 있는 대형 교회 가운데도 20년 전에는 너무나 소박한 환경에서 목사의 진액을 쏟는 산고 가운데 시작된 교회들이 얼마나 많은가? 그러나 최근에는 교회에서까지 세습이니 낙하산 인사니 하여 교회의 진정한 힘이 누수되는 머리 잘린 삼손과 같은 현상이 나타나고 있다. 참으로 주님 앞에 슬픈 마음으로 무릎 꿇지 않을 수가 없다.

이러한 문제의식은 전통적인 지역 교회에도 동일하게 적용할 수 있다. 지역 교회 내에서는 잘 훈련된 성도가 얼마나 빠른 시일 내에 영향력 있는 위치에서 사역할 수 있느냐가 건강과 갱신을 위한 관건이 된다. 그러나 많은 교회가 이러한 건강한 사역을 위한 풍토와 시스템을 갖추지 못한 채 안일과 타성에 젖어 딱딱한 요새로 굳어져 가는 경향이 있다.

최근 몇 명의 목회자들이 모여 한국 교회나 이민 교회의 이러한 문제들을 놓고 기도하면서 한 가지 마음에 다짐한 것이 있는데, 지도자는 힘이 있을 때 죽어야 한다는 것이었다. 물론 이 다짐은 표현의 과격함으로 인해 오해를 받을 수도 있겠지만, 그 본뜻은 이렇다. 지도적 위치에 있는 목회자들이 영향력이 있고 힘이 있을 때 다음 세대를 위한 밑거름이 되기 위해 문자 그대로 죽을 수만 있다면, 한국 교회는 계속해서 좋은 자질을 가진 이들이 중요한 위치에서 사역을 감당할 수 있을 것이라는 말이다. 그렇게만 된다면 하나님 나라를 위하여 리더십의 단절이나 누수를 줄이고 세상 앞에서 귀한 사명을 감당할 수 있을 것이다. 결국 이러한 모든 것은 지도자의 판단력에 달려 있다.

지혜로운 의사 결정의 원리

목회자들과 평신도 지도자들은 지역 사회나 세상 앞에서 비전 있는 사역을 위해 올바른 결정을 내리도록 하나님 앞에 부름받은 존재들이다. 특별히 다가오는 시대는 하나님이 원하시는 지혜로운 결정을 내리는 법을 훈련받지 못한다면 통찰력 있는 사역을 할 수 없게 되어 있다. 왜냐하면 폭발적으로 증가하는 정보와 요구 속에 하나님이 원하시는 핵심을 놓치고 표류하기 쉽기 때문이다.

어떤 사역이든 결정을 해야 할 순간에 다음의 네 가지가 필요하다. 첫째는 신념, 둘째는 멘토들에게 물어 보고 상의하는 일, 셋째는 고통스러운 경험, 넷째는 성령의 인도하심이다. 무엇보다 모든 문제를 결정하기 전에 "모든 사람에게 후히 주시고 꾸짖지 아니하시는 하나님께 구해야"(약 1:5) 하는 것은 기본이다. 그렇지만 지혜로운 결정과 판단력에는 실제적인 적용 노하우가 필요하다.

먼저 목회자에게 있어 교회의 규모는 의사 결정에 매우 큰 영향을 끼치게 된다. 교회의 성격, 목적, 전통, 문화, 기대치가 판단에 많은 영향을 미치기도 하지만 결정적인 것은 아닐 것이다. 오히려 교회의 사이즈가 보이지 않는 조직의 원리나 시스템에 의해 목회적 의사 결정에 더욱 큰 영향을 미치는 듯하다. 따라서 교회의 사이즈를 고려한 지혜로운 의사 결정의 원리를 터득하는 축복 역시 우리 모두에게 필요하다.

나는 지난 40여 년의 목회 사역 기간 동안 소형 교회와 중형 교회 그리고 대형 교회를 모두 경험하였다. 이 말을 하는 이유는 교회의 크기에 따라 사역자가 내려야 할 결정이 다르다는 것을 말하고 싶어서이다. 종종 작은 교회에서 나름대로 성공한 큰 교회의 프로그램을 여과 없이 실행하다가 더 어려워진 경우를 보게 된다. 이것은 결정의 메커니즘을 모르기 때문에 빚어진 비극이라고 할 수 있다. 결정력의 크기는 때와 장소에 걸맞을 때 극대화될 수 있음을 경험적으로 분명하게 말할 수 있다.

1. 소형 교회에서의 결정

교회 역사가 우리에게 보여 주는 것은, 소형 교회에서의 결정은 거의 개인이나 가족, 또는 특정 친족들에 의해서 가장 큰 영향을 받는다는 것이다. 이것은 역사가 오래된 소형 교회일수록 심하다. 따라서 공식적인 절차를 거쳐 사안에 대한 결정을 내리기보다는, 몇몇 영향력 있는 사람들이 식탁이나 차 안과 같은 비공식적인 공간에서 즉흥적으로 결정을 내리게 되는 경우가 많다.

목사가 직접 개척하지 않은 이상, 이런 교회는 대체적으로 그 교회의 전통과 문화가 의사 결정을 지배한다. 그 결과 담임목사의 지도력이나 영향력이 약해지기 쉽다. 그러므로 이런 교회에 부임한 지도자는 작은 것부터 신경을 써야 한다. 작은 교회일수록 작은 일에서부터 그 교회의 전통에 익숙한 사람들에게 먼저 신뢰를 받아야 한다. 예산 한도 내에서 돈을 쓰는 것, 건물을 아껴 사용하는 것, 검소하게 생활하는 것 등을 성도들에게 보여 줘야 한다. 이런 부분에서 인정과 신뢰를 얻지 못하고, 큰 비전, 야심 찬 목회 방향만 세우고 추진한다면 실행하는 족족 실패할 수밖에 없을 것이다.

따라서 소형 교회 사역자들은 결정을 내릴 때 인간관계를 우선순위로 생각하고 시작해야 할 것이다. 대형 교회에서는 담임목사가 "하나님께서 이 큰 비전을 내게 주셨다"고 외치고 추진력 있게 밀고 나가면 되지만 작은 교회에서는 이 방법이 잘 통하지 않는다. 큰 교회처럼 목사의 사역의 열매와, 경험과 능력을 성도들이 이미 인정하고 있다면 이러한 담대한 비전 제시와 추진력 있는 실천이 효과적이겠지만, 작은 교회는 이런 식으로 성급하게 한꺼번에 처리하는 것은 통하지 않는다.

오히려 목회자는 개인적으로 사람들을 만나서 한 사람 한 사람에게 자신의 비전을 이해시켜 나가는 각개격파 전술을 구사해야 한다. 교회의 전통과 문화에 익숙한 사람들과 비공식적인 대화를 통해 이해를 얻어야 하는 것이다. 이 과정의 투자가 충분히 선행되기 전까지는 제직회나 당회 등 공식 기구에서 함부로 지도자의 비전이나 복안을 내놓지 않는 것이 좋다. 중요한 것은, 소형 교회에서는 대형 교회처럼 강력한 리더십으로 지시하면서 교회를 이끌 수가 없다는 것이다.

작은 교회는 진실한 인간관계를 만들어 가면서, 기존 성도들이 자신의 가치와 기회를 발견하도록 도와줘야 한다. 정말 목회자가 성도를 섬기고 사랑하는 마음으로 지혜롭게 결정한다면 반드시 교회의 역량을 끌어올릴 수 있을 것이다.

만약 목회자가 개척한 교회인데도 아직 소형 규모로 남아 있다면 비효율적인 프로그램은 과감히 정리해야 한다. 예를 들어 남전도회나 여전도회 등은 성격상 전도를 많이 하기보다는 친교 그룹으로만 남을 가능성이 많다. 이런 경우에는 차라리 제자훈련을 위한 소그룹으로 전환시켜 영적 변화의 산실이 되도록 체질을 개선하는 결정을 내리는 것이 좋다.

또한 작은 교회라도 하나님 나라를 위한 작은 거인의 역할을 할 수 있다는 집중된 자긍심, 영적 자존심, 왕 같은 제사장으로서의 의식 개혁을 주입하는 데 주력하는 것이 중요하다. 성공보다 보람, 큰 것보다 가치 있는 것이 더 소중함을 일깨워 주면서 성도들의 자존감과 정체성을 확고히 다져 주는 것이다.

2. 중형 교회에서의 결정

소형 교회가 특정한 개인, 가족들에게 결정의 관건이 달려 있다면, 중형 교회의 힘은 위원회나 각 부서에 있다. 따라서 사역자는 각 위원회가 탄복할 만한 교회의 유익과 성장을 위한 철저한 계획, 혹은 실제적인 백서를 미리 마련하는 것이 필요하다. 중형 교회에서는 결정을 추진할 때, '어떻게 하면 교회에 유익이 될 것인가?', '어떻게 하면 교회가 멋있게 변화될 수 있을 것인가?'에 관심을 집중하기 때문에, 정교한 수준의 준비된 정책이 필요하다.

그러므로 목회자는 청지기 정신이나, 섬김의 도, 자원봉사자들을 잘 활용하여 효과적으로 사역할 수 있는 계획과 가능성을 위원회에 보여 주고 이해시켜야 한다. 즉 열악한 기획, 협조적인 시스템의 부족, 아마추어적인 예산 관리, 수단과 목적에 대한 혼동 등의 비효율적인 행정관리 시스템을 극복할 수 있는 대안 제시가 필요한 것이다. 작은 교회에서는 이와 같은 정교한 수준의 관리를 위해 너무 힘을 집중하는 것은 비효율적일 수 있다. 그러나 중형 교회의 규모에서는 이제 전문성이 필요하다고 말해 주고, 정말 누가 봐도 전문성을 가진 목회자가 준비했다고 인정할 정도의 방향을 보여 주는 것이 중요하다. 특히 교회의 공동체 기능, 훈련적 기능, 생산적 기능에 대한 균형 잡힌 시각을 잘 인식시켜 주면 중형 교회에서도 참으로 지혜로운 결정을 할 수 있을 것이다.

3. 대형 교회에서의 결정

대형 교회의 결정 과정은 조금 특이하다. 대형 교회의 중요한 결정권은 역시 담임목사에게 달려 있다. 담임목사가 주도적인 결정을 한다. 실제로 교회의 주요한 모든 결정권이 담임목사에게 있기 때문에 담임목사가 갖고 있는 미래에 대한 비전이나 판단력이 교회의 장래를 결정하게 된다. 물론 이것은 어느 정도까지는 소형 교회나 중형 교회에서도 마찬가지일 것이다. 그러나 문제는 대형 교회에서 담임목사가 판단을 내릴 때에는 고려해야 할 정보와 문제의 범위가 기하급수적으로 늘어난다는 사실이다. 따라서 담임목사의 판단력과 의사 결정의 중요성은 더욱 증대되고 그 영향력의 범위도 더욱 늘어나는 것이다.

따라서 대형 교회의 목회자에게 있어서 중요한 것은 여러 변수와 문제 요인들을 고려하여 다양한 의사 결정을 신속하게 효과적으로 내릴 수 있는 자질이다. 따라서 담임목사의 나이가 시대의 변화와 감각에 충분히 부응할 만큼 젊다든지, 아니면 나이가 들어도 의식 구조가 유연하고 젊다면 다행이지만, 그의 의식 구조가 시대를 섬기기에 벅차게 되면 그때부터 교회도 목사와 같이 급속도로 쇠락을 경험하게 된다.

그러므로 대형 교회의 담임목사는 끊임없이 자신을 돌아보고 채찍질하여 핵심과 원리에 부합하는 판단력의 지혜를 구해야 할 뿐 아니라, 교회적으로는 교회 조직이 경직화, 관료화되지 않도록 교회 조직의 신선함과 유연함을 날마다 예민하게 확인해야 할 것이다. 또한 최초의 사역 비전이 상실되지 않도록 늘 시대 정신을 초월하는 꿈과 비전으로 무장되어 있어야 한다.

이런 성향을 이해할 수 있는 평신도 지도자들이나 당회원들과 함께 지속적으로 훈련하면서 대형 교회가 갖는 장점이 최대한 발휘되도록 사역의 센스를 키워 가야 할 것이다.

결정의 메커니즘

교회의 규모가 작을수록 지도자의 결정이 감정적이고 주관적이기 쉽다. 또한 대형 교회는 담임목사의 절대적 지도력 하에 있다 하더라도 그만한 규모의 교회가 되기까지는 평신도 지도자들의 팀워크, 교회의 역동성, 생명력에 관한 객관적 증거가 이미 드러나 있으므로 객관적인 결정이 더욱 필요하다. 이러한 차이를 도표로 나타내면 다음과 같다.

소형교회	중형교회	대형교회
감정적	←――――――→	이성적
주관적	←――――――→	객관적
선호도 중심	←――――――→	열매 중심
비공식적	←――――――→	공식적
가족 중심	←――――――→	지도력 중심

도표에서 볼 수 있듯이 결정의 메커니즘이 작은 교회일수록 개인의 선호도, 감정이 개입된 비공식적인 것이 되기 쉽고, 교회가 커질수록 결정이 더욱 이성적, 객관적, 사역의 열매 중심이 될 확률이 높아진다. 교회가 커지고 조직 체계가 공식화될수록 선택된 지도자들이나 객관적 지도력에 의해 결정이 좌우되는 것이다.

지금 우리가 섬기는 교회의 결정은 어떻게 이뤄지는가? 그 과정은 어떤 교회를 연상시키는가? 교회 규모의 성향이나 특징은 선한 것도 악한 것도 아니다. 문제는 지혜로운 결정자가 되어야 한다는 것이다. 아직 힘이 있을 때, 영향력이 있을 때 지혜로운 결정을 해야 한다. 한국 교회의 지도자들이 아직 힘이 있을 때 참으로 죽을 각오로 결정할 수만 있다면 한국 교회는 머지않은 미래에 세계 교회 앞에 한번 더 멋지게 도약할 수 있을 것이라 확신한다.

전심을 회복하는 사역의 미학

부흥이 일어나면 하늘이 갈라지고,
물이 없어 갈한 땅에 축복의 소나기가 쏟아진다. —레오나드 레이븐힐

갈망하라 추격하라 붙잡으라(*The God Catchers*)라는 책으로 우리에게 하나님의 임재와 영적 굶주림의 은혜를 상기시켰던 토미 테니는 다윗의 장막이라는 책에서 예배에 대해 정말 중요한 질문을 던지고 있다. 그는 "이후에 내가 돌아와서 다윗의 무너진 장막을 다시 지으며 또 그 퇴락한 것을 다시 지어 일으키리니"(행 15:16)라는 말씀을 붙들고 묻는다. "하나님은 왜 그 집을 재건하고 싶으신 것일까? 왜 모세의 장막을 원형대로 복원하고 싶어 한다고 하지 않으셨을까? 사실 모세의 장막이야말로 지상에 세워진 천상의 처소 중 최초의 작품이 아닌가. 아니 그보다 더 웅장한 것으로 치자면, 하나님은 왜 솔로몬의 성전을 그 웅장함대로 복원하고 싶어 한다고 하지 않으셨을까? 하나님은 왜 다윗의 장막을 재건하고 싶다고 말씀하실까?" 그 이유를 토미 테니는 아마도 하나님께서 회복하기를 원하셨던 것은 다윗의 열정이었을 것이

라고 대답한다.

이것은 바로 오늘날 하나님께서 우리 사역자들에게도 원하시는 것이다. 하나님이 우리에게 원하시는 것은 하나님에 대한 우리의 전심(全心)이다. 우리가 전심으로 하나님을 향한다면, 그곳이 하나님이 임재하신 모세의 장막이 아니어도, 천번제를 드릴 만큼 엄청나게 웅장한 솔로몬의 성전이 아니어도, 우리의 마음이 회복되는 그곳에서 하나님의 장막이 세워지기를 원하실 것이다. 이처럼 다윗의 장막을 다시 회복시키기를 원하시는 하나님의 뜻은 오늘날 기독교 사역자들을 향한 하나님의 소원일 것이다.

"여호와의 눈은 온 땅을 두루 감찰하사 전심으로 자기에게 향하는 자를 위하여 능력을 베푸시나니"(대하 16:9).

하나님께서 사역자인 나에게 주신 큰 약속의 말씀 가운데 하나가 바로 이 말씀이다. 이 말씀은 내가 목회를 시작하고 지금까지 교회를 섬겨 오는 가운데 지켜 온 사역의 나침반과 같은 말씀이었다. 즉, 사역자로서 내가 지녀야 할 핵심적인 사역 자세가 어떠해야 하는지를 가르쳐 준 말씀이다. 목회자가 가져야 할 가장 중요한 사역 자세는 바로 '전심으로 하나님께 향하는 것'이라고 나는 확신한다. 나는 이 말씀을 나의 목회의 비밀 병기로 삼고 사역에 임해 왔다.

모든 사역자는 다 연약하고 부패한 본성을 가진 상태에서 사역을 시작한다. 그러므로 사역에서 가장 중요한 것은 하나님의 불쌍히 여겨 주심이다. 자신의 연약함을 인정하는 데서부터 하나님께 의뢰하는 자세가 생긴다. 하나님 앞에서 자신의 부패한 본성을 고백하는 것과 하나님의 성품을 바라보는 것이 사역의 기본이 되어야 한다. 전심을 다해 하나님께로 향할 수 있는 것도 이 기본 자세에서 비롯된다.

이제 '전심을 다해 하나님께 향할 때' 어떤 은혜를 덧입을 수 있는지에 대해 함께 나누고자 한다.

끌어들이는 찬양

내가 역대하 16장 9절의 말씀으로 바로잡은 사역 마인드 가운데 가장 두드러졌던 것은 찬송하는 자세이다. 찬송하는 태도를 보면 사역의 질을 알 수 있다. 찬송 부르는 자세 하나에서도 사역의 감각과 마인드가 나타난다.

나는 노래를 잘하는 사람은 아니지만 나와 함께 찬송하면 힘이 난다고들 말한다. 그 비결은 이것이다. 나는 찬송을 '내뱉어' 부르지 않는다. 그냥 찬송하니까 한다고 생각한 적도 없다. 전심으로 찬송을 부르고 찬양을 드린다. 찬양을 인도할 때에도 부르는 자세에서부터 사람을 매력적으로 끌어들여야 한다. 찬송하는 것을 보면 가사만 전달하는지, 아니면 심령을 끌어들이는지 알 수 있다. 심령 속의 고백이 마음으로 전달되게 불러야 한다. 적어도 지도자로서 회중의 찬양을 인도한다고 할 때는 전심을 들여 인도해야 마땅하다.

21세기는 영성의 시대가 될 것이다. 설교도 중요하지만 성도들의 감성을 터치할 수 있는 찬양도 상당한 비중을 차지할 것이다. 설교와 찬양이 함께 받쳐지면 그만큼 이상적인 사역을 할 수 있다. 설교 전달 능력이 좀 부족한 사역자도 전심으로 찬양을 드리는 자세를 가지면, (찬양이 설교를 대체할 수는 없지만) 분명 부족한 부분을 채워줄 것이다. 설교에 뛰어난 사역자들이 찬양을 건성으로 불러서 사역에 힘이 덜

붙는 경우를 종종 본다. 그냥 대충 밀어붙이는 찬양을 하고 마는 경우도 많다. 밀어붙이는 찬양이 아니라 부드럽고 강하게 끌어들이는 찬양을 할 수 있다면, 더욱더 크게 쓰임받을 수 있다. 그야말로 은쟁반의 금 사과가 될 것이다.

이것은 단순히 노래를 잘 부르는 것과는 차이가 있다. 소리를 크게 지르라는 것도 아니다. 찬양이 심령 깊은 데서부터 뿜어져 나와야 한다는 뜻이다. 기도와 메시지의 깊이가 있고 사역에 준비된 사람은 찬양을 드리는 자세에서도 동일하게 전심을 다하는 태도를 갖게 된다. 하나님께서 그 전심을 받으시고 그에게 능력을 베풀어 주실 것이다.

생명력 있는 사역의 세 가지 통로

사역에 생명이 나타나려면 크게 세 가지가 필요하다. 바로 마음과 비전 그리고 기술이다. 이 세 가지 중에서 앞의 것이 선행되지 않으면 그 다음 것을 이룰 수 없다. 비전이나 기술은 진정한 마음이 없이는 제대로 이뤄질 수 없는 것이다.

그러나 신학교에서는 기술을 먼저 가르친다. 그래서 신학교를 졸업하고 나면 오히려 생명의 능력이 사라지고 생명에 대한 감각이 무뎌지는 것을 본다. 마음은 나눔의 과정이고, 비전은 훈련의 과정이며, 기술은 가르침의 과정이다. 생명은 기술이 아닌 마음에서 시작한다. 마음은 생명과 생명의 접촉으로, 표현할 수 없는 본능적 감각이다. 생명력 있는 사역은 페이퍼 미니스트리(paper ministry), 곧 종이로 전수할 수 있는 사역이 아니다. 영혼 구원과 사람을 변화시키는 사역을 하려면 본능적인 감각이 있어야 한다.

마음이 열려야 산다

사역자라면 양적으로든 질적으로든 부흥하고 싶을 것이다. 그러나 부흥을 위해서는 사역자에게 심령의 갈급함이 있어야 한다. 이것을 타고난 사역 감각이라고도 할 수 있겠지만, 부족하다면 후천적으로라도 개발해야 한다. 어떤 사역자는 강단에 서면 분위기가 바로잡히고 은혜스러워지는데, 또 어떤 사역자는 강단에 서면 분위기가 굳어지고 자신 역시 헤매거나 어려워한다. 그러나 그것은 마음이 있느냐 없느냐에 달려 있다.

나는 어릴 때 율법주의적인 신앙관을 조성하는 환경에서 자랐다. 이것을 깨는 데서부터 나의 심령이 열렸다. 그러한 전통적인 율법적 구조를 극복하게 해준 것이 바로 네비게이토 소그룹에서 가졌던 나눔의 교제였다. 가르침은 머리를 겨냥한 것이어서 비판 작용을 하지만, 나눔은 마음을 겨냥한 것으로 카타르시스, 즉 감정 정화의 작용을 한다. 바로 이에 대한 감각이 있어야 하는 것이다.

설교자가 강단에 서서도 마음이 안 열리는 때가 있다. 그러다가 어떤 찬양 한 곡이 마음을 풀리게 하는 경우가 있다. 심령은 바로 이런 것이다. 제자훈련을 할 때도 마찬가지다. 훈련생들이 모이면 곧바로 성경 공부에 들어가지 않는다. 지난 한 주 동안 받은 은혜나 큐티를 나누다 보면, 또는 하나님의 특별한 인도를 간증하다 보면 마음이 열리는 것이다. 마음이 열리지 않으면 어떤 일도 제대로 되지 않는다. 마음이 열려야 한다. 사역자도 그렇고 성도들도 그렇다. 이러한 바탕이 이뤄져야 그 다음 단계인 비전과 기술을 개발하는 문제도 풀리게 된다.

하나님이 주시는 비전

사실 비전은 내가 할 수 있는 것이 아니다. 하나님께서 개입하지 않으시면 안 된다. 흔히 내가 할 수 없는 것 앞에 사람들은 절망하고 낙담하지만, 오히려 이것을 비전으로 삼는 자는 주님이 하실 일을 바라보며 기다리고 기대한다. 적어도 지도자라면 주어진 환경과 여건을 뛰어넘어 주님이 일하실 무대를 바라보는 영안이 필요하다. 그래서 비전을 품은 사역자는 밤에 잠을 그냥 못 잔다. 기대감이 있기 때문이다. 내 머리맡에는 사진첩이나 요리책, 역사책 같은 것들이 있다. 이런 책들을 수시로 뒤적이다 보면 영감이 생기고 하나님이 주시는 비전이 새로워지는 경험을 자주 하게 된다. 이런 작은 과정에서도 하나님이 개입하시면 비전을 발견할 수 있게 된다.

나는 한국 교회 목회자들이 꿈과 비전에 있어서는 서구 교회에 뒤지지 않길 바란다. 하나님이 하시는 일이 비전이기 때문이다. 그것을 기대하고 품고 소망하는 것에서 뒤질 이유가 없다. 사역자는 이 비전에 대한 감각과 기대감을 확고하게 지니고 있어야 한다.

기술보다 심령과 비전

무술 영화를 보면 스승이 제자를 가르칠 때 절대로 기술부터 가르치지 않는다. 기초부터 가르친다. 기본 마음가짐과 자세부터 가르친다. 기술은 제한되어 있기 때문이다. 아무리 좋은 기술도 5년, 10년을 못 간다. 그러므로 기술만 익힐 것이 아니라 그 기술을 얻는 방법을 알아야 한다.

주님도 제자들을 부르실 때 '사람을 낚는 어부'가 되게 하시겠다고 말씀하셨다. 그리고는 제자들에게 기술을 가르치신 것이 아니라 사람을 낚는 어부가 가져야 할 마음자세와 목표가 무엇인지 자신의 삶을 통해 몸소 보여 주셨다. 한 사람을 얻고 한 사람을 빚는 주님의 장인정신은 단순히 기술력에 승부가 결정되는 것이 아니었다. 주님이 제자들에게 진정 전수하려 했던 것은 혼이요, 정신이요, 사명이었다.

부교역자들은 담임목사에게서 기술만을 배우려고 해서는 안 된다. 그 기술을 똑같이 흉내내려고 할 필요도 없다. 기술은 책을 통해서 얼마든지 배울 수 있다. 중요한 것은 심령과 비전이다.

사역에 물꼬를 트는 세 단계

마음을 나누고 비전을 세우고 기술을 배우는 데에도 필요한 단계가 있다. 그것은 가르침과 훈련과 세움의 단계이다. 그중 세움의 단계는 매우 중요하다. 세움의 단계가 있어야 사역에 물꼬가 트이기 때문이다. 갈보리 채플의 그렉 로리는 척 스미스 목사의 전화 비서로 동역하는 동안 이 세움의 단계를 경험했다고 한다. 안타깝게도 대부분 신학교의 경우 가르침의 단계에서 그치는 예가 많다. 반면에 일부 신학교에서는 여기서 좀더 나아가 강의하기 전 함께 기도하면서 서로의 마음을 모으는 훈련 단계를 실시하기도 한다. 탈봇 신학교 재학 시절, 나는 아침 7시 30분 첫 수업이 시작되기 전부터 몇몇 신학생들이 교내에 선교 기도제목을 붙이려고 뛰어다니고, 교수들은 그 선교사들을 위해 간절히 기도하는 모습에서 복음을 향한 그들의 뜨거운 마음을 경험한 적이 있었다.

그러나 대부분의 학교는 세움의 단계까지 실행하는 데 한계가 있다.

하지만 교회에서는 이것이 가능하다. 어느 학교에서 배웠느냐보다 어느 교회에서 배웠느냐가 더 중요할 수 있다. 공부를 많이 할수록 이 세움의 단계가 엷어지거나 약해질 위험성이 있다. 이런 실제적인 현장의 내용들은 책에서는 얻을 수 없는 것이기 때문이다. 신학생들은 이런 경우를 특히 경계해야 할 것이다.

교회 안에도 가르침의 단계에만 머물러 정체되는 부서가 있고, 훈련의 단계를 거쳐 세움의 단계까지 생명력 있게 나아가는 부서도 있다. 청년부나 대학부는 훈련의 단계를 거쳐 함께 부대끼는 가운데 세움의 단계도 경험할 수 있게 된다. 나는 청년 대학부 사역을 할 때에 공동체 생활을 하며 이러한 세움의 과정을 많이 경험할 수 있었다. 담임목사와 부교역자들이 한자리에 모여 머리를 맞대고 사역을 의논하고 창의적인 목회를 위해 고민하는 시간들 모두 세움의 단계에 속한다.

세움, 제자훈련의 정점

미국에서 교회를 처음 개척하고 한 2년 동안 우리 집은 마치 여관과도 같았다. 여러 성도들의 방문도 많았고 손님들이 자주 묵기도 했다. 그런 가운데서 나는 세움의 단계를 경험할 수 있었다. 세움은 사역에 대해 나눌 뿐 아니라 생활이 곧 훈련이라는 구도 아래 진행되기 때문에 인격적인 마찰을 통해서도 배우게 되고 서로 경건의 장점들도 가까이서 보고 본받게 된다.

이런 세움의 단계를 잘 거치면 사역의 집중력이 매우 높아진다. 함께 밥 먹으며 모두가 늘 생각하는 것이 사역뿐일 경우, 반드시 큰 작품이 하나 나온다. 담임목사와 부교역자 간에 연배가 서로 비슷하면 이런 세움의 단계를 거칠 때 큰 강점이 되기도 한다. 예수님은 제자들을 부르셔서 자기와 함께 있게 하심으로 세움의 단계를 나누셨다. 이렇듯 예수님과 함께하는 것이 제자훈련의 정점이다. 그러나 지금은 담임목사나 부교역자, 또는 목회자와 성도 간에 함께 생활하면서 나눔을 가지기는 어려울 것이다. 그렇다 하더라도 생각만은 충분히 함께 나누는 시간들을 가져야 한다.

사역 자체가 세움의 단계에서 시작되는 경우도 있다. 예를 들어, 장애인 사역 같은 경우는 그 자체가 세움의 단계다. 사역 대상과 함께 어울리고 아픔을 같이해야 한다. 외부적으로도 장애인 사역에 대해서는 누구나 처음부터 마음을 열고 호의적으로 생각한다. 달리 말하면 그 사역 자체가 모든 사람에게 무장 해제의 효과를 불러일으키는 것이다. 행정 분야나 주차 사역을 맡은 사역자는 은사에 따라 활용되는 면도 있지만 그렇게 함으로써 자신의 그릇도 키우게 된다. 이것은 또 다른 차원에서 스스로 세움의 단계를 경험하는 기회가 된다.

하나님은 사역자들이 늘 겸손한 자세를 지닐 수 있도록, 모든 것을 다 갖추게 하지는 않으시는 것 같다. 가르침이 뛰어나면 훈련 분야에 약하고, 훈련에 강해도 세움에는 약할 수 있다. 때로 지식과 학문에 강한 사람은 훈련이나 세움의 단계들을 가볍게 생각하는 경향이 있다. 이런 사람일수록 막상 실제 사역에 뛰어들었을 때 방황하는 경우도 드물지 않다.

무엇보다 부흥에 대한 사역적 감각을 회복하면 좋겠다. 전심으로 하나님께 향하는 것이 그분의 능력을 덧입게 되는 첩경이다. 좋다는 프로그램이나 세미나에 좇아다니기 전에 하나님 앞에서 사역의 초심을 회복하고, 그분께 전심으로 마음을 향하는 자세가 절실히 필요한 때다. 포스트모던 시대에는 진리에 대한 확고한 열정을 가지고 전심으로 영혼을 살리는 데 생명까지도 바칠 각오가 되어 있는 사역자들이 열매 맺는 사역을 감당하게 될 것이다.

오정현의
Thinking Note

영적 성공의 원리

세상적으로 성공의 정상에 있다 해도 세상에 취해 그 영혼이 자유롭지 못하다면 그것은 진정한 성공의 반열에 들어선 것이라 할 수 없다. 세상의 성공으로는 영혼의 자유와 인생의 진정한 행복을 누릴 수 없다는 것을 증명한 사람이 있으니 그가 바로 솔로몬이다. 그는 역사상 가장 많은 부와 권력을 누렸고 최고의 지혜자로 일컬어졌지만, 그 자신은 인생의 석양에서 "해 아래서 수고한 모든 것이 헛되다"고 고백하였다. 정말 인생이란 영적으로 성공하지 못하면 세상의 그 무엇으로 성공한다 해도 결국 부실공사의 비극일 뿐이다.

우리가 영적으로 성공하기 위해서는 새로운 셈의 원리를 배워야 한다. 세상의 성공과 영적인 성공은 그 계산법이 다르기 때문이다. 영적인 셈의 원리는 마치 어린이가 구구단을 외울 때처럼 처음에는 낯설고 서투르지만 몸으로 익히기만 하면 평생을 인생의 진정한 승자로 거듭나게 하는 강력한 도구가 된다. 세상에서는 부자가 성공자이지만 영적으로는 마음이 가난한 자가 성공자이다. 세상에서는 섬김을 받는 자가 성공자이지만 영적으로는 섬기는 자가 성공자이다. 세상에서는 높은 자리에 앉는 자가 성공자이지만 영적으로는 낮은 자리를 찾는 자가 성공자이다. 이것이 자신과 이웃과 공동체를 살리는 셈의 원리이다.

이러한 영적 셈의 판별기준은 하나이다. 그것은 자신이 이루려는 성공의 렌즈를 통해 자신과 이웃, 자신과 공동체 중에서 무엇이 먼저 보이느냐에 달려 있다. 예수님은 누구보다도 우리가 인생에서 성공하기를 원하시며 우리가 풍성한 삶을 누리기를 원하신다. 그리고 우리가 영적으로 성공하도록 하기 위해 이 땅에 성육신하셨다. 우리 모두의 남은 생애가 영적으로 성공함으로써 인생의 진정한 승자로 거듭나기를 기대한다.

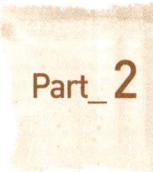

Part_ 2

건강한 사역자가 만드는 건강한 교회

지금 세계 교회는 '성장하는 교회' 보다는 '건강한 교회'를 모토로 삼고 있다. 전인적으로 건강한 목회자가 건강한 교회를 세운다. 먼저 목회자가 건강해야 하는 것이다. 목회자들은 지금 사역과 영성의 모든 분야에서 깨어 있기 위해 전인적인 건강의 균형을 회복해야 한다.

- 감동이 흘러넘치는 사역
- 사역자의 자기관리
- 영성의 위기 앞에서
- 내면이 건강한 교회
- 영적 부국강병책
- 예방 사역과 예배의 회복

감동이 흘러넘치는 사역

결국은 두 종류의 사람들밖에 없다.
하나님께 "당신의 뜻대로 하소서"라고 말하는 사람들과
하나님으로부터 "네 뜻대로 하라"는 말을 듣는 사람이다. —C. S. 루이스

달라스 윌라드는 마음의 혁신이라는 책에서 모든 사역자들의 가슴을 섬뜩하게 하는 말을 했다. "사역의 지도자가 타락하면 '교회 안에 파괴된 영혼'이 넘쳐난다." 그러면서 그는 어떤 교회에서 36년 동안 벌어진 일들을 자세히 기록하고 있다. 이 기간 동안 네 명의 목사가 부임했다가 떠났다. 첫번째 목사는 간음과 재정사기로 해임되었다. 두 번째 목사는 아주 인기도 좋았고 교회도 성장했는데 4년 만에 사임하였다. 신경쇠약 때문이었다. 세 번째 목사는 부임한 후 교회가 성장하자 교인들의 승인도 없이 자기 월급을 마구 올리다가 다른 교회를 개척하면서 교인들을 상당수를 데리고 떠났다. 네 번째 목사는 다 잘되는 듯했다. 그러다가 목사가 외도에 빠졌다. 겉으로 덮어지는 듯했지만 교인들과 주민들이 목사의 외도 사실을 알게 되고, 목사는 불과 차로 얼마 안 되는 거리에 있는 다른 교회로 떠났다. 윌라드는 여기에서

'파괴된 영혼의 극한'을 볼 수 있다고 말한다. 윌라드의 이야기는 사역자의 인격과 품위가 교회 안의 영혼을 어떻게 파괴시키는지, 또는 반대로 상처 입은 영혼을 치료할 수 있는지를 극명하게 보여 준다.

사역의 능력은 사역자의 인격과 품위에서 결정된다. 물론 사역자에게는 기본적으로 능력이나 재능이 필요하다. 요즘 같으면 어학 실력이나 컴퓨터 기술 그리고 체력이 포함될 수 있을 것이다. 그러나 장수하는 사역의 비결은 바로 사역자의 인격에 있다. 그리고 인격이 사역에 반영되느냐의 여부는 사역에 감동이 있느냐 없느냐를 결정한다. 교회와 성도들 앞에 감동을 주는 사역이냐 아니냐가 중요하다는 것이다.

아무리 내적으로 인격이 잘 다듬어져 있다 해도 사역에서 감동으로 드러나지 않는다면, 그것은 어디까지나 개인적인 자기 인격을 갖추는 데 그칠 뿐 사역에 도움이 되는 것은 아니다. 감동을 주는 사역을 위한 인격을 갖추기 위해서는 평소에 공손하고도 비굴하지 않으며, 단호하고도 거만하지 않은 태도를 견지해야 한다.

물론 이런 태도를 갖게 되려면 무엇보다 실력을 지녀야 한다. 실력이 없고서는 겉으로 드러나는 것만 좇아가다가 한때 잠깐 반짝하고 사라진다. 실력이 없으면 과장하게 되고 겉으로 드러나는 것만 보고 판단하게 된다. 그런데 이 실력 가운데 가장 중요한 것이 바로 사람을 감동시키는 능력이다. 이 능력이 갖춰지면 사역에 봄바람이 불게 된다.

감동을 주는 인격

성도들을 감동시키려면 먼저 자기를 낮추어야 한다. 서로 감동을 나누게 되면 자연히 은혜를 주고받는 동역 관계가 이뤄진다. "겸손으로 허리를 동이라"(벧전 5:5)는 말씀은 감동을 주는 사역에 중요한 나침반이 되는 말씀이다.

사역자에게 있어서 성령의 감동을 성도들에게 그대로 전해 주는 것만큼 강력한 능력도 없다. 성령의 기름부으심이 없이는 성도들을 감동시킬 만한 사역자의 인격의 감화력과 능력이 생겨날 수 없다. 교회 안이 아니더라도 지도자의 리더십의 원천은 성숙하고도 전인적인 인격에 있다고 생각한다. 일전에 책을 읽다가 전 고려대 교수였던 김충렬 교수의 다음과 같은 주장을 읽고 많은 생각을 하게 됐다.

"이제는 국가를 다스리는 지도자는 싸움만 하는 정치 9단이 되어서는 안 된다. 바른 가정에서 정직하게 자라나 제대로 공부하여 학식과 인격, 경륜을 갖춘 인물이어야 한다. 왜냐하면 첫째, 학식이 없으면 천하의 이치를 바로 볼 수 없고, 둘째, 인격이 부족하면 신뢰성이 의심을 받게 되며, 셋째, 경륜이 없으면 지혜롭게 국가를 이끌어 갈 수가 없기 때문이다."

그리고 그는 한국 사회의 가장 큰 문제로 도덕성의 상실을 꼽았다. 경제가 잘못되고 있는 것도 그 뿌리를 가만히 살펴보면 도덕이 무너지고 있기 때문이요, 도덕적 의식이 성숙되지 않으면 이기주의자가 되고, 이기주의자가 되면 도둑질을 해 놓고도 양심의 가책을 느끼지 않게 된다는 것이다. 눈에 보이는 나라나 물질은 빼앗겨도 언젠가 되찾을 수 있다. 그러나 마음이 타락해 버리면 삶의 희망이 사라진다. 그러므로 세상적인 리더십의 차원에서 봐도 우리 자신의 마음을 성령으로 새롭게 하지 않으면 안 된다.

그렇다면, 사역에서 실력과 인격을 함께 갖추며 추구해야 할 핵심은 무엇인가? 그것은 어떻게 하면 교회를 건강하게 만들 것인가, 어떻게 하면 한 영혼이라도 더 구원할 것인가, 또 어떻게 하면 그 한 영혼 한 영혼을 그리스도 안에서 성숙한 제자로 키울 것인가 하는 것이다. 다시 말하면 사역의 본질과 교회의 영광을 위하는 것이다.

'멸사봉공(滅私奉公)'이라는 사자성어가 있다. 사적인 것은 제하고 공적인 것은 받들어 힘써 일한다는 뜻이다. 나는 이 말을 '멸사봉교(滅私奉教)'로 바꿔 보고 싶다. 사역자가 하나님의 교회를 받드는 일을 놓고 자나 깨나 생각하고 지혜를 모으면 나머지 능력은 자연히 뒤따라오게 된다고 믿는다.

사역의 감동을 죽이는 교회의 '관료화'

사역을 하면서 가장 두려운 것은 교회가 나무 등걸처럼 굳어지는 것이다. 교회가 어느 정도 본 궤도에 오르는 시점을 지나면, 사역자들의 사고가 경직되기 시작하고 제자훈련 사역도 관료화될 수 있다. 기업문화 전문가인 캔토니(Cantoni)는 관료주의를 잡초에 비교하고 있다. 이 둘은 조금만 방심해도 아무 데서나 마구 자라고, 뿌리째 뽑지 않으면 다시 자라나기 때문이다. 관료화는 교회나 단체에만 있는 것이 아니다. 우리 인생도 관료화의 덫에 빠지면 좋은 말을 쏟아내지만, 실제로는 나쁜 행동을 하고, 살아 있는 듯하나 실상은 영혼의 생명력을 상실하게 될 뿐이다.

교회의 관료화가 무서운 것은 초기에는 자각 증상이 없으며, 일단 걸리면 완치가 불가능하고, 생명력의 고갈이 점진적으로 진행되다가 결국은 그럴듯한 껍데기만 남는다는 것이다. 이것은 치료보다 예방이 중요한데, 제자훈련을 통해 정기적으로 진단하는 것만이 효과적인 예방책이라고 할 수 있다. 관료화를 극복하면 교회가 클수록 작은 구조로 일할 수 있고, 하의 상달의 시간이 짧아지며, 결정구조(decision line)가 단순해짐으로 교회가 역동화되는 유익이 있다.

종교 지도자로 달라스 제일침례교회에 시무했던 크리스웰 목사는 한국 교회의 한경직 목사와 같은 훌륭한 사표요, 한 시대의 인물이었다. 그러나 그의 말년은 덕이 되지 못했다. 그는 나이가 들어감에 따라 자신도 모르게 경직된 사고를 가지고 교회를 바라보게 되었고, 그러한 안목으로 후임자를 선정하면서 교회에 어려움을 가중시켰다.

사역자가 교회의 등결화를 방지하기 위해서는 무엇보다 영적 긴장이 중요하다. 목회 사역을 잘한다는 것은 영적 긴장을 가지고 자기 자신을 추스르는 것과 결부되어 있다. 자신을 추스르는 것은 개인의 능력이나 지력이나 심지어 통찰력과도 관계 없다. 몇 해 전에 발간된 클린턴의 전기를 다룬 조지 스테파노플러스의 너무나 인간적인(*All Too Human*)이라는 두툼한 책이 있다. 스테파노플러스는 불과 32세에 클린턴 당선의 절대적인 공헌으로 백악관 내 서열 세 번째인 홍보수석에 임명되었던 인물이다. 책의 서두는 이렇게 시작한다.

> 클린턴처럼 그렇게 지적이고 자애롭고 애국심이 강하며, 또 자신이 역사에서 차지하는 위치를 너무나도 잘 인식하고 있는 사람이 어떻게 그런 어리석고 이기적이며 자기 파괴적인 행동을 할 수 있단 말인가.

스테파노플러스의 말은 훌륭한 지적 능력이 본능의 통제를 보장하지 못하며, 탁월한 역사 인식이 반드시 튼튼한 현실 상황을 이끄는 것은 아님을 보여 주고 있다. 이것은 괜찮은 설교가 설교자의 인격을 보장하지 못하며 목회자의 탁월한 비전이 교회의 현재와 미래를 약속할 수 없다는 것과 같다. 사역자가 영적 긴장을 갖지 못하면 그 누구라도 클린턴의 잘못을 반복하게 마련이다.

사역자는 어떻게 하면 교회가 경직되지 않고 대형 교회의 약점, 곧 소외되는 성도들이 생긴다거나 전문인 사역이나 평신도 동력화 사역에 소홀해지는 일이 없이 교회의 공동체적 본질 회복을 끊임없이 추구해 나갈 수 있을 것인가를 늘 고민해야 한다. 끊임없이 다방면의 책을 읽고, 사역을 업그레이드하기 위해 창조적인 고민을 하고, 동역자들과 함께 기도하며 지혜를 모아 나가면 사역이 경직되는 위기를 무사히 넘기며 롱런할 수 있을 것이다.

기적의 제자도

진정 성도들 한 사람 한 사람의 심령이 성령으로 충만하게 되면, 자연스럽게 외부의 삶에 진정한 도덕성의 회복과 행위와 실천이 따라올 것이다. 이것이 바로 믿음을 실천하는 것이요, 성령의 내적 충만과 외적 충만의 균형 감각이자, 존재적 영성과 사역적 영성의 절묘한 조화이다.

예수님 시대의 고통과 상처, 슬픔, 중병들은 지금도 그대로 있다. 예수님 시대의 마귀, 천사도 그대로 있다. 그렇다면 예수님 시대의 기적과 치유도 지금 그대로 일어날 수 있음을 어린아이처럼 믿고 확신하는 신앙이 참 소중하다. 이 모든 것은 그 바탕에 성령의 기름부으심이 있기 때문에 가능하며, 이러한 사실은 '기름부음이 있는 기적의 제자도'를 간절히 소망하게 하는 큰 능력이 된다.

교회는 계속해서 하나님께 쓰임받는 부흥의 진원지가 되기 위해 성령의 기름부으심을 더욱더 뜨겁게 사모해야 한다. 하나님은 부요하신데 우리의 작은 능력만 갖고 씨름한다는 것은 하나님의 교회로서 너무 어울리지 않기 때문이다. 도덕성이 메말라가고 사회 질서가 혼탁한 때일수록, 빛과 소금으로 세상에 영향을 끼치고 감동을 주며 변화시키는 감화력을 갖기 위해 지속적인 성령 충만을 구하는 기도가 가장 큰 신앙의 기초가 되어야 한다.

균형잡힌 사명의 영성

감동을 주는 사역은 사역자의 영성에서 비롯된다. 사역자가 가지고 있는 영성의 색깔이 무엇이냐에 따라 감동의 색깔도 달라지는 것이다. 사역자가 금욕주의적 영성에 사로잡혀 있다면 교인들은 신앙생활은 율법주의의 그물에 갇히게 될 것이다. 사역자가 지성주의적 영성에 사로잡혀 있다면 교인들은 신앙의 뜨거운 눈물을 낯설어 할 것이다. 사역자의 영성에서 중요한 것은 원색의 색깔이 아니라 균형잡힌 색깔이다.

사역에 있어서 신학적 균형화 작업은 반드시 필요하다. 이 땅에서의 치유와 회복을 너무 강조하다 보면 하나님 나라 복음의 '이미(already)'가 의도적으로 많이 부각될 수 있다. 이 세상에서의 현실과 우리의 일상은 '아직(not yet)'의 측면이 분명히 있다. 치유와 회복 그리고 문제 해결에 대한 불 같은 소망을 심어 주는 것은 감사한 일이다. 그러나 그렇게 되지 않을지라도 감사함으로 능력 있게 살아가는, 믿음 생활의 또 다른 측면에 대한 균형 잡힌 가르침과 보완 작업이 지속적으로 강조되어야 할 것이다.

믿음의 1세대로부터 받은 가장 큰 믿음의 유산은 고난을 뛰어넘는 원색적 능력이다. 1세대의 시대적 특징은 모세의 광야 역사와 같이 그들 세대 모두가 겪었던 절대 고난이었다. 이 절대 고난이 그들로 하여금 하나님을 체험하게 하는 통로가 되었다고 해도 과언이 아니다.

그러나 다음 세대들의 경우에는 1세대의 고난의 영성으로부터 도전은 받겠지만, 그것을 그대로 적용할 수 없다는 것도 엄연한 현실이다. 왜냐하면 다음 세대들은 상대적인 또 다른 고난의 시대를 살아가고 있기 때문이다. 그래서 오히려 다음 세대를 위한 영성의 화두는 고난의 영성보다는 사명의 영성이 되어야 한다고 본다. 얼마나 효과적으로 사명을 붙잡고 나아가게 하느냐가 중요한 것이다. 모세 세대를 계승한 여호수아 세대가 새 지평을 열어간 것처럼 사명의 영성이야말로 교회의 새 역사를 추진하는 핵심 동력이 될 것이다.

목회자는 성도들이 개인적으로나 교회적으로 영적 용량이 확장될 수 있도록 사역에 집중해야 한다. 교회에 영적 은혜가 포화상태가 되면 성도들의 영적 용량은 자연스럽게 커지게 마련이다. 그런데 그럴수록 성도들이 잘못된 행실로 은혜를 소멸시키거나 신비적인 것을 추구하여 은혜를 왜곡시키는 일이 없도록 미리 예방하는 일 또한 중요하다. 성도들이 지금보다 더욱 담대한 믿음을 가지고 세상 속으로 흩어져 들어가 나눔의 영성을 적극 실현하는 자리로 나아가게끔 말이다. 이 나눔은 좁게는 선교와 구제에 더욱 힘을 쏟는 것이고, 넓게는 모든 교회 사역을 통한 섬김의 스펙트럼이 확대되는 것을 의미한다.

기독교 영성은 크게, 채우는 영성과 비우는 영성, 신비적 영성과 지적 영성으로 분류되기도 한다. 굳이 따져 보자면 오순절 계열을 채우는 영성이나 신비적 영성으로, 장로교를 지적 영성으로, 헨리 나우웬식의 묵상적 영성을 비우는 영성으로 볼 수 있겠다. 이러한 각자의 영성은 서로의 영성 전통이나 특성을 존중하며 인정해 줄 때 더 성숙하게 더불어 자라갈 수 있다.

그러나 이 모든 영성은 제 3의 영성, 곧 나눔의 영성이나 사명의 영성으로 이어져야 균형을 잡을 수 있다. 무엇이든 구하고 달라고만 하는 영성에 머문다면 그것은 언제나 결핍이 느껴지는 불완전한 영성일 수밖에 없다. 그것 자체로는 사실 진정한 만족을 얻을 수 없다. 나눔의 영성이 함께 가야 하고, 소명을 확인하고 세상으로 나아가는 사명의 영성이 덧입혀져야 비로소 산 영성이 된다. 이것이야말로 감동이 있고 기름부음이 있는 기적의 제자도의 이상적인 모습이라고 할 수 있다.

사역의 기본기

신앙생활에는 왕도가 없다. 사역도 마찬가지다. 사역의 기본에 충실하지 않으면 안 된다. 말씀, 기도, 교제, 증거, 예배, 봉사에 충실해야 한다. 사역자도 기본기가 없으면 오래가지 못한다. 현장에서의 섬김을 통하여 사역자의 기본기가 강화되어야 한다.

그렇다면 사역의 기본기는 무엇인가? 섬기는 영혼 하나 하나에 생명을 걸고 그 영혼의 변화를 위하여 종의 모습으로 섬기는 자세이다. 한 사역자가 큰 교회에서 편하게 사역하다가 50명 되는 교회에 담임으로 간 지 3개월 만에 쓰러졌다. 이것은 이 사역자가 기본기를 갖추지 못했기 때문이다.

사역자가 기본기 없이 사역하려고 하는 것은 사역의 월반(越班)을 꿈꾸는 것과 같다. 그러나 사역에서 월반이란 있을 수 없다. 안타까운 것은 요즘 기독교권에서 행해지는 상당수의 세미나나 이와 유사한 사역 프로그램들이 사역의 정도를 가르치기보다는 땀과 수고가 아닌 요령을 가르치는 것이 많다는 사실이다. 그러나 다시 말하지만 세상에서는 머리가 좋으면 초등학생에서 바로 대학생으로 가는 경우가 있을지 모르지만, 사역의 장에서는 월반은 있을 수 없다. 왜냐하면 사역의 대상인 영적 생명은 대나무의 죽순처럼 자고 나면 몰라보게 커질 수 없으며 사역자의 사랑과 수고를 통해서 조금씩 자라는 것이기에 한순간에 생명을 자라게 하는 사역의 비방책은 없는 것이다.

사역의 기본기를 튼튼히 하지 못하면 일순간의 위기 앞에 모래 위의 성처럼 무너질 수밖에 없다. 위기 앞에서는 사역의 기본기를 튼튼히 한 사역자만이 기회로 올라설 수 있다.

퍼트리샤 존스가 미국 50대 기업의 원대한 가치와 이상을 조사하여 쓴 미션이라는 책이 있다. 존스는 이 책에서 위기를 만날 때 리더십의 태도보다 더 중요한 것이 있다고 말한다. 항해 중에 갑자기 어두운 구름이 몰려오고 걷잡을 수 없는 폭풍우가 몰아칠 때 그것을 뚫고 나가기 위해서 가장 중요한 것은 위기를 이겨내겠다는 불 같은 의지나 구호가 아니라는 것이다. 이 때에 가장 중요한 것은 두 가지이다. 하나는 지척을 분간할 수 없는 깜깜한 어둠 속에서도 가야 할 방향을 선명하게 보여 주는 나침반이요, 둘째는 배를 이끌고 가는 노련한 선장의 리더십이다.

그런데 존스는 어떤 면에서 리더십보다 나침반의 역할에 더 무게를 두고 있다. 왜냐하면 많은 기업들이 망하는 이유가 리더십 자체가 없어서가 아니라 올바른 방향으로 이끌고 가는 리더십이 없기 때문이다. 리더십을 가진 사람들 중에서 고의적으로 기업이나 국가를 파산시키려는 사람은 아무도 없을 것이다. 하지만 흥하는 경우보다 망하는 경우가 훨씬 많은 것이 현실이다. 이것은 목회자의 세계도 마찬가지일 것이다.

사역에서 위기를 만날수록 영적인 나침반을 붙드는 것만이 살 길이다. 사역의 기본기를 튼튼히 한다는 것은 어떤 상황에서도 정도 사역을 위한 영적인 나침반을 만드는 작업과 같다.

사역의 기본기는 사역에 앞서 선행되어야 하는 세 가지 마음가짐의 토대 위에 세워진다.

첫째는, 은혜받는 일에 앞장서는 것이다. 나는 사역자들과 교회 직원들에게 항상 이렇게 말한다. "주어진 업무를 잘 하려고 하지 말고, 먼저 은혜를 받으십시오. 은혜 없이 하는 일은 한 때의 섬김이요, 나중에 열매가 없습니다. 은혜받는 일에 앞장서면 자연히 주어진 업무에 최선을 다할 수 있습니다. 은혜받는 일에 앞장 서십시오." 눈에 드러나는 행정이나 주어진 사역만 잘해서는 하나님 나라에서 온전히 쓰임받을 수 없다.

둘째는, 말에 덕을 세우는 것이다. 어떤 일을 맡아서 책임진다는 것은 매우 어려운 일이다. 일이 계획대로 잘 이뤄지지 않을 때는 성을 내기도 하고, 일이 익숙해지면 타성에 젖어 말도 함부로 하게 되며 행동도 거칠어질 수 있다. 그래서 평소에 언행을 신중히 하고 품위를 지키는 훈련이 중요하다. 마음의 중심이 은혜로 가득할 때 덕이 넘치는 말을 할 수 있다. 말에 덕을 세움으로써 상처와 오해를 줄이고 더 좋은 관계를 맺을 수 있다.

셋째는, 센스가 필요하다. 21세기는 서비스가 생활화 되어 있는 시대이다. 보다 양질의 서비스를 제공하는 곳에 사람들이 모이게 되어 있다. 세상이 그러하다면 인생의 가장 큰 필요를 채워줘야 할 사명을 가진 교회는 더 말할 나위 없다. 생명을 향한 안타까움을 가지고 서비스 정신을 키울 때 사역에 빛을 더할 수 있다. 서비스 정신은 다른 사람의 필요에 민감한 센스를 가지고 섬기는 것을 말한다. 같은 일을 하더라도 어떤 센스가 발휘되느냐에 따라 빛을 발하기도 하고 값없이 버려지기도 한다. 이 센스는 사역을 향한 열정적인 마음과 기도를 통해서 나오는 것이다. 빛을 발하는 센스를 하나님께 구하라.

사역자의 자기관리

좋은 법률가는 열 사람 중에서 한 사람 나올까 말까 하며,
좋은 의사는 스무 사람 중에 한 사람 나올까 말까 하지만,
좋은 목회자는 천 사람 중에서 한 사람 나올까 말까 한다. —윌리엄 퍼킨스

아시스의 프랜시스는 "백성의 통치자에게 보내는 편지"에서 이렇게 말했다. "인생의 마지막까지 청결한 눈을 유지하라. 하나님의 피조물로서 당신의 목적과 운명이 무엇인지 잊지 말라. 하나님께서 보시는 당신의 모습이 참 모습일 뿐 그 이상은 결코 아니다."

사실 "마지막까지 청결한 눈을 유지하라"는 프랜시스의 왕에 대한 권면은 사실 모든 목회자에 대한 권면으로 더욱 적절하다고 할 수 있다. 주님을 만나는 그날까지 내게 소원이 있다면 하나님과 사람을 향하여 청결한 눈, 청결한 가슴, 청결한 손을 유지하는 것이다. 그러나 육신의 옷을 입고 있기에 일생을 청결한 눈으로 사는 것은 쉬운 일이 아니다. 어떻게 하면 목회자로서 하나님을 만나는 그날 부끄러움으로 옷을 입지 않을 수 있을까? 어떻게 하면 일생 동안 사역의 거룩한 긴장을 가지고 목회현장에서 살아갈 수 있을까?

사역의 생명력은 사역에 대한 관심에서 출발한다. 이 관심을 다른 말로 하면 영적 긴장감 혹은 사역에 대한 열정으로 표현할 수 있다. 영적 긴장감을 잃거나 열정이 식어버린다면 효과적으로 사역을 완수할 수 없을 것이다. 모든 사역자는 사역에서 오는 부담감이나 여러 가지 문제를 사역의 도약을 위한 발판으로 선용할 줄 알아야 한다. 그러기 위해서는 사역에 대한 열정을 유지하면서 영적 긴장감을 늦추지 말아야 할 것이다.

그러나 사역을 하다 보면 어느 순간부터 사역자의 자기관리가 소홀해지기 쉽다. 특히 사역의 양이 많아지고 교회 규모도 조금씩 커지다 보면 자기 점검이 어려워지는 때를 만나게 된다. 그러므로 생명력 있는 점검 시스템을 갖춰 나가는 것이 필요하다.

일반적으로는 말씀 묵상과 기도, 제자훈련 사역 등으로 이런 시스템을 만드는 일이 가능하다. 그러나 여기서는 좀더 개인적이고도 내밀한 자기관리 방법을 함께 나눠 보겠다.

사역자의 기본 자세

"네가 진리의 말씀을 옳게 분변하며 부끄러울 것이 없는 일군으로 인정된 자로 자신을 하나님 앞에 드리기를 힘쓰라"(딤후 2:15). 이 말씀은 성도들에게도 적용되는 말씀이지만, 특별히 사역자로서의 기본 자세를 정확히 지시하는 핵심적인 지침이 된다. 나 역시 이 말씀을 사역자로서의 기본 자세를 거듭 점검하게 하는 나침반으로 삼고 있다. 모든 사역자는 잠시 중심을 잃더라도 곧 영적으로 원위치할 수 있는 자기만의 노하우를 가지고 있어야 한다. 사역자들의 팀워크를 위해서도 이러한 노력이 필요하다.

디모데후서 2장 15절 말씀의 핵심은 세 가지다. 진리의 말씀을 옳게 분변하는 것, 부끄러울 것이 없는 일꾼으로 인정되는 것, 그리고 자신을 하나님 앞에 드리기를 힘쓰는 것이다. 이 세 가지 자세가 바로 모든 사역자의 기본이 되어야 한다. 특별히 자기관리의 차원에서는 진리의 말씀을 옳게 분변하는 것이 중요하며, 개인적, 영적으로는 하나님 앞에서나 사람들 앞에서, 그리고 자기 스스로에게 부끄러울 것이 없는 일꾼으로 인정되는 것이 중요하다.

사역의 가장 큰 중점은 진리의 말씀을 옳게 분별하는 일이다. 말씀을 통해 흔들림 없는 건강한 사역의 기초를 세워야 한다. 말씀을 깊이 묵상하고 그 말씀으로 기도하며 하나님께 반응하는 훈련이 필요하다.

부끄러울 것이 없는 일꾼

사람마다 장단점이 있다. 어떤 사람은 질투심이 남달라 남이 잘되면 특히 더 괴로워한다. 어떤 사람은 성적인 욕구가 다른 사람보다 강한 경우도 있다. 이렇게 성격이나 스타일, 욕구가 다양한 사람들 가운데서 공통적으로 자신을 향하여 부끄러울 것이 없어야 할 영역은 크게 네 가지다. 야망과 이성(異性), 물질, 삶의 패턴에 관한 것이다. 이 네 가지 영역에서 부끄러울 것이 없어야 한다.

그러나 양심에 거리낌이 없다는 말만큼 힘든 말도 없다. 그것은 깊은 내면의 문제이기 때문이다. 사람들에게 쉽게 내어놓지 못하는 부분이다. 평생의 가시인 경우도 있고, 죄가 아니라 하더라도 하나님과 내 사역의 양심에 부끄러운 것이 있을 수 있다.

자신의 생활 스타일, 이성, 돈, 야심에 관한 문제는 사역이 잘 될수록, 교회가 클수록, 유명할수록 심각해진다. 특별히 이성 문제에 있어서는 한번 오해를 받거나 위기에 몰리면 그 위기에서 벗어나기까지 수년 이상의 시간이 걸리기 때문에 참으로 두렵고 떨리는 마음으로 자신의 내부를 추슬러야 한다.

  돈에 관해서도 인격적인 수치를 겪게 된다면 결단코 목회를 하지 않겠노라는 비장한 결단이 있어야 위기를 맞지 않는다. 성도를 그리스도의 제자로 키우겠다고 하면서 재정 문제에 있어서 흙탕물을 묻힐 수는 없는 것이다. 야망에 관해서는 똑똑하고 능력 있는 사람일수록 자칫 잘못하면 자신의 야망을 예수님의 비전으로 각색할 수도 있다. 이렇게 되면 내면 세계에 야욕이 들어선다. 자신의 야망이 하나님의 뜻인 양 착각하며 철야 기도 하고 금식 기도 할 수 있다. 따라서 늘 말씀에 깨어 있어 스스로를 삼가야 한다. 나이가 들면 자연히 무덤덤해지기 쉽다. 때문에 가능하면 하루라도 젊을 때에 삶의 스타일을 제대로 세워야 한다. 지금의 결정이 평생의 사역을 좌우한다.

  성도들이나 사람들 앞에서는 부끄럽지 않을지 몰라도 자기 자신에게만은 부끄러운 부분이 있을 수 있다. 이 부분을 날마다 절차탁마(切磋琢磨)하지 않으면 크게 부끄러움을 당할 수도 있다. 스스로 자신을 점검해 볼 때 어떤 점이 부끄러운지 섬세하게 관찰해 보는 자세가 필요하다. 그것은 하나님 앞에서, 교회 앞에서, 그리고 우리 자신에게 분명히 드러나야 한다.

  부교역자의 경우 "나는 주님 앞에서 일하니, 교회나 담임 목회자에게는 잘 보일 필요가 없다"고 생각할 수 있는데, 이것은 잘못된 생각이다. 할 수만 있으면 모든 사람과 건강한 관계를 세우고, 껄끄러운 부분들은 개선해 나가야 한다. 이런 에피소드가 있다. 사역자들 중에 어떤 이들이 자신은 하나님 앞에서 일하고 목사 앞에서 일하는 것이 아니라고 하자, 그 교회의 담임목사가 "그러면 당신은 하나님 앞에 가서 월급 받아라"고 했다는 이야기다.

어떤 사역자들은 자기 열심으로만 일하는 바람에 교회에 도움이 되지 않는 엇갈린 방향으로 충성을 하는 경우도 있다. 자기 열심으로 일해서는 안 된다. 교회가 요구하는 열심으로 일해야 한다. 교회가 유익을 얻어야 한다. 교회는 하나님의 기관이다. 지도자의 리더십이 건전하다면, 그를 간섭하시는 하나님의 인도하심을 믿고 함께 보조를 맞추는 노력이 필요하다.

특히 부교역자들의 경우 교회 전체가 지향하는 방향이 자신의 성향이나 기질에 맞지 않는다고 생각되면 조용히 떠나는 것도 결과적으로 교회에 유익이 될 수 있다. 그러나 하나님께서 자신을 지금 섬기는 교회에 보내셨다는 사명감을 분명히 가진 사역자는 인간관계의 문제나 자신과 맞지 않는다는 이유만으로 쉽게 목양지를 옮기지는 않을 것이라고 믿는다.

때로 눈에 보이는 열매가 없어서 고통당하는 경우도 있다. 그러나 시간이 좀 더디더라도 하나님께서 자라게 하실 것이니 하나님과 교회 앞에서 담임목사와의 관계를 잘 정립해 나가는 것도 부끄럽지 않은 사역자로서 자기관리를 해 나가는 중요한 방법이 된다.

집중력에 의한 영적 긴장감

사역에서 자기관리를 잘하려면 사역 그 자체에 혼신의 힘을 다해 집중하는 자세가 가장 중요하다. 그러므로 집중력 있게 목회 현장을 돌파해 나가는 영적 긴장감을 갖는 것만큼 자기관리를 든든히 해 나가는 데 더 좋은 약은 없다.

자기가 맡은 사역에 대해서 긴장을 늦추지 않는다는 것은 무엇을 말하는가? 이것은 늘 신경을 곤두세운다는 의미도 있겠지만, 영적 용량을 가지고 관심의 도를 약화시키지 않는 것을 의미한다. 곧 영적 은혜의 안테나를 항상 곤추 세워야 한다는 것이다.

"좌정함으로 존재한다"는 말이 있다. 하는 일이 아무것도 없어도 그 사람이 있음으로 일이 돌아간다는 뜻이다. 이와 비슷한 말이 "죽은 제갈공명이 산 사마중달을 이긴다"는 말이다. 이것은 영권 혹은 지도력, 즉 카리스마를 뜻한다. 맡은 사역 하나하나에 영적 긴장감을 놓지 않을 때 참 교육이 나오고, 사역의 권태가 극복되며, 사역에 영광이 나타난다.

사역자라면 누구나 현장에서 몸부림치면서 배우는 것이 있어야 한다. 사역자의 독특한 카리스마는 철저히 현장 사역의 열매와 경험에서 나온다. 직접 자기 몸으로 뛴 것을 통해 많은 사람을 유익하게 하는 카리스마가 형성된다. 이는 진정한 학문이 현실을 직시하는 치열한 관찰과 인식 가운데 이뤄질 때 올바른 결실을 맺을 수 있는 것과 같다.

내 삶과 사역의 현장에서 처절히 몸부림치는 것이 있어야 내 것이 되는 것이다. 사역에는 거저 되는 것이 없고 공짜가 없다. 자기 자신만이 할 수 있는 사역을 위해 처절하게 몸부림치며 배워 나가야 한다. 이런 각오가 분명해야 영적 긴장감, 영적 생명력을 유지할 수 있다. 이것을 자기관리 지침 가운데 우선순위에 두고 끈기 있게 사역해 나간다면 하나님 앞에서나 사람들 앞에서 부끄러움이 없는 목회자로 영광스럽게 사역해 나갈 수 있을 것이다.

영성의 위기 앞에서

당신이 당신의 설교나 기도나 찬양으로 감동시키기를 원하는가?
그렇다면 먼저 당신 자신을 감동시켜라. ―알렉산더 화이트

    이 시대는 위기의 시대이다. 경제적 위기, 문화적 위기, 도덕적 위기의 시대이며 이런 것들이 하나로 모여 신앙적 위기를 초래하고 있다. 그런데 이러한 신앙적인 위기는 목회자에게도 예외가 아니다. 오늘날 목회자들은 예전에 없는 온갖 유혹에 시달리고 있다. 오늘날 미국 종교잡지의 지면을 채우는 고정 페이지 중 하나가 목회자의 스캔들이다. 아마도 목회자의 스캔들을 다루는 일이 없다면 폐간하는 잡지가 생길지도 모를 일이다. 그래도 목회자가 세상에서 이런 스캔들을 대할 때 부끄러움을 느끼고 자신을 돌아본다면 아직은 희망이 있다. 정말 무서운 것은 영적 무감각이 목회자의 가슴을 틀어쥐고 있을 때이다.

    영적 무감각의 무서움에 대해서는 에이든 토저가 적절하게 설명하고 있다.

나무로 만든 보조 다리와 건강한 다리의 차이점은 나무로 만든 다리의 경우, 쿡쿡 찔러대도 그 사람이 알아채지 못한다는 것입니다. 내면적으로 부패한 교회와 살아 있는 교회의 차이점은 살아 있는 교회의 경우, 쿡 찌르면 반응한다는 것입니다. 반면 내면적 부패에 빠진 교회는, 아무리 찔러도 이미 죽어 있기 때문에 아무런 반응도 하지 않습니다. 살아 있는 나무는 싱싱하고 푸른 나뭇잎을 가지고 있습니다. 칼로 나무껍질 깊이 상처를 내보십시오. 수액이 흘러내릴 것입니다. 그것은 살아 있다는 증거입니다. 늙어 죽은 나무는 늙은 까마귀가 내려앉아 지낼 수 있도록 그곳에 그냥 서 있을 뿐입니다. 칼을 꺼내어 파고 싶은 만큼 깊이 파 보십시오. 그 나무는 죽었기 때문에 아무리 파도 수액은 보이지 않을 것입니다.

1999년 새벽 부흥회가 끝난 후, 탈봇신학교의 설교학 교수이자 2,000명이 모이는 교회의 담임목사인 나의 스승 마이클 브래드릭(Dr. Michael Bradaric)이 약간은 흥분된 어조로 질문해 왔다. "오 목사, 신학교가 사람을 바꿀 수 있다고 생각하나?" 나의 대답은 단호하게 "노우"였다. "왜 그렇다고 생각하나?"라는 거듭된 질문에, 목회는 지식으로만 하는 것이 아니고 영성과 관계된 것인데, 많은 신학교가 이 영성을 훈련시키지 못하고 있기 때문에 그렇다고 대답했다. 브래드릭 박사는 나의 의견에 크게 동감했다.

그렇다. 목회의 가장 중요한 바탕은 영성이다. 세상의 변화와 함께 교회도 많은 부분에서 변화를 요구받고 있다. 그 중의 하나가 지도자의 변화일 것이다. 특히 영적 지도자는 더 많은 분야에서 다양한 자질이 요구된다. 그러나 무엇보다 중요한 자질은 역시 지도자의 영성이 아닐까 싶다. 다시 말하면 영성은 지도자의 '마음 밭'에 관한 것이라고 할 수 있다. 기도도 중요하고, 말씀도 중요하지만 기도하고 말씀을 전하는 자의 '마음 밭'이 제일 중요하다 하겠다.

성경은 우리에게 육체를 좇아 경영하지 말 것(고후 1:17)을 권면하고 있다. 그렇다면 어떻게 해야 순수한 마음 밭을 유지할 수 있을 것인가? 사역자들의 영성을 무너뜨리는 것은 무엇이며, 영성을 파괴하는 마음 밭의 위기는 어디서 오는 것인가? 일반적으로 목회자의 영성을 위협하는 것은 물질(Money), 성(Sex), 명예(Power)보다 오히려 순수하지 못한 마음 밭이다.

빌리 그레이엄 목사는 60년이 넘도록 한결같이 영향력 있는 사역을 했다. 이 기간 동안 수많은 영적 지도자들이 추풍낙엽처럼 쓰러지고 명멸하는 와중에도 그만은 독보적 존재처럼 영성의 위기를 극복하고 우뚝 서 있는 것이다. 아마도 그것은 빌리 그레이엄의 영성, 좀더 구체적으로 이야기하면 그의 마음 밭의 온전함이 그의 위치보다 더 컸기 때문일 것이다. 빌리 그레이엄의 영성이 그의 큰 지위를 품을 수 있을 정도로 한결같았다는 말이다.

그러나 주위를 둘러보면 너무나 많은 사역자들이 영성이 고갈되어 영적 위기에 처해 있다. 나도 개척 이후 몇 번이나 이런 위기를 맞았다. 그때는 꼭 절벽 위에 서 있는 느낌이었다. 천길 낭떠러지 밑을 바라보면서 '잘못하면 떨어져 죽겠구나' 하는 위기의식을 느낀 적도 있다. 겉으로는 많은 일들을 이뤄 놓은 것 같지만 내면 세계는 점점 더 평안과 보람, 만족도가 약해지고 심령이 시들어 간다. 이럴 때는 가족들뿐 아니라 섬기는 사역, 가까운 동역자, 심지어는 하나님으로부터도 감정적으로 멀어진 듯 느껴진다. 처음에는 꿈과 열정을 갖고 사역을 시작했는데, 점점 영성이 약해지고 지쳐버리는 이유는 무엇일까? 왜 목회자의 영성의 마음 밭이 오염되고 고갈되는가? 왜 보혈의 능력으로 구원받고 평생을 기쁨으로 헌신한 사역자들이 허탈감, 피로, 두통, 소화 장애, 불면증, 우울증, 감정의 심한 기복, 분노, 의심, 경직, 부정적인 태도, 고립감, 부부 간의 불화 등을 맞이하게 되는가?

영성의 위기를 맞는 이유

1. 하루아침에 위기를 맞는 사람은 없다

이것은 영성의 온전한 마음 밭과 직결되어 있다. 온전한 마음 밭은 창세기 20장 5절에 처음 나오는데(온전한 마음, 깨끗한 손으로 표현) '영혼의 정직', '마음의 평강'을 의미한다. 다시 말하면 시종일관 사역의 초심(初心)을 잃지 않는 것, 혀의 정직함, 마음의 진실함, 배반하지 않는 마음, 믿을 수 있는 자세 등을 포함한다.

그런데 영성의 마음 밭의 위기는 온전함을 조금씩 양보하면서 타협하다가 결국 어느 한 순간 무너져 내리면서 찾아온다. 하나님은 사역자가 범죄하더라도 즉시 다루시지 않는 것 같다. 그분의 오래 참으심 때문에 돌이키도록 기다리시는데 이것을 알면서도 육신의 소욕 때문에 결단을 내리지 못하는 사역자가 많다. 어떤 목회자는 계속 죄 중에 있으면서도 고치지 않는다. 부도덕한 인간관계, 재정적인 잘못, 교리적인 잘못을 알면서도 계속 범한다. 이렇게 계속 거짓을 양식으로 삼고 의도적으로 잘못을 범하는데도 하나님은 당장 치시지 않고 그냥 두실 때가 많다. 그러다가 스스로 무덤을 파게 되고 성도들의 가슴을 아프게 하는 비극의 주인공이 되고 만다.

영성의 위기는 하루아침에 찾아오지 않는다. 자신의 실력을 과신해 훈련을 게을리한다면 그 선수는 머지않아 그라운드를 떠나야 할 것이다. 훈련을 게을리한 것에 대한 결과는 하루아침에 나타나지 않는다. 장기간에 걸쳐 서서히 능력을 저하시킨다. 그러나 얼마의 시간이 지나면 그는 더 이상 운동 선수로서의 생명력을 유지할 수 없게 된다.

사역자들에게 있어서 건강한 영성을 유지한다는 것은 운동 선수들이 최상의 컨디션을 유지하는 것과 같다. 누군가, 무엇인가 우리 영혼의 '마음 밭'을 한 줌 한 줌 갉아 들어올 때 우리는 쉽게 그것을 자각하지 못한다. 그러나 조금만 방치하면 회복할 수 없는 지경에 이르게 된다.

많은 사역자들이 아무것도 아닌 것같이 생각하며 그대로 방치하다가 나중에 큰 비극을 겪는다. 단번에 실패하는 사람은 없다. 단번에 영적 위기를 맞는 사람도 없다. 조금씩 조금씩 사소한 것부터 실패한다. 어떤 면에서는 큰 문제보다 오히려 작은 문제에 순종하는 것이 더 힘든 이유가 바로 여기에 있다. 우리는 이렇게 기도해야 한다.

"주여, 사소한 것을 조심하여 영혼의 마음 밭이 늘 온전케 하소서. 우리 영성의 그 광대한 국경선을 우리 힘만으로는 지킬 수 없습니다. 그 넓은 국경마다 순찰대를 보낼 수도 없습니다. 사소한 실수가 커지지 않도록 주만 바라보니 온전한 마음과 깨끗한 손으로 지켜 주옵소서."

여성을 볼 때 어떤 눈으로 바라보는가? 재정은 어떻게 쓰고 있는가?

사소한 것을 함부로 방치하지 말아야 한다. 빌리 그레이엄처럼 평생 한결같이 온전한 인격으로 살고 싶다면, 다윗과 같이 온전함과 깨끗함으로 지켜달라고 기도해야 한다. "내 영혼을 지켜 나를 구원하소서 내가 주께 피하오니 수치를 당치 말게 하소서 내가 주를 바라오니 성실과 정직으로 나를 보호하소서"(시 25:20, 21). 사소한 것을 방치하다가 나중에 영성의 위기를 당하지 않도록 영혼의 국경선에 성실과 정직, 온전함의 순찰대를 보내야 한다.

2. 용서가 없는 곳에 위기가 온다

사소한 것이 조금씩 침범하여 사역의 둑을 무너지게 만드는 것과 같이, 온전한 마음 밭에 병균처럼 침입하여 몸과 마음을 썩게 만드는 것이 있다. 목회자의 온전한 마음 밭이 황폐해지고 영성의 위기를 맞이하는 이유 중 하나는 용서하지 않는 마음 때문이다. 용서하지 않으면 온전한 마음이 세균에 감염된다.

사역에 절대적으로 영향을 끼치는 부분은 인간관계이다. 이것이 병들어버리면 영적 위기는 너무나 당연하게 찾아온다. 많은 목회자들이 이 문제가 해결이 안 되어 영적 씨름과 고뇌의 시간을 보내고 있다. 실망과 분노, 우울증 가운데 고통한다. 나는 최근에 마태복음 18장 21~35절을 묵상하다가 큰 은혜를 받았다. 1만 달란트 빚진 자가 100데나리온 빚진 자를 용서하지 않을 때 오는 가장 큰 형벌이 무엇인가? 그 빚을 다 갚을 때까지 옥에 갇힘을 당하는 것이다. 이전의 파산 상태와 같은 노예 생활로 다시 돌아간다는 뜻은 아니지만 대신 옥에 갇히는 부자유한 상태가 되고 마는 것이다.

남을 용서하지 않는다고 해서 구원을 당장 잃어버리지는 않겠지만, 사역의 자유함, 설레임, 기쁨, 그리고 능력을 상실하게 되고 그 결과로 영적 위기를 경험하게 된다. 구원받기 이전의 상태로 돌아가지는 않겠지만 계속 옥졸들에게 끌려 다니면서 고통당하고 부자유하며 고문을 당하는 것과 같은 사역을 할 수밖에 없게 된다. 옥에 갇히는 것같이 사역자의 삶이 묶이게 되어 은혜, 기대감, 영권을 지닌 사역을 할 수 없게 된다. 내 마음이 옥에 갇히는 것과 같은 것이다.

따라서 목회를 하면서 말도 안 되는 비방도 당하고 근거 없는 공격으로 상처를 받아도, 용서하지 않으면 우리 자신이 부자유하고 억압당하는 위기를 맞이하게 된다. 사역이 마비되고, 묶이고, 능력을 상실하고, 힘을 잃어 간다. 그러나 용서하면 온 몸에 피가 돌고 역동성과 자유함이 생기게 된다. 이런 의미에서 사역자를 어렵게 하는 사람을 힘들어 하지 말고 우리의 사역을 성공시키는 자라는 역설적인 생각을 가져야 한다. 사울 왕은 오히려 다윗을 통 큰 인격으로 연단시킨 도구가 되었고, 브닌나는 한나를 기도하게 만들어 위대한 사무엘을 얻을 수 있었으니 나를 어렵게 하는 자가 우리 심령의 용서를 통과하게 되면 그들이 도리어 우리를 성공시키는 자로 바뀌게 될 것이다.

영성의 위기에 대한 대안

1. 하나님과의 친밀한 관계를 회복하라

이것은 사역의 목적을 능력으로 제어 불가능한 환경이나 사역의 양에 두지 않고, 조절 가능한 성품이나 자세, 태도, 질에 두면 된다. 즉, 얼마나 큰 사역을 하느냐에 신경 쓰기보다는 사역자로서의 온전한 마음 밭, 정직, 온전한 성품, 하나님과 사람들에 대한 사랑, 그리고 겸손에 초점을 맞추는 것이다. 많은 경우 영성 고갈은 사역의 의미와 보람이 약해질 때 오기 쉽다. 어떤 사역도 그 사역 자체에서 의미와 보람을 찾지 못하면 헌신이 약해지고 힘이 빠지게 된다. 사역의 기초는 하나님을 더 잘 알아가는 것이며 하나님이 원하시는 사람이 되는 것이다. 이를 위해 하나님의 말씀에 순종하며 하나님과의 친밀한 관계를 회복해야 한다.

특히 하나님과의 친밀한 관계를 위해서는 정기적으로 아무에게도 방해받지 않을 장소와 시간이 필요하다. 그런 자리에서 목회자로서의 올바른 정체성을 획득해야 한다. 먼저 자신의 내면을 알아야 하고 자신의 약점을 극복하는 데 에너지를 쏟기보다는 자신의 강점을 극대화하는 데 초점을 맞추어야 한다.

2. 내치(內治)에 집중하라

모든 영권(Spiritual Power)은 예외 없이 희생을 통해서만 온다는 것을 알아야 한다. 목회자가 교회와 하나님 나라를 위해 물질로 희생할 때 능력이 생긴다. 다윗 왕가가 북이스라엘 왕가보다 더 오래 지속될 수 있었던 이유는 다윗의 성전 건축을 향한 물질의 희생 때문이라고 믿는 의견이 지배적이다. 능력의 원천은 희생이다. 그것이 무엇이든 지금 당장 내게 요구되는 희생으로 영성의 위기를 돌파해야 한다.

사역자가 영력이 있느냐 없느냐는 성도들이 더 잘 안다. 영력은 사역의 열매와 성도들의 평가를 보면 알 수 있다. 자기 자신의 부족함을 절감하는데도 불구하고 사역의 열매가 큰 사람은 영력이 있는 자이다. 그러므로 자기 스스로가 아니라 양떼들을 통하여 정기적으로 자신의 영력을 점검해야 갑작스런 위기를 당하지 않을 수 있다.

아이어코카는 강력한 리더십으로 온갖 장벽을 무너뜨리면서 회생 불능의 크라이슬러사를 살아나게 한 사람이다. 그가 몸을 담은 1978년부터 1982년까지 35억 달러에 달하던 누적 적자가 1983년에는 7억 1백만 달러의 수익을 내는 흑자 기업이 되었다. 1990년까지 갚아야 했던 정부에 대한 12억 달러의 부채도 바로 갚았다. 그렇게 영웅적인 인물이던 그도 1992년에 8억 달러의 적자를 기록하고 회사에서 물러나지 않으면 안 되었다. 그 이유가 어디에 있었던가?

김준범은 위기를 극복한 세계의 경영인들이라는 책에서 평가하기를, 아이어코카가 그 어느 경영자도 경험하지 못한 박수 갈채와 언론의 집중 조명을 받자, 자신의 경영의 비결로 늘 강조하던 제품의 질, 사람의 중요성, 수익성에 대한 관리보다는 인기 관리 사업에 관심을 기울이게 되었기 때문이라고 지적했다. 그는 전 세계를 다니면서 사람들의 인기에 연연하다가 절체 절명의 과제인 신제품 개발을 10년간이나 미루었다. 그리고 크라이슬러의 노조 문제보다 미국의 재정적자를 더 걱정했다. 한마디로 아이어코카의 몰락은 그가 위기 관리자에서 인기 관리자로 변신한 결과이다. 외치(外治)에 집중하다가 내치(內治)가 몰락해 버린 것이다.

이것은 우리 사역자들의 영성 위기 관리에도 시사하는 바가 크다. 이 땅의 모든 사역자들이 사람들 앞에서 인기 관리에 연연하지 않고 하나님과 자신 앞에서 내치에 집중함으로써, 모든 한국 교회가 사역의 진검승부(眞檢勝負)에서 승리할 수 있는 목장들이 되었으면 한다.

내면이 건강한 교회

많은 목회자들이 마음 속에 자신들이 인정하려 하지 않은
미해결의 분노의 불길을 안고 살아가고 있다.
그것은 모든 것을 정결케 하는 불이 아니라
모든 것을 파멸시키는 불길이다. —어윈 루처

목회에는 두 가지 요소가 있다고 생각한다. 하나는 제사장(Priest)의 역할이고, 또 하나는 예언자(Prophet)의 역할이다. 제사장은 성도들을 위로하는 역할을 하고, 예언자는 성도들의 삶을 하나님의 말씀으로 도전하는 역할을 감당한다. 나 역시 이 두 가지 역할 사이에서 균형을 잡아 보려고 무던히도 애써온 것 같다. 이 두 가지 역할 사이에서 갈등하며 특별히 매주일 창조적인 사역을 감당해야 하는 것이 목회 사역이다.

음악가, 미술가, 작가 등 창의적인 작업을 하는 사람들은 대부분 한밤중의 고뇌와 갈등 속에서 작품을 만들어낸다. 어떤 경우 그들은 정상적인 삶을 영위하지 못하는 가운데 언뜻 뇌리를 스치며 번개처럼 떠오른 영감을 가지고 작품을 만든다. 세계적인 화가 피카소의 말년의 행적이나 반 고흐, 모차르트, 아니 우리 주위의 예술가들의 기행(奇

行)적인 형태의 삶이 이 범주에 들어간다고 할 수 있다. 그러나 목회자들은 창조적인 사역을 해야 하는 부담은 똑같지만, 극히 정상적인 삶을 사는 가운데 성도들을 위로하고 도전하는 사역을 해 나가야 한다는 점에서는 다르다. 사실 이것은 보통 어려운 일이 아니다. 그 와중에 대부분의 목회자들이 탈진을 경험한다.

미국의 기독교 지도자들 가운데 25%만이 가까스로 사역을 순조롭게 마무리한다는 통계가 있다. 그 25%를 제외한 나머지는 스트레스와 가정 문제, 도덕성 문제, 우울증 등으로 중간 탈락하게 된다는 것이다. 이런 심각한 상황을 반영하듯, 탁월한 식견과 논리로 비전을 제시해 온 피터 드러커는 "목회는 미국에 현존하는 직업 중 가장 힘든 세 가지 직업 가운데 하나"라고 말한 바 있다. 그는 기업 경영 컨설턴트로서 감정적으로 위험한 직업 세 가지로 대통령, 목회자의 사모, 그리고 목회자를 들었다.

우리의 목회 사역은 겉으로는 안정되어 있는 것처럼 보이지만, 그 이면에는 여러 모양의 갈등과 어려움이 혼재하는 경우가 많다. 역사에서도 겉으로 가장 강력하게 보였던 청나라의 강희 옹정, 건륭황제 시대(강건성세)나 팍스로마나(Pax Romana)의 시대도 내면은 늘 긴장과 갈등의 연속이었다. 환경상의 어려움과 내면의 갈등은 우리의 사역 가운데 어쩔 수 없이 직면하게 되는 상황들이다. 고난은 우리 사역자들에게는 필수적인 삶의 배경과도 같다. 문제는 이런 어려움들을 어떤 식으로 극복해 나갈 것인가 하는 것이다. 이를 위해서는 역시 사역적인 영성 이전에 존재적인 영성을 다시금 분명히 추스르는 노력이 필요하다.

성장이냐, 건강이냐

어떤 사역자든 하나님 앞에서 심각하게 자신을 돌아보면서 내면을 지켜 나가지 않으면 사역에서 헛발질하기 쉽다. 그리고 사역의 끝을 아름답게 마무리하기도 어렵다.

사역과 쉼의 창조적 균형이 깨어질 때 필연적으로 나타나는 것이 탈진이다. 새들백교회의 릭 워렌 목사는 탈진을 예방하기 위해서는 무엇보다 삶에서 균형을 이뤄야 한다고 강조했다. 사적인 것과 공적인 것, 일하기와 놀기, 존재와 행동, 신체와 정신, 수입과 지출, 주기와 받기가 균형을 이뤄야 한다는 것이다. 그렇지 못할 때 목회자는 마치 중간 중간에 구멍이 하도 많아서 정작 주둥이로 나오는 물은 거의 없는 호스처럼 되어버린다고 말했다.

그러므로 목회자는 사역의 성공에만 매여 균형을 깨트리는 잘못을 범해서는 안 된다. 사역에서 반드시 취해야 할 이러한 균형은 시대적으로 요구되는 교회의 건강성과도 밀접한 연관을 맺고 있다. 지금 세계 교회는 외적 성장을 추구하기보다 내적 건강과 성숙을 중시하는 쪽으로 바뀌어 가고 있다. 현재 전 세계 하나님의 교회가 직면한 가장 큰 도전은 교회의 '성장'이 아니라 '건강'이라는 데 많은 신학자와 목회자들이 동감하고 있다.

풀러신학교의 아치발드 하트(Archibald Hart) 교수도 목회자들을 대상으로 전한 한 강연에서 "하나님의 사역의 초점은 성공이 아니라 '회복과 재건'에 맞추어져야 한다."고 했다. 21세기를 위하여 건강한 교회를 세우는 것이 목회자의 최우선순위가 되어야 한다는 것이다.

'교회가 무엇을 하느냐' 보다는 '교회는 무엇인가'에 관심을 가져야 한다. 지금까지는 대다수의 교회가 구원에 큰 관심을 갖고, 성화에는 진지한 관심을 갖지 못했다. 일단 구원을 받게 되면 그 후 제자가 되어가는 과정은 소홀히 해왔다는 것이다. 그 결과 오늘날 교회와 성도들이 건강을 잃게 되었다. 성장에만 집착했기 때문에 삶의 질에 대해 깊이 생각하지 못한 것이다.

여기에는 목회자의 책임이 크다. 많은 목회자들이 하나님께 치유받지 못해서 다른 사람도 치유할 수 없는 처지에 놓이게 되었다. 그래서 교회 안의 그리스도인들의 관심사가 거룩한 삶의 추구에서 오락과 자아실현, 자기중심적 메시지, 현세의 성공을 위한 기법으로 초점을 옮겨 가고 있다. 초자연적 성결에 대한 관심이 퇴색되는 가운데, 반대로 초자연적 치유와 악한 권세에 대한 관심이 늘어나고 있는 것이다.

현대 복음주의 형성의 선구자 제임스 패커 역시 자신의 책 거룩의 재발견(*Rediscovering Holiness*)에서 "현대의 복음주의 교회는 건강한 자리에 있다고 볼 수 없다."고 분명히 진단한 바 있다. 그는 또 "목회자들은 건강함과 온전함을 세우는 자들이지 성공적 사업을 하는 자들이 아니다. 목회자 자신이 치유받지 못하면 치유의 근원이 될 수 없다. 목회자들은 자신이 목회자라는 사실을 망각해서 어려움에 처하는 것이 아니라, 자신이 인간이라는 사실을 망각할 때 어려움에 빠지게 된다. 목회자는 사역자이기 이전에 한 인간이다."라고 말했다. 결국 그 역시 전인적으로 건강한 목회자가 건강한 교회를 세운다는 주장을 하고 있는 것이다.

건강한 리더십은 건강한 육체에서

건강한 목회자가 되어야 한다고 할 때 우리가 빠지기 쉬운 함정이 있다. 그것은 문제를 너무 영적 건강이나 정서적 건강 쪽으로만 치우쳐서 다루기 쉽다는 것이다. 그러나 영적인 것과 육체적인 것을 나눠서 생각하는 것이야말로 영지주의적 이원론에 가까운 그릇된 생각이다. 목회자는 영적인 건강, 사역적인 건강뿐만 아니라 육체적인 건강도 결코 소홀히 해서는 안 된다.

지도자의 영성과 리더십은 육체적 건강이라는 활주로를 타야 제 기능을 발휘한다. 지도자의 열악한 건강 상태가 사역의 활주로를 가로막는 장애물이 되는 경우를 심심치 않게 본다. 의외로 목회자들은 건강 관리에 아무런 대안을 갖고 있지 못한 경우가 많다. 그러나 지도자가 늘 피로에 젖어 있을 때 많은 것을 잃게 된다. 우선 몸이 약해지면 만사가 귀찮아지기 때문에 우선순위가 무엇인지 몰라 곧잘 놓치게 된다. 그리고 영적인 센스가 둔해지므로, 주어지는 기회들을 제때에 포착하기 어려워서 결국 소중한 사역의 기회들을 잃게 된다. 지쳐 있기 때문에 태도도 자연스레 거칠어지고, 영성과 리더십 수행 능력이 저하되면서 사역의 본질적 요소들도 놓치기 쉽다. 질병에 대한 저항력이 악화되는 것은 말할 것도 없다.

어원 루처의 말처럼 "젖은 나무에는 불이 붙지 않는다." 아무리 송풍기를 작동시켜도 불이 붙기는커녕 찬바람만 나오는 것이다. 육체적인 피곤은 목사의 영육을 젖은 나무 상태로 만드는 것과 같다. 내가 육체적으로 피곤할 때 몸을 추스르는 비결은, 미국에서 사역할 때에는 주기적인 조깅을 하는 것이었다. 달리는 가운데 오히려 정신이 맑아지고 육체적인 피곤은 깊은 쉼으로 이어져 곧 몸이 회복되는 것을 경험하였다. 한국에서는 상황적으로 조깅이 어렵지만, 대신에 산에 오르는 가운데 기력이 회복되는 것을 느낀다. 중요한 것은 몸이 피곤할 때 자신만의 회복 과정을 정해 놓고 꾸준히 실천하는 데 있다.

사역은 단거리 경주가 아니다. 가정 상담 전문가인 데이빗 콩고의 말처럼 목회는 "과당 경쟁"이 아니라 "릴레이 경주"와 같다는 사실을 받아들이고 오랜 호흡으로 달리는 것이 필요하다.

사역자가 육체적인 피로를 이겨내지 못할 때 결국 감성적인 영역까지 영향을 받게 된다. 그리고 이것이 영적인 영역까지 장악하게 될 때, 스트레스와 걱정, 죄책감, 분노, 좌절, 우유부단함, 비현실적인 기대, 원한, 그 밖에도 여러 가지 부정적인 요소들이 함께 사역하는 동료들과 교회 전체에까지 좋지 않은 영향을 미치게 된다. 육체를 적절히 관리하는 것도 사역의 큰 우선순위에 든다. 생명은 하나님께서 지키시지만 건강은 목회자 자신이 지켜야 한다.

건강을 위해 체력을 단련하는 일도 전인적인 리더십 훈련임을 깨달아야 한다. 체력 단련은 힘과 근육만 사용하는 것이 아니라 자기관리와 자기 통제에 관한 훈련을 요구하는 전인적 리더십 훈련이다. 자기관리와 자기 통제에 대한 훈련이 부족할수록 건강이나 체력 관리에도 소홀한 경우를 많이 본다. 목회자들이 건강에 관한 실천을 기피하는 가장 큰 이유는 "시간이 없다"는 것이다. 그러나 시간이 없다는 변명은 시간 사용이나 자기 통제에 대한 약점을 스스로 인정하는 것이 될 뿐이다. 모자라는 시간을 쪼개 하루에 30분만이라도 건강을 위해 운동할 때 하나님께서 우리 삶의 30년을 붙잡아 주실 것이다.

그리고 운동 이상으로 중요한 것은 음식 조절 습관이다. 자신이 먹는 음식과 식사 습관을 한번 점검해 봐야 한다. 40대부터는 가능한 한 소식(小食)을 하고 하나님의 창조 질서로 돌아가야 한다. 채식과 육식의 비율을 잘 조절해야 한다. 저녁 7시 이후에는 먹지 않아야 아침에 맑고 깨끗한 정신으로 일어날 수 있다.

이처럼 지도자로서 자기 통제의 능력만 적절히 발휘한다면 건강을 지켜나갈 수 있다. 목회자가 자신의 건강을 지킬 때 건강이 그 목회자의 사역을 지켜 줄 것이다.

지금 세계 교회는 '성장하는 교회'를 모토로 삼기보다는 '건강한 교회'를 모토로 삼는 추세로 바뀌어 가고 있다. 전인적으로 건강한 목회자가 건강한 교회를 세운다. 여기서 건강은 정서적, 영적 건강뿐만 아니라 육체적인 건강도 포함된다. 지금은 목회자들이 위기의식을 갖고 깨어 있어야 할 때이다. 사역과 영성의 모든 분야에서 깨어 있으려면 끊임없이 균형 감각을 회복하려는 의식적인 몸부림이 있어야 한다. 매너리즘을 극복하게 해줄 건강한 목회적 위기의식이 사역의 현장에서 전인적인 건강의 균형을 되찾게 해주는 귀한 촉매제가 될 것이다.

영적 부국강병책

교회는 지친 영혼이 재충전되고 활력을 얻는
영적 충전소가 되어야 한다. −사무엘 엘리어트

지금 한국 교회는 영향력과 힘이 점점 약화되고 있다. 이런 때일수록 한국 교회가 영적인 부국강병(富國强兵)을 이루기 위해 철저히 무장해야 한다. 성도들이 경건의 모양뿐 아니라 경건의 능력까지 갖추려면, 교회 공동체의 전체적인 분위기가 생산적이며 추진력 있는 모습으로 전환되어야 함에도 불구하고, 언제부터인지 모르게 교회 안에 패배주의적인 생각이 스며들어와 '해도 잘 안 된다'는 분위기가 지배적이다. 지금은 그 어느 때보다 교회가 세상에서 치열한 영적 전투를 벌이고 사는 성도 한 사람 한 사람에게 강력한 무기를 공급하는 병참기지의 역할을 잘 수행해야 한다.

그렇다면 영적인 부국강병을 위해 어떤 각오와 자세가 필요한가? 무엇부터 개혁해 나갈 것인가? 관건은 교회 사역 구조의 변혁과 사역자의 체질 개선에 있다.

교회 사역구조의 변혁에 대해서는 달라스 윌라드의 말에서 중요한 핵심을 찾을 수 있다. "규모가 크든 작든 대다수 지역교회의 특징은 산만함이다." 윌라드는 자신의 말을 통해서 교회가 핵심사역이 아니라 부수적인 것에 에너지를 소진하고 있다는 것을 지적하고 있었다. 윌라드는 마음의 혁신에서 이렇게 말했다. "교회가 제자리를 찾기 위해서는 신약교회의 원리와 절대적인 요소에 집중해야 한다. 오늘날 대다수의 교회가 산만한 상태에 있는 것은 절대적 요소에 집중하지 못하여 곁길로 벗어났기 때문이다." 교회가 영적인 부국강병책을 도모하기 위해서는 어디에서 교회의 에너지가 누수되고 있는지부터 찾아야 할 것이다.

우선 영적인 부국강병을 시도하기 위해 영적인 '규모의 경제'가 필요하다. 거룩한 사역에 대한 열정으로 불붙은 하나된 스피릿(spirit)이 필요한 것이다. 중복되거나 겹치는 사역은 과감히 정리해 나가야 한다. 헌신하고자 하는 사람에게는 충분히 뛸 수 있도록 사무실 공간이나 재정 등의 면에서 무기를 넉넉히 공급할 필요가 있다. 어떤 사역이든 전력투구하며 뛰는 사람들 위주로 해야 열매가 있다는 것을 그동안 많이 경험해 왔다.

이와 같은 맥락에서 그동안의 교회 사역 가운데 가장 큰 허점을 드러낸 사역이 무엇인지를 찾아 하나씩 개선시켜 나가야 한다. 부국강병의 최우선 정책은 약점을 강점으로 만드는 일에서부터 시작되기 때문이다.

사역자 체질 개선의 5가지 핵심

현 시대의 교회가 영적인 부국강병을 이루려면 구조적인 차원의 개혁 이외에도 사역자의 체질 개선이 병행되어야 한다. 이것은 여러 가지 접근을 통한 말씀 사역이나 훈련으로 가능할 것이다. 여기서는 그 모든 과정 가운데 꼭 지켜져야 할 다섯 가지 핵심에 대해 함께 나눠 보고자 한다.

첫째는 복음이다. 한국 교회의 많은 사역자들이 개인 전도의 실천적인 경험이 별로 없다. 요즘 젊은이 사역이 폭발적인 부흥을 경험하지 못하고 있는 이유 가운데 하나도 바로 이 때문이다. 복음은 깨달았지만, 그 복음을 전할 필드가 없는 것이다. 현대 교회는 주위에 그리스도를 믿지 않는 사람들이 널려 있어도 교회로 끌어들이지 못하고 있다. 심지어 제 발로 찾아오는 사람도 제대로 못 잡고 놓치고 있다. 한국 교회는 이 문제를 깊이 고민해야 한다. 이것이 참된 사역자의 자세다.

둘째는 섬김이다. 교회 안의 형제들을 위하여 깨어지는 삶이 필요하다. 권위는 남이 세워 주는 것이다. 카리스마 역시 저절로 얻어지는 것이 아니다. 카리스마와 권위는 경험과 열매를 통해 얻게 되는 것이다. 지도자의 권위는 모범에서 온다. 모범이라는 것은 양심에 거리낌이 없이 사역하는 것이다. 지도자는 출석에서 모범을 보이고 헌금에서 모범을 보여야 한다. 새벽 기도에 모범을 보이고 모든 교회의 공적 예배, 새벽 기도, 중요한 집회에 모범을 보여 주는 것이 지도자로서의 기본 자세이다. 교회의 지도자는 십일조나 절기 헌금에 대해서도 모범을 보여야 한다. 이것은 단순히 금전적인 문제가 아니라 그 정도의 헌신을 하지 않으면 안 된다는 것을 보여 주는 것이다.

이러한 섬김의 정신은 바로 제자훈련을 통해 만들어진다. 제자훈련을 통한 섬김의 정신이 교회사역의 끝자락까지 충만할 때 창조적 긴장으로 교회가 채워진다. 섬기는 것은 자신을 내려놓지 못하면 할 수 없는 것이다. 조금이라도 방심하고 틈을 보이면 그 사이로 스멀스멀 기어나오는 것은 나태함과 방만함이다. 창조적 긴장은 제자훈련하는 사역자에게 주어지는 축복이다. 창조적 긴장이 지도자의 몸과 마음을 붙잡으면 인격에 흐트러짐이 없게 되고, 교회가 최고의 잠재력을 발휘하게 되며, 시대의 흐름을 읽는 안목이 높아지는 축복을 받을 수가 있다.

셋째는 성령이다. 성령사역에 눈을 열어야 한다. 사역자에게는 성령사역에 눈을 뜨는 특별한 계기가 있어야 한다. 찬양, 말씀 등에 대해서도 성령사역에 예민해지는 감각을 익히고, 스스로 이 분야에 익숙해질 수 있는 기회를 찾아야 한다. 물론 성령사역이 말씀보다 앞설 수는 없다. 그러나 나름대로 균형 잡힌 성령사역에 대해 눈을 열고 감을 잡아야 한다.

넷째는 자아가 깨지는 것이다. 하나님은 수많은 인간관계들을 통하여 때마다 우리를 깨뜨리신다. 그런데 이때 그 어려운 상황을 제대로 극복하지 못하면, 결국에는 더 어려운 인간관계를 겪게 된다. 이 단계에서 점프하지 못하면 사역에서의 점프도 기대하기 어려워진다는 것을 사역자들은 명심할 필요가 있다. 하나님께서는 하나님의 때에 각 사역자에게 맞게 훈련을 시키신다.

사역에 있어 어려운 인간관계에 처할 때마다 위기에서 벗어나는 길은 언제나 먼저 용서의 손을 내미는 것임을 경험적으로 알고 있다. 먼저 용서를 구하는데도 불구하고 끝까지 곤경에 빠뜨리려고 덤비는 사람은 없는 법이다. 사역자들은 인간관계는 물론이고 사역에 있어서도 용서를 구하는 겸허한 자세를 지녀야 한다.

다섯째는 비전이다. 사역자라면 누구에게나 하나님께서 허락하신 개인적인 독특한 미션과 비전이 있다. 따라서 적어도 각 사역지에서 섬기는 동안은 그 교회와 그 교회의 담임 목회자의 비전에 따라야 한다. 반면 담임목사는 자신의 꿈과 비전이 무엇인지를 분명히 알아야 한다. 자신이 가진 꿈과 비전을 자신이 섬기는 교회의 비전과 흐름에 맞게 통합시켜 나가야 하기 때문이다. 그럴 때 온 교회가 하나의 비전을 향해 힘차게 나아갈 수 있다.

철저한 사명 중심의 체질

자신에게 익숙한 체질을 바꾸는 것은 쉬운 일이 아니다. 사역자의 체질 개선은 사명의 우선순위를 파악하고 실행하는 데서부터 시작된다. 사역의 우선순위가 잘못되면 사역의 체질 개선은 요원하다. 독일 외무장관이자 슈뢰더 내각의 부수상인 요쉬카 피셔는 10여 년 전에 독일 녹색당 연방의회 원내의장으로서 성공적인 정치인이었으나, 압박감과 책임감, 스트레스가 참을 수 없을 정도로 쌓이게 되자, 닥치는 대로 먹기 시작해서 112킬로그램이나 나가는 뚱보가 되었다. 이로 인해 결혼생활이 파국을 맞았고, 개인적인 생활도 무너질 정도였다. 이런 피셔의 삶을 다시 일으킨 것은 삶의 우선순위의 중요성을 깨닫고 달리기를 시작하면서부터였다. 달리기는 자신이 삶의 우선순위를 제대로 실천하고 있음을 대내외적으로 주지시키는 선언이었다. 그 결과

2년이 지나지 않아 함부르크 마라톤을 성공적으로 완주하기에 이르렀다. 이것은 삶의 우선순위를 재정립하는 것이 삶의 진정한 체질 개선으로 이어지는 생생한 예라고 할 수 있다.

사역자가 지금의 모습에서 부정적인 무엇을 발견한다면, 또 다른 것을 시도함으로 늪에 빠지지 말고, 사역의 우선순위가 어디에 있는지를 찾아서 사역의 체질 개선을 시작하는 데서부터 사역의 탈출구를 찾아야 한다.

사역자는 무언가 위대한 것을 나누려고 하기보다, 하나라도 자기 것을 나누는 게 중요하다. 설교 하나만 예를 든다 하더라도 청중들은 목사가 설명하는 설교를 하고 있는지, 개인적인 경험을 토대로 가슴을 치는 설교를 하고 있는지를 잘 안다. 그러므로 무엇보다 로고스의 말씀이 레마의 말씀이 되어야 한다. 기록된 말씀이 들리는 말씀이 되어야 한다는 것이다.

물이 아무리 많아도 내가 마시지 않으면 아무런 소용이 없다. 사역도 마찬가지다. 육화되고 체질화된 사역을 해야 한다. 이것이 사역의 실질적인 체질 개선으로 이어지게 되는 것이다. 말씀을 통해 모든 사역자는 영적인 군단이 되어 영적 부국강병을 이뤄야 한다. 이러한 부국강병을 이루기 위해 필요한 것이 바로 사명 중심으로 움직이는 역동적 시스템이다. 그래서 시스템의 개혁은 사역의 체질 개선과 밀접하게 맞물려 있다.

모든 사역자는 환경이 움직이는 삶이 아니라 사명이 움직이는 삶을 살아야 한다. 사명으로 움직이는 사역이야말로 부국강병의 가장 큰 핵심 전략이 된다. 이 전략은 사역자뿐 아니라 성도들에게도 동일하게 적용된다. 성도들에게 사역을 맡기라. 직분 중심이 아닌 사역 중심, 사명 중심의 체질을 만들어야 교회가 강해진다.

예방 사역과 예배의 회복

한번의 교만이, 한번의 거만한 말이, 한번의 탐욕스러운 행동이
많은 설교의 숨통을 끊어놓을 수 있고,
모든 사역의 결실을 날려버릴 수 있다. —존 맥아더

역사적으로 보면 진정한 목회사역은 바울로부터 시작되었다고 할 수 있다. 바울 서신은 한마디로 바울이 그의 양무리들에게 자신의 애절한 목자의 심정을 담아 보낸 것이다. 바울은 목회서신을 통해서 한 사람이라도 낙오됨이 없이 신앙을 지키도록 권면하였고, 한 사람이라도 더 주님을 가까이할 수 있도록 가르쳤다. 이후로 2000년에 걸친 목회사역은 때때로 관습이나 제도적인 목회로 일탈된 경우도 있었지만, 한 가지 중요한 원칙은 변함없이 목회사역의 뼈대를 이루고 있다. 바로 성경적 목회사역이 그것이다.

성경적 목회사역이란 무엇인가? 일찍이 14세기의 목회자였던 존 위클리프는 목회 직분에 관하여(*On the Pastoral Office*)라는 책에서 목회자는 거룩한 인격과 온전한 가르침이라는 두 가지 역할을 수행해야 한다고 말했다. 거룩한 인격이란 목회의 고결함을 위해서는 목숨마저도 아끼

지 않고 자신을 지키는 것을 말한다. 온전한 가르침이란 '목회자에게 의가 있다면 오로지 양무리를 올바르게 가르침에서 오는 빛나는 의'라고 말할 정도로 목회사역의 전부를 성경에 기초한 가르침을 말한다.

이렇게 목회자의 성경적 목회에 대해서는 누구나 공감하는 것이지만, 실제로 자신의 고결함을 지키고, 온전히 양무리를 가르침으로 인도하는 것은 쉬운 일이 아니다. 16세기의 윌리엄 퍼킨스 같은 목회자는 목회소명에 관하여(On the Calling of the Ministry)라는 책에서 좋은 목회자가 되는 것이 얼마나 어려운지 "좋은 법률가는 열 사람 중에서 한 사람 나올까 말까 하며, 좋은 의사는 스무 사람 중에 한 사람 나올까 말까 하지만, 좋은 목회자는 천 사람 중에서 한 사람 나올까 말까 한다."고 썼다. 그만큼 목회자가 고결한 인격을 가지고 말씀을 올바르게 가르치는 데 전념하는 것이 쉽지 않다는 것을 의미한다.

오늘날 성경적 목회의 핵심은 바울처럼 한 사람이라도 신앙에서 이탈되는 사람이 없고, 한 사람이라도 하나님을 더 가까이 하게 하는 것이다. 이것을 현대적인 관점에서 풀면 치유목회와 예방목회가 될 수 있다.

특히 이 중에서도 시대적으로 더욱더 세속화의 파괴적인 물결이 거세지는 상황에서는 예방목회의 시급성이 어느 때보다 부각되고 있다. 목회자는 언제든지 틀기만 하면 에너지가 쏟아지는 영적인 수도꼭지가 아니다. 이런 점에서 우리의 목회가 엄청난 에너지를 필요로 하는 치유목회보다는 그 열정과 에너지로 수많은 사람들을 예수를 닮도록 도울 수 있는 예방목회가 중시되어야 한다.

성도의 강점으로 일하는 예방목회

목회 사역에서 내가 늘 강조하는 것이 있다. 보호목회보다는 훈련목회, 치유목회보다는 예방목회를 중시하자는 것이다. 아울러 구걸하는 식의 신앙에서 벗어나 자립 신앙을 가져야 한다고 강조한다. 모든 사역자들이 이미 잘 알고 있겠지만, 상처 난 사람을 치유하기란 여간 어려운 일이 아니다.

미리 미리 훈련해서 영적 근육을 강화시켜 놓았더라면 당하지 않았을 어려움들로 인해 고통당하는 영혼들이 의외로 많다. 어차피 하나님께서 인간을 다듬어 나가시는데, 환경의 어려움이나 문제로 고통당하며 수동적으로 대응하기보다는, 능동적으로 훈련받고 준비하여 웬만한 어려움들은 이겨내도록 돕는 것이 옳다고 본다. 이것이 바로 보호목회가 아닌 훈련목회이다.

이것은 또한 성도들의 약점으로 일하는 사역이 아니라 성도들의 강점으로 일하는 사역이다. 대부분의 교회는 성도들보다 사역자들이 더 탁월하기 때문에 모든 성도들이 사역자에게만 매달린다. 그러니 조금만 어려움이 생기면 사역자에게 상담을 요청하고 심방을 요청하고 자신들의 필요를 채워 달라고 요구하는 것이다. 그런데 이것은 결국 끊임없는 악순환을 낳는다. 그래서 훈련과 예방 사역이 중요하다.

이것은 농사를 짓는 것과 비슷하다. 작물도 일단 병충해가 들면 회복하기 힘들다. 그러나 처음부터 비료를 주고 거름을 줘서 강인한 벼를 만들어 놓으면 얼마든지 수확을 늘릴 수 있다. 사람 농사도 벼농사와 비슷하다. 일단 한번 병충해가 들면 힘들다. 교회에는 치유목회가 필요하지만 건강한 교회, 건강한 사역이 더 절실히 필요하다. 요즘은 의학도 병을 치유하는 것보다는 예방하는 데 더 많은 관심을 기울인다. 훈련소의 땀 한 방울이 전쟁터의 피 한 방울이 된다는 말이 실감나는 시대를 살고 있는 것이다.

이런 차원에서 목회에서도 예방 사역이 참으로 소중하다. 부끄럽지만 내가 대학 시절부터 지금까지 30년 동안 제자훈련 사역을 통하여 예방 사역을 해 온 경험을 간략하게 정리해 보고자 한다.

하나님의 임재와 예배의 회복

나는 목회자가 예방 사역으로 들어가는 첫 걸음이 매주마다 드려지는 예배를 살리는 데서부터 시작될 수 있다고 생각한다. 주위의 여러 교회들을 보면서 내 나름대로 내린 결론이다. 많은 교회들이 '하나님의 임재가 풍성히 넘치는 살아 있는 예배'에 대해 깨어 있지 못하다. '하나님의 임재가 풍성히 넘치는 살아 있는 예배'는 교회가 활기찬 그리스도의 몸을 이루어가는 데 빠뜨릴 수 없는 필수 요소이다. 이것이 없이는 21세기 새로운 세대의 사역을 제대로 감당할 수가 없다.

오늘날과 같이 변화무쌍한 시대는 교회를 향해서도 변화를 요구하고 있다. 그러나 많은 교회들은 여전히 구식 물레방아를 돌리는 식으로 옛날 프로그램을 사용하여 비생산적인 사역을 하는 경우가 많다. 이제 말하고자 하는 '기름부음이 있는 예배의 회복 문제'는 정말 기도하면서 영적 안목을 가지고 접근하면 반드시 성취할 수 있는 것이다. 또한 실제적으로 임상을 통해 증명된 것들이기 때문에 누수 없이 집중한다면 하나님께서 큰 안목을 주실 것이다.

그러면 예배를 어떻게 회복시킬 것인가? 가장 중요한 것은 예배 가운데 하나님의 임재를 느끼도록 해야 한다는 것이다. 교회는 하나님과의 관계와 인간과의 관계가 양축을 이루는 'God's New Society'이다. 교회는 우리를 창조하고, 사랑하고, 속죄하신 하나님과의 관계가 우선되어야 한다. 하나님께서 교회 안의 지도자들에게 권한을 부여하고, 지도하고, 능력을 행하셔야만 교회가 될 수 있는 것이다.

OM KAM(미주한인국제OM) 연차 이사회가 샌디에이고에서 열린 적이 있다. 거기서 나눈 중요한 이야기들 가운데 중동 지역에서 사역하는 한 선교사의 사역 보고는 우리 모두의 마음에 큰 충격이 되었다. 오랫동안 현지에서 선교를 하다가 한국으로 돌아와 보니, 한국 교회에서 섬기는 것과 선교지에서 섬기는 것에 두 가지 큰 차이점이 있었다고 한다.

첫 번째, 선교지에서는 성령의 기름부으심(Anointing)으로 사역을 하는데, 한국 교회에서는 안수(Ordination)로 사역을 한다는 것이다. 어느 사역이 영광스러울지는 두말할 필요도 없을 것이다.

두 번째, 선교지에서는 늘 거룩한 긴장감이 충만하다는 것이다. 중동 지역이나 중앙아시아 지역에서 예수를 믿는다는 것은 삶의 즐거움을 다 포기하는 결단이다. 생명의 위협을 받는 상황 가운데서 구원의 회심을 경험하는 곳이기 때문에 거룩한 긴장이 늘 그 사역지를 감싸고 있다는 것이다. 그러나 한국 교회는 긴장은 있는데 거룩한 긴장이 아니라 인간관계에서 생기는 긴장감이 충만하기 때문에 생명의 역사가 잘 나타나지 않는다고 한다.

우리는 기름부으심으로, 그리고 영혼 구원을 위한 거룩한 긴장감으로 사역해야 한다. 그러나 한국 교회는 많은 경우 직분으로, 안수로, 인간관계에서의 긴장감으로 사역의 초점을 놓치는 우를 범하고 있다. 그래서 교회 내에 영혼 구원의 사건으로 나타나는 회심의 감격이 없고, 성도들끼리의 긴장감 때문에 헤게모니 쟁탈전이 생겨 깊은 상처를 받고 있다. 하나님의 임재를 통하여 우리에게 기름부으심과 거룩한 긴장감이 회복되어야 할 것이다. 교회는 하나님의 임재를 느끼는 곳이기 때문이다.

교회에 하나님의 임재가 나타나는 예는 사도행전에서 볼 수 있다. 성령강림절에 성령께서 예수님을 따르던 사람들로 교회를 세우고, 그 교회를 그리스도의 몸이라 칭하셨다. 그리고 성도들을 그리스도의 몸의 한 부분으로 만들었다. 이는 사도행전 2장에 잘 나타나 있다.

그리고 사도행전 3장을 보면 당시 모든 성도들은 예수 그리스도의 영이 그들 안에 있는 것을 알고 영으로써 예배를 드렸다. 또한 빌립 같은 사람은 그 영으로써 인도를 받았고, 사도행전 7장에는 그 영으로써 전도를 했다고 나온다.

현대 교회는 인간적인 교회의 능력과 세상적인 노하우와 사고방식을 가지고 하나님의 임재를 대신하려는 경향이 있다. 따라서 우리는 진지하게 자문해 보아야 한다. 우리가 그리스도의 임재를 깨닫고 참으로 그 임재 가운데서 설교와 가르침에 임하고 있는가? 정말 성령께서 우리의 전도에 능력을 주시는 것을 경험하고 있는가?

"주여, 예배를 살려 주옵소서!"

하나님의 임재를 깨닫기 위해 가장 중요한 것은 예배를 살리는 것이라고 했다.

그렇다면 어떻게 해야 예배를 살려서 하나님의 임재를 깨닫게 할 수 있을까? 첫째, 앉아 있기만 해도 은혜가 되게 하기 위해서는 철저하게 예배를 위해 기도하는 기도후원팀이 가동되어야 한다. 사랑의교회의 경우 토요일 새벽 연합 예배에서 2,000여 명이 한자리에 모여 주일 예배를 살려 달라고 기도한다.

"주여, 내일 예배를 살려 주옵소서! 내일 예배를 위해서 섬기는 설교자와 기도자, 찬양 인도자, 찬양대, 그리고 주차사역, 교육사역에 기름부음이 있게 하옵소서. 우리의 실력과 재능으로 예배를 섬기지 않게 하옵시고, 기름부으심이 넘치는 하나님의 임재가 있는 예배를 경험하게 하여 주옵소서. 겉모습이 좋은 예배보다도 좋은 예배자가 드리는 예배가 되게 하여 주옵소서."

이런 마음의 소원과 간절함이 있어서 그런지 많은 사람들이 예배당에 들어오기만 해도 눈물이 난다고 한다.

똑같은 찬양을 하더라도 살아서 움직이는 찬양이 있고 그렇지 않은 찬양이 있다. 바로 영적 조명이 비춰지느냐 그렇지 않느냐에 따라 차이가 난다. 마치 강단에 사회자가 설 때 스포트라이트를 받을 때와 그렇지 않을 때 확연히 차이가 나는 것과 같다. 사진도 방향에 따라 빛의 양도 달라지고, 이 빛에 따라 사진이 살기도 하고 죽기도 한다. 프랑스의 루브르 박물관이나 미국의 메트로폴리탄 박물관, 영국의 대영 박물관에 가보면 조명의 중요성을 더없이 실감할 수 있을 것이다. 조명에 따라서 조각품이나 그림이 완전히 다르게 보인다.

사역에 있어서도 마찬가지이다. 똑같은 사역이라 할지라도 은혜의 조명을 받는 사역과 그렇지 않은 사역과는 현저한 차이가 있다. 사역에 은혜의 조명이 비춰야 그 빛을 받는 곳마다 생명이 살아나고 춤추는 역사가 일어날 수 있다. 토요일 새벽마다 나와서 주일 예배를 위해 기도하며, 주일을 준비하는 그 모든 것이 바로 주일 예배에 은혜의 조명을 비추는 것이다. 은혜의 조명이 환히 비춰지면 주일날 성도들이 예배당에 들어서기만 해도 은혜를 받고, 사회자가 강단에 서기만 해도 기름부음이 넘치며, 기도자의 태도가 벌써 다르고, 설교를 해도 경청하는 자세가 달라진다. 사역자들이 모두 부족하고 한계가 있지만 은혜의 조명을 통해 생명의 역사가 나타나는 것이다.

찬송 하나부터 예배의 용어를 선택하는 일에 이르기까지 예배의 흐름에 민감하게 깨어 있어, 모든 과정에서 하나님의 임재를 느낄 수 있도록 다듬어져 가야 한다. 이것은 말로 되기보다는 경험으로 이뤄가는 것이다.

예배의 모든 부분에서 결사적인 결단의 기도, 기도의 문이 열리는 은혜, 영권 회복의 축복을 받기를 구하며 하나님 앞에 간절히 매달려야 한다. 그냥 앉아 있기만 해도 은혜가 되고 하나님의 임재를 느낄 수 있는 영감 있는 예배, 이것은 의심의 여지없이 영혼의 회복과 예방 사역을 위해 오늘날 반드시 필요하다. 이런 공적 예배의 축복이 있어야 결국 영감 있는 주일 예배를 통해 성도들의 영혼이 회복되고 주중에 드리는 생활예배와 직장예배의 승리로 이어지는 것이다.

사명 중심으로 움직이는 평신도

그러면 이러한 예배의 회복과 더불어 예방 사역을 위해 필요한 것은 무엇인가? 너무나 많은 교회와 성도들이 지나온 사역에 만족하고 있다. 지난 것을 간직하기 위하여 현재와 미래를 버리는 경우가 허다하다. 교회는 현상을 유지하는 데서 벗어나 사명으로 나아가야 한다.

성도들은 새로운 사역에 대해 눈이 열려야 하고, 사역자들은 성도들의 필요를 진지하게 받아들여야 한다. 그래서 영혼 구원 사역을 위해 잃어버린 영혼에 민감한 교회로 거듭나야 한다. 지나간 사역을 보존하는 것뿐 아니라, 잃어버린 영혼을 구원하는 데 최선을 다하는 교회로 바뀌어야 하는 것이다.

교회는 기존 신자들을 위해 수고하고 애써야 하지만, 새로운 무리가 계속해서 들어와야 한다. 새롭게 구원받은 하나님의 사람들이 태동되어야 한다. 영혼 구원을 통한 새로운 변화가 일어나지 않고 새로운 하나님의 사람들이 구원받는 역사가 나타나지 않으면 예방 사역을 감당할 수 없다.

이를 위해 성도들이 직분 중심이 아니라 사명 중심으로 일할 수 있도록 도와주는 것이 중요하다. 특별히 장로는 행정이 아니라 영혼을 변화시키는 사역자의 역할을 감당할 수 있도록 도와주어야 한다. 그런 의미에서 목회자는 관리자가 되어야 한다. 그럴 때 우리 교회가 지역 사회를 섬기며 주변 커뮤니티를 변화시키는 역할을 감당하게 될 것이다.

예방 사역은 진정한 성도들의 영적 교제가 있을 때 가능하다. 그러므로 소그룹을 단순한 친교 그룹이 아닌, 성령 안에서의 교제를 통한 영적 변화의 산실로 만들어 나가도록 해야 한다. 이런 영적 변화의 산실을 갈망하면서 함께 기도하고 믿음을 나누며 이웃을 섬기기를 원하는 성도들은 어느 곳에나 있다. 그런데 대부분의 교회들이 이러한 성도들을 서로 묶어 성령 안에서의 진실된 교제를 통해 변화와 성장을 감당하는 도구로 삼지 못하고 있다.

아마도 이런 문제를 가장 잘 해결할 수 있는 것이 소그룹일 것이다. 셀 교회나 가정 교회가 될 수도 있고, 말 그대로 소그룹이 될 수도 있는데, 사랑의교회는 이 소그룹을 다락방이라고 부른다. 소그룹 모임을 활성화시키는 문제는 현대 교회에서 보통 중요한 문제가 아니다. 이 소그룹은 21세기로 향하는 데 꼭 필요한 네 가지 역할을 감당한다.

첫째, 소그룹은 성도들의 교제를 통한 진정한 영적 산실로서, 영적으로 살아 있는 성도들끼리 믿음 안에서 영양분을 주고 받게 만든다.

둘째, 소그룹은 교회 안에서 새로운 사람을 믿음 안으로 들어오게 하는 관문 역할을 감당한다. 사랑의교회는 매년 대각성 전도집회 전에 '열린 다락방'을 준비하고 각 다락방마다 태신자들을 초대하여 미리 교제를 나누기도 한다.

셋째, 소그룹은 사역자들이 자신을 추스르고 진정한 영양 공급을 받을 수 있게 해주는 장이기도 하다. 나 역시 지난 18년간 쉬지 않고 진행해 온 이 소그룹 사역이 없었다면 나의 인격의 모난 부분들이 그대로 드러나서 큰 어려움을 겪었을 것이다. 나는 매주 두세 그룹의 소그룹을 섬기면서 나의 약점들을 점검하고 상대방이 나의 거울인 것을 발견하곤 했다. 또한 소그룹을 통해 치유를 경험하면서 사역의 방향을 올바로 세울 수 있었고, 사역의 헛발질을 하지 않도록 하나님께서 은혜를 많이 베풀어 주셨다.

넷째, 소그룹은 장래의 지도자를 키우는 훌륭한 학교가 될 수 있다. 소그룹 모임에서는 절로 투명한 관계가 형성된다. 그래서 어떤 성도가 어떤 잠재력과 자질을 가지고 있는지 알게 된다. 신학 수업이나 지식을 통한 평가가 아니라 삶을 통한 평가이기 때문에 더욱 정확하다.

사랑의교회의 경우, 많은 평신도 지도자들이 이러한 소그룹을 통해 세워지기 때문에 당회나 제직회에서 큰 문제나 어려움을 겪지 않는다. 그래서 요즘 내가 강조하는 단어가 '순전(pure)'과 '단순(simple)', '겸손(humble)'이라는 말이다. 우리는 소그룹을 통하여 순수해지고, 단순해지고, 겸손한 그릇으로 다듬어진다. 그리고 사역에 필요한 창조력을 배우고, 사역에 대한 책임감을 느끼며, 정직과 성실과 합리성의 온전함을 훈련해 나가게 된다.

교회는 이런 소그룹 활동을 통하여 평신도들로 하여금 은사를 발견하도록 해주어야 한다. 이것은 끈기 있게 감당해야 할 문제이다. 평신도를 깨우기 위해서는 성령님의 인도가 필요하고, 좋은 영적 지도자가 필요하며, 또한 영적 교제의 장과 철저한 훈련 사역 프로그램이 필요하다. 사역자들은 은사대로 봉사하는 평신도들을 기뻐하고 감사해야 한다. 그들이 바로 내게 주신 가장 큰 하나님의 축복이라고 믿고 서로 존경하며 사역할 때 하나님께서 새로운 사역의 장을 펼쳐 주실 것이다.

예방 사역의 실천 방안

건강한 예방 사역을 이루어 가기 위해 준비해 나가야 할 사역의 과정을 다시 한번 요약하면 다음과 같다.

첫째, 예배에서 하나님의 임재를 회복해야 한다. 하나님께서 평신도 지도자들의 삶 속에서 어떻게 역사하셨는지 서로 나누어야 한다. 살아 있는 예배, 영감 있는 예배, 기름부음이 있는 예배가 자연스럽게 믿어지고 나누어지고 계획되는 사역을 감당해야 한다. 그리고 하나님의 임재를 다시 찾고 예배를 살리기 위해서는 먼저 성도들의 의식을 조사할 필요가 있다. 그들의 필요가 무엇인지 알아야 하기 때문이다. 때로는 설문 조사도 하고, 설교나 예배의 형식에 대해서 성도들과 함께 깊은 고민을 나누며 차근차근 정리하는 가운데 새로운 차원의 사역을 펼쳐 나가야 할 것이다.

둘째, 보존하는 데 그치는 사역에서 역동적인 사역으로 바꿔야 한다. 이때 가장 필요한 것은 적어도 3년, 5년 뒤의 교회의 비전과 청사진을 제시하고, 성도들과 함께 꿈을 품는 것이다. 하나님의 인도를 구하기 위해 간절히 매달려 기도하고, 사역의 원통함을 풀어 주시도록 주님 앞에 매달려야 할 것이다.

셋째, 살아 있는 교제를 갖기 위해 특별히 당회에서부터 소그룹 형식의 교제를 가져야 한다. 당회 안에서부터 소그룹을 만들기 시작하는 것이다. 이 소그룹을 통해 말씀 읽은 것, 큐티한 것, 은혜받은 것, 지난 한 주간 동안 축복이 된 것, 또 결단과 적용을 통해 받은 축복 등을 자연스럽게 나눈다.

교회는 성도들이 마음에 감동이 되고, 비전과 하나님이 주신 영적 은사들을 마음껏 나눌 수 있는 장을 마련해야 한다. 우리는 하나님의 가족이다. 가족은 법의 지배를 받는 것이 아니다. 가족 간에 나누는 것과 같은 신뢰가 없이는 사역을 힘 있게 감당하기 어렵다. 다시 한번 가족애의 정신으로 돌아가 신뢰를 바탕으로 살아 있는 교제를 회복해야 할 것이다.

넷째, 평신도들을 해방시켜야 한다. 이를 위해 성도들로 하여금 자신의 은사를 발견하게 하고, 부르심을 분별하도록 도와주어야 한다. 이것은 처음부터 제대로 해야 할, 참으로 중차대한 사역이다.

결론적으로 이런 일들을 감당할 수 있도록 다시 한번 철저하게 교회적으로나 개인적으로 사명 선언문(Mission Statement)을 정리해 보자. 이것이 없이는 초점이 없고, 누수가 많은 사역을 할 수밖에 없다. 태양열이 아무리 좋다고 해도 흩어져 있으면 아무런 이용 가치가 없다. 그러나 이것을 볼록렌즈로 모으면 불을 일으킨다. 사람들의 심령에 불을 지르는 것이다. 레이저 빔을 집광하면 강철판도 뚫을 수 있다.

얼마 전 미국 도미노 피자의 사명 선언문을 보고 마음에 와닿았다. 이들의 사명 선언문은 간단했다. "가장 알맞은 가격과 알맞은 이익을 위하여 안전하면서도 식지 않는, 뜨겁고 품질 좋은 피자를 30분 이내에 배달하는 것." 얼마나 간단한가.

역사에서도 가장 효력 있는 선언은 짧은 말이었다. 스키피오 장군이 한니발 장군을 공격할 때 던진 한마디는 간단했다. "카르타고는 반드시 멸망해야 한다." "불명예를 얻을 것이라면 차라리 그 전에 죽음을." 사명 선언문이 강력한 동기가 되려면, 목적과 비전과 가치에 대해 정곡을 찌르는 내용으로 방향을 잡아야 한다.

세상은 가까이에서 사람들을 유혹하고 있다. 그래서 사람들은 이제 더 이상 교회 법이나, 교회 내규, 오래된 서류들에서 사명 선언문을 찾으려고 하지 않는다. 사람들의 마음을 움직일 만한, 짧지만 강력한 전체 교회의 사명 선언문을 만들어야 한다. 짧을수록 강력할 것이다.

1997년 북한에 갔을 때 본 두 가지의 큰 슬로건이 기억에 남는다. "오늘을 위한 오늘을 살지 말고 내일을 위한 오늘을 살자." "다음 세대를 위한 부모의 열렬한 헌신을!" 매우 짧지만 강렬한 인상을 남겼던 슬로건들이었는데, 오랫동안 잊혀지지 않는다. 이것이 슬로건이 지닌 힘이다.

오정현의
Thinking Note

병든 마음의 치유

　우리가 진정으로 사는 길은 혼자만 살려고 남을 짓누를 때가 아니라, 다른 사람을 살릴 때 열리는 것임을 알아야 한다. 누군가가 정신과 의사인 칼 메닝어에게 물었다. "만일 어떤 사람이 정신적 파멸을 느끼고 있다면 당신은 어떤 조언을 하겠습니까?" 당연히 대부분의 사람들은 그의 직업이 직업이니만큼 "정신과 의사를 찾아가 보시오."라고 대답할 것이라 기대했다. 그러나 놀랍게도 메닝어는 이렇게 대답했다. "집 문을 걸어 잠그고, 기찻길을 지나서 도움이 필요한 사람을 찾아 나서십시오. 그리고 그 사람을 도울 수 있는 무엇인가를 하십시오."

　극단적 이기주의에 침식된 우리 사회와 사람들의 병든 생각을 치료하는 길은 더 많은 병원을 짓는 데 있지 않다. 우리의 병든 정신을 치료하는 길은 정신과 의사를 찾아가기 전에, 먼저 소외되고 가난하고 도움받지 못한 사람들을 찾아가는 데 있다. 에드윈 마크햄은 "인간이 다른 사람을 돕고 키워주는 일이 아니라면, 그 어떤 일도 전혀 무익하다는 것을 직시하기까지 우리는 눈뜬 소경에 불과하다."고 말했다. 이것은 우리가 타인의 존재에 대해서 그리고 한 사람의 소중함에 대해서 눈을 뜰 때까지는 영적 소경에 불과하다는 사실을 말해 준다.

　참으로 의미 있는 인생은 남을 돕고 그 사람을 영적으로 인도하는 삶이다. 그러나 그렇게 살기란 말처럼 쉽지 않다. 사람들의 시선을 한 몸에 받는 화려한 삶도 아니기에 분명 들어서기 어려운 좁은 길이다. 그러나 진정 남을 위하는 삶은 우리 사회 곳곳에 덕지덕지 붙어 있는 부패의 더께를 벗겨내고 모순의 때를 씻어내는 소중하고도 유일한 삶인 것은 분명하다.

　세상에 태어난 인생은 그 삶이 아무리 미미할지라도 모든 인생은 역사의 지평에 반드시 영향을 미친다. 차이가 있다면 그 영향력이 사람을 살리는 것이냐, 죽이는 것이냐 하는 것일 뿐이다. 타인을 배려하는 삶, 그 사람을 영적으로 성공시키는 삶을 통하여 축복의 근원으로, 은총의 통로로써 개인과 사회가 한 단계 더 거듭나고 도약하기를 오늘도 기도한다.

Part_ 3

생명을 살리는 21세기 교회

교회는 하나님의 생명을 낳고 배가시키는 둥지요, 천하보다 귀한 생명을 보호하는 피난처요, 생명을 나누고 증거하는 생명터요, 영원한 생명으로 이어주는 천국의 문이다. 교회는 생명으로 시작하여 생명으로 끝나는 곳이다.

- 복음의 세대계승에 성육하는 제자훈련
- 소그룹 전도의 영향력
- 계속되는 생명의 역사
- 새신자를 동화시키는 교회
- 디지털 시대의 감각 있는 전도 전략
- 기도 도보로 꿈꾸는 새로운 부흥

복음의 세대계승에 성공하는 제자훈련

성공은 지금 당신이 남긴 것에 의해 측정되지 않고
그 뒤에 남긴 것에 의해 측정된다. -크리스 머스그로브

"리더의 마지막 가치는 계승에 의해 결정될 것이다." 이 말은 리더십 전문가인 존 맥스웰이 수많은 리더들의 세대계승의 전후를 살펴보고 내린 결론이다. 이에 따르면 모든 목회자들의 성공 여부는 그가 얼마나 화려한 건물을 건축했느냐, 얼마나 많은 교인들을 모았느냐, 세상적으로 얼마나 많은 선한 사업을 했느냐로 결정되는 것이 아니라, 그가 자리에서 떠난 뒤에 얼마나 복음의 세대계승에 성공했느냐로 결정된다고 말할 수 있다. 이러한 복음의 세대계승을 보장하는 것 중의 하나가 제자훈련이다.

한 세대 전만 해도 제자훈련이라는 단어 자체가 낯설었고, 심지어 충격적인 개념으로 받아들여졌다. 그러나 이제 제자훈련이라는 개념은 교역자는 물론 평신도에 이르기까지 아주 익숙한 단어가 되었다. 그러나 좋은 씨가 뿌려진 밭에는 언제나 가라지도 자라는 법이다(마

13:25). 제자훈련이라는 좋은 씨가 뿌려진 곳에 사탄은 가라지를 뿌려 제자훈련의 본질을 왜곡시켜 좋은 열매를 맺지 못하도록 때로는 교묘하게, 때로는 극렬하게 방해하는 것이다.

현재 제자훈련이라는 단어는 많이 왜곡되고 오염되었다. 교회 안이나 교회 밖(parachurch)이나 할 것 없이 제자훈련이라는 말을 쓰지 않는 곳을 찾기 어려울 정도로 제자훈련은 각양각색의 새로운 옷을 입고 여기저기 우후죽순처럼 등장하고 있다. 그래서 어느 때보다도 제자훈련의 뼈대를 세우고 중심을 잡는 일이 중요하다. 제자훈련의 알곡과 가라지를 구분할 수 있는 렌즈 가운데 하나는 "복음의 세대계승"이다.

복음의 세대계승에 실패한 영국

지금 세계 전체를 살펴보면 인구성장률에 비해서 기독교의 성장은 정체 내지 쇠퇴하고 있다고 말할 수 있다. 유럽에서 기독교의 쇠퇴는 오히려 몰락에 가깝다고 할 수 있을 정도이다. "방탕한 부모 구하기(Saving the Prodigal Parent)"는 작년 유럽판 타임지에 실렸던 기사의 제목이다. '방탕한' 이라는 수식어를 붙일 만큼 부모가 잘못한 것은 무엇일까? 이 기사는 한 가정의 이야기가 아니라, 영국 전체의 영적 분위기를 묘사한 것이다. 영국은 한때 세계 선교의 선두 주자로서 세계 거의 모든 곳에 선교사를 파송했던 나라이다. 근대 선교의 아버지인 '윌리엄 캐리'가 영국인이었고, 중국 내륙 선교에 힘썼던 '허드슨 테일러'가 영국인이었다. 영국의 영적 성장과 부흥은 우리나라에도 직접적인 영향을 미쳤다. 1865년 제너럴 셔먼호를 타고 대동강 하구에서 뜨거운 순교의 피를 뿌림으로 한국 교회의 터를 닦았던 '로버트 토머스'

(Robert Thomas) 목사도 영국 출신이다.

그러나 지금 영국은 6,000만 인구 중에 실제 주일 출석 교인수가 100만 명에 불과하며 앞으로 50년이 지나면 이슬람교가 영국의 주종교로 떠오를 것이라는 예측마저 나오고 있다. 어떻게 18세기에 전 세계의 영적 부흥의 모태가 되었던 나라가 지금은 마치 수술대 위에 올려져 있는 응급환자와도 같이 긴급수혈을 받지 않으면 안 되는 위태로운 상황에 처하게 되었는가? 역사적으로, 교회적으로 여러 가지 이유를 찾을 수 있을 것이다. 그러나 한 가지 분명한 것은 영국의 처참한 몰골은 복음의 세대계승의 실패로부터 비롯되었다는 사실이다. 그러므로 복음이 당대에 아무리 화려한 꽃을 피우더라도, 복음의 세대계승에 실패한다면 모든 것에 실패한 것이라고 해도 결코 지나친 말이 아닐 것이다. 수많은 전투에서 이겼지만, 결정적인 전투에서 패배하면 결국 전쟁에서 지고 역사의 뒤안길로 사라지고 마는 것이 역사의 교훈이다.

제자훈련을 통한 복음의 세대계승

우리는 지금까지 제자훈련에 대해서 수많은 정의와 타당성을 들어왔다. 제자훈련에 관한 서적들이 서가의 한 면을 가득 채울 만큼 많이 소개되고 있고, 기술적인 면에서도 뼈대 있는 글들이 속속 발간되고 있다. 이러한 때일수록 각양각색의 제자훈련 테크닉이라는 나무에 싸여 정작 보아야 할 제자훈련이라는 거대한 산을 보지 못하는 우를 범하지 말아야 할 것이다.

제자훈련은 그 목적도 과정도 모두 복음의 세대계승에 초점을 맞추어야 한다. 제자훈련을 통하여 개인이 변하고, 작은 예수가 되어 사회에 빛과 소금이 되는 것도 좋은 일이다. 그러나 그것이 다음 세대로 이어지지 못한다면, 제자훈련은 지금 보기에는 아무리 그럴 듯해 보여도 실상은 껍데기요, 화려한 꽃망울을 터뜨리는 일년초의 아쉬움에 지나지 않을 것이다.

이런 점에서 나는 제자훈련을 통한 부흥과 교회성장을 새롭게 정의하고 싶다. 우리가 제자훈련에 목숨을 걸어야 하고, 진액을 쏟아야 하는 이유는 올바른 제자훈련만큼 복음의 세대계승에 성공할 수 있는 왕도가 없기 때문이다. 우리가 제자훈련을 통한 복음의 세대계승에 눈을 뜨는 순간, 우리는 당장 눈에 보이는 결과에 집착함으로 오는 왜곡이나 피곤에서 벗어날 수 있다. 만일 제자훈련을 통해서 교회가 부흥하고 사람들이 늘어난다면, 우리는 제자훈련의 그러한 긍정적인 부산물에 감사할 따름이다. 그러나 만일 교회부흥과 교회성장의 수단으로써 제자훈련을 바라본다면, 그것은 첫 단추부터 잘못 끼우는 것이다. 우리가 제자훈련을 복음의 세대계승이라는 렌즈로 바라보면 눈에 보이는 많은 현상 중에서 알곡과 가라지를 구분할 수 있고, 가라지에 우리의 에너지를 쏟는 잘못을 범하지 않을 수 있다.

천하보다 귀한 생명

복음의 세대계승은 우리 안목의 넓이와 깊이와 밀접한 관계가 있다. 한 사람, 한 사람을 놓고 천하를 꿈꾸는 것이 제자훈련의 안목이다. 아브라함이 보았던 하늘의 별처럼 한 사람을 통해서 세대를 잇는 수천 수만의 영혼을 보는 것이 제자훈련의 눈이다. 주님이 우리를 제자로

부르신 목적은 사람 낚는 어부가 되게 하는 데 있다. 여기서 사람이 중요하다. 우리 눈에 보기에는 그냥 사람이지만, 예수님이 보기에는 천하보다 귀한 생명이다. 그러므로 예수님의 사람을 낚는 어부가 되라는 말씀 속에는 우주의 무게가 담겨 있는 것이다. 그리고 예수님이 그 한 사람에게서 본 것은 단지 천하보다 귀한 한 생명뿐만 아니라, 그 사람 속에서 세대를 이어 낳게 될 수천 수만의 생명이다. 그러므로 우리가 제자훈련을 통해서 보아야 할 것이 바로 이것이다. 한 사람 속에서 아브라함이 보았던 하늘의 별과 같은 생명들을 보아야 한다. 복음의 세대계승은 우리가 한 사람에게서 천하보다 귀한 생명을, 그것도 세대를 이어 수천 수만의 생명을 보는 제자훈련을 통해서만 성취될 수 있다.

제자훈련의 눈이 복음의 세대계승으로, 세대를 이어 태어날 수천 수만의 생명으로 이어지지 않을 때 어떤 일이 일어나는가? 서두름과 왜곡과 부패이다. 우리가 묵시적으로라도 제자훈련을 교회성장의 과정과 수단으로 생각하는 순간, 왜곡이 일어나고 변질의 누룩이 퍼지기 시작할 것이다. 성장의 수단으로 제자훈련을 보는 지도자는 틀림없이 서두를 것이고 야심을 갖게 되며, 그렇게 되면 목적이 변질되고, 결국 성도들이 다 알게 되어 따라오지 않을 것이다.

아무리 좋은 것도 욕심을 내면 변질되게 마련이다. 부자가 되는 것은 좋은 일이다. 그러나 부자가 되는 것에만 혈안이 되어 있으면 목적이 무엇이든 간에 이미 변질이 시작된 것이다. 사도 바울이 말했던 "재물에 소망을 두지 말라"는 말씀은 재물 자체에 대한 경고가 아니라, 재물에 대한 야심을 경고한 것이다. 야심이 되면 탈선하게 된다. 야심이 되면 변질된다는 것이다. 제자훈련에 야심을 갖는 것을 제자훈련에 헌신하는 것으로 오해하지 말기를 바란다. 지금 우리에게 진정 필요한 것은 교회성장을 위해서 제자훈련에 야심을 갖는 것이 아니라, 복음의 세대계승을 위해서 제자훈련에 헌신하는 것임을 알아야 한다. 이것이야말로 진정한 교회성장의 주춧돌을 놓는 것이다.

복음의 허브(HUB)를 세우는 제자훈련

2005년 초에 한국갤럽연구소가 한미준(한국 교회 미래를 준비하는 모임)의 의뢰를 받아 "한국 교회 미래 리포트"를 발표하였다. 신자와 비신자 각각 1,000명씩을 대상으로 기독교인의 교회활동과 신앙생활을 일목요연하게 분석한 것인데, 리포트를 읽으면서 나의 눈길을 끌었던 질문과 대답이 있었다. "한국 교회가 갖고 있는 가장 큰 과제, 또는 문제점이 무엇이라고 생각합니까?" 이 질문에 대해서 신자그룹과 비신자그룹이 여러 가지 상이한 대답을 했지만, 흥미롭게도 교회의 가장 큰 문제점으로 꼽은 대답은 양쪽 모두 같았다. "교회가 내적인 면보다 외적인 모습에 너무 치중하고 있다!" 이것은 교회가 교인들의 변화와 성숙에 관심을 갖기보다는 외형적 성장을 더 중시하였기에 나온 결과일 것이다.

이처럼 한국 교회가 외화내빈이라는 중병에 걸린 이유는 무엇보다도 삼허(三虛)에 빠진 목회자의 기본의식 탓이다. 삼허란 허수(虛數), 허세(虛勢), 허상(虛像)을 말한다. 삼허는 목회자로 하여금 교회가 내적인 면보다 외적인 모습에 더욱 치중하게 하여, 결국은 신자들이 교회 문만 나서면 신앙과 삶의 불일치라는 고질병에 시달리게 만드는 원인이 되고 있다. 삼허에 시달리는 교회를 복음의 정상궤도로 올려놓기 위해서는 두 가지가 필요하다. 첫째는 목회자의 전도된 가치관의 회복이요, 둘째는 신자들의 탄탄한 신앙의 기본기를 바로 세울 수 있는 시스템의 구축이다.

교회가 더 이상 사회로부터 '양적 성장에 치우친다', '극심한 분파주의에 시달린다', '집단이기주의에 앞장선다'는 말을 듣지 않기 위해서는 감상적인 구호가 아닌 강력한 영적 인프라가 필요하다. 최근에 어떤 기사를 보면서 생각에 잠긴 적이 있다. "싱가포르는 지난 1964년만 해도 국민 총생산의 20%를 영국군사 기지에서 나오는 임금으로 채웠는데, 기지가 철수하면서 실업률이 치솟는 등 그야말로 만신창이가 되었다. 이때 리콴유 수상의 주도로 뱅크오브아메리카(BOA)의 지원을 받아 금융의 허브를 세우면서 도약의 길로 들어설 수 있었다"는 내용이었다. 이것은 싱가포르가 정말 작은 나라이지만 주변의 부러움을 사는 경제력을 구가할 수 있었던 배경에는 선각자적인 한 사람의 지도력이 있었고, 이를 통하여 금융의 허브를 세워 확고한 자리를 차지할 수 있었음을 말하는 것이다.

오늘날 한국 교회가 사는 길이 바로 여기에 있다고 생각한다. 이미 사회 일각에서는 교회를 생명의 동력이 아니라 사회의 짐으로 여기는 시각이 만연해 있다. 교회 내에서조차 교회의 역할이나 기능에 대해 회의주의적인 시각이 곳곳에 스며 있다. 어떻게 하면 한국 교회가 이러한 교회 안팎의 부정적인 시각을 반전시키고, 19세기 말과 20세기 초에 보였던 국가와 사회의 영적 부흥을 다시금 회복할 수 있을까? 그 해답은 교회가 복음의 허브가 되는 데 있다고 생각한다. 허브란 자전

거 등의 바퀴에서 살이 꼽히는 중심부를 말한다. 그래서 모든 에너지가 모였다가 다시 퍼져나가는 중추적 역할은 물론이요, 교두보로서 그리고 도약대로서의 역할을 담당하는 곳이 허브이다.

복음의 허브가 되는 것에 한국 교회의 살 길이 있지만, 허브는 결코 열정만으로는 될 수 없다. 허브의 역할을 하기 위해서는 무엇보다도 튼튼한 인프라가 구축되어야 한다. 제자훈련은 교회의 가장 강력한 영적 인프라를 구축하는 길이다. 예수님은 이 사실을 가장 잘 아셨던 분이다. 그분의 공생애의 뼈대는 제자들과 보낸 3년간의 동고동락의 삶이었으며, 이것은 바로 제자훈련을 통한 교회의 인프라를 구축하는 시기였다.

나는 한국 교회가 제자훈련을 통해 동아시아 복음의 허브가 되는 꿈을 꾸고 있다. 거대한 산의 정복을 앞에 둔 사람에게는 개울의 세찬 물이나, 언덕의 가파름이 장애가 될 수 없는 법이다. 한국 교회가 복음의 거대한 비전에 초점을 맞출 때, 눈에 보이는 작은 장애들은 오히려 도약의 디딤돌로 삼을 수 있을 것이다. 일반적으로 동북아의 거점도시로 베이징과 서울과 도쿄를 꼽아 베세토(Beseto)라고 말한다. 이 베세토가 복음의 거점도시, 복음의 벨트가 되고, 아울러 한국 교회가 제자훈련에 기초한 복음의 허브의 역할을 함으로써 중국과 일본이라는 큰 구축함을 이끄는 예인선의 역할을 능히 감당할 수 있기를 기도한다.

소그룹 전도의 영향력

소그룹은 각 구성원의 영적인 섬광이 결합된 광채를
영적으로 어두워진 지역사회로 향하게하는 잠재적인 등대이다.
-스티브 쇼그린

오늘날 교회에 전도가 없는 것은 전도의 가치를 몰라서가 아니라 전도의 은혜를 모르기 때문이다. 얼마 전에 하나님의 사랑과 복음을 싣고 세계를 항해하면서 복음을 전하는 오엠 선교선인 둘로스의 단장으로 있는 최종상 선교사로부터 편지를 받았다. 그 편지는 우리에게 정말 전도의 은혜가 무엇인지를 가르쳐주었다.

저희가 몇 달 전에 모잠비크의 나칼라에 있을 때 선교선에 물이 너무 부족하여 더운 물을 내보내지 않았습니다. 샤워를 잘 하지 못하도록 간접적으로 작전을 쓴 것입니다. 그런데 어느 날 아침 식수로 쓰는 찬물을 빨아올리는 펌프마저 고장이 나 버렸습니다. 1등기관사는 즉시 시장에 나가 새 샤프트를 사려고 했지만 도저히 찾을 수가 없었습니다. 너무도 열악한 모잠비크, 그것도 조그만 항구인 나칼라에서 그 부속이 있을리

만무했습니다. 더구나 기계도 오래된 것이어서 구하기가 힘들었습니다.

무거운 발걸음으로 돌아와 기도를 드리고, 1등 기관사는 다른 선교사들과 함께 마침 둘로스 바로 옆에 정박해 있는 러시아 배로 갔습니다. 전도를 하러 간 것입니다. 주께서 마음을 열어 주셔서 좋은 전도를 하고 난 후 얘기는 자연히 91년 된 배를 어떻게 관리하느냐는 질문으로 이어졌습니다. 고장이 나면 부속을 구할 수 없어 직접 손으로 만들어서 고친다는 이야기를 하면서 그 날 아침 고장난 식수 펌프 샤프트 얘기를 하게 되었습니다. 러시아 배의 기관사가 우리 샤프트의 크기와 형태를 물었고, 자기들 것과 확인해 보니 우리와 꼭 같은 샤프트를 쓰고 있는 것이었습니다. 그들이 기꺼이 하나를 선물해 주어 식수 공급이 가능케 되었습니다. 할렐루야! 다음날 그들은 또 고장날 때를 대비하여 여분으로 가지고 있어야 되지 않겠냐며 샤프트 하나를 더 메고 왔습니다. 당신들은 어떻게 하려느냐고 물으니 자기 배에는 여섯 개나 있다는 것이었습니다.

우리 기계에 맞는 샤프트는 세계에서도 구하기 힘든 것인데 하나님께서 고장날 때를 정확히 아시고 바로 그 때 러시아 배를 둘로스 옆에 정박케 하신 것을 생각해 보십시오. 이렇게 하나님은 우리 둘로스를 돌보십니다. 그런데 알아야 할 것은 우리 선교사들은 그곳에 샤프트를 얻으러 간 것이 아니었습니다. 전도를 하러 간 것입니다. 그런 마음을 보시고 우리에게 은혜를 베푸신 것입니다. 하나님께서는 바로 우리 옆에 샤프트를 예비해 놓으셨지만 만일 무슨 이유에서든지 우리가 전도를 나가지 않았다면 그 샤프트를 얻어오지 못했을 것입니다. 하나님의 예비하심이 사람의 전도 열정과 맞물려 기적이 이루어진 것입니다.

구원의 열정이 식어가는 현대 교회

전도의 사명, 영혼 구원의 절대 사명을 감당하지 못한다면 교회의 역사도 거기서 끝날 것이다. "아무리 신령한 교회라고 해도 구원받는 사람들이 없다면 어딘가 크게 잘못된 것이며, 그들이 말하는 신령함은 허망한 경험이요, 마귀의 속임수라고까지 할 수 있다. 자기들끼리 모여 재미있게 시간을 보내는 것으로 흡족해 하는 사람들은 하나님에게서 멀리 떨어진 사람들이다. 참된 신령함은 언제나 열매로 나타난다. 영혼을 향한 연민과 사랑이 있다."고 한 오스왈드 스미스의 말은 영혼 구원의 열정이 식어가는 현대 교회가 귀담아 들어야 할 고언이다.

목회자들은 너무나 자주 우리 안에 들어와 있는 열 마리 양을 돌보느라 우리 밖의 아흔 마리 양들을 놓친다. 수많은 교회 활동으로 지치도록 일하지만, 교회의 진정한 과제인 세계를 복음화하고 잃어버린 영혼을 구원하는 일은 소홀히 하고 있지 않은가? 예수님은 가르치고 전파하고 치유하는 사역을 골고루 균형 있게 행하셨다. 반면 우리 목회자들은 복음을 전파하는 전도에 3분의 1도 제대로 집중하지 못하고 있는 것이 현실이다.

이제부터 좀더 체계 있고 지속적인 전도 사역을 위해서 교회 전반에 전도를 시스템화하는 아이디어 가운데 전도의 일상화, 전도를 중심으로 한 다락방 소그룹의 활성화 등에 대해 함께 나눠 보겠다.

전도의 일상화

예수님이 행하신 교회의 3대 사명, 곧 양육과 전도와 치유는 아무리 강조해도 지나치지 않다. 그러나 양육만 강조한다고 해서 양육이 제대로 되는 것이 아니다. 물론 전도나 치유만 강조한다고 해서 전도나 치유가 제대로 이뤄지는 것도 아니다. 이 세 가지 사역을 고루 병행하되 최종 목적은 영혼 구원에 두는 전도 목회가 확장될 때 교회에 활력 있는 재생산 구조가 세워질 것이다. 모든 면에 다양성, 전문성이 요구되는 이 시대에 교회가 강력한 복음의 역사를 계속 일궈 가려면 이러한 전향적인 자세가 필요하다.

수영을 배우려면 먼저 물에 빠져 봐야 한다. 양육을 다 시켜 놓은 뒤에 전도나 사역을 시키겠다고 생각지 말고, 양육과 동시에 전도 훈련을 시키는 모험도 필요하다. 치유를 중시한답시고 교인들에게 상처 자랑만 하게 하지 말고 먼저 세상으로 내보내 과감히 사역을 위임하는 일도 지혜롭게 병행해 나가야 할 것이다. 훈련을 받고 지식적으로 잘 준비되었는데도 그 지식이 손발과 가슴으로까지 내려오지 않는다면 삶의 변화는 요원하다.

행사 중심으로 사역을 진행하다 보면 한 영혼에 대한 관심은 차츰 무뎌지고 거기에 집중할 여유가 점점 더 없어지게 된다. 전도는 성도들의 삶 속에 감동으로 내면화되어야 한다. 겉치레 행사 위주로 전도를 하다 보면 이런 식의 내면화가 진행되지 않는다. 또한 전도만 강조하면 동기 부여가 제대로 되지 않는다. 오히려 하나님께로부터 오는 개인적인 영적 부흥을 사모하는 가운데 전도를 해 나가도록 권면할 때 신앙 성숙으로까지 이어질 수 있다.

성도들 가운데는 기질이나 환경상 일대일 전도에 익숙하지 않은 사람들도 있다. 그들에게는 기도 전도나 찬양 전도, 예배 전도 등의 방법으로 자기 성향에 맞게 전도를 생활화하고 익숙해지도록 이끌어 주는 것이 필요하다. 말하자면 이제는 생활 속의 전도를 전도 목회의 큰 방향으로 삼아야 할 때가 왔다는 것이다. 프로그램 중심의 전도만 전도 사역의 대세인 것처럼 오해하던 시대는 지났다.

다락방 소그룹의 활성화

예수님이 행하신 사역이 양육, 치유, 전도였다면 그와 비슷한 맥락에서 소그룹(다락방, 구역)의 3대 사역은 교제와 성장, 전도여야 한다. 그러나 많은 교회의 구역이나 다락방 등 소그룹들이 교제에 지나치게 치중하고 있다. 대형 교회의 경우는 교회에서 맡긴 멤버들을 받아 관할하는 데 급급한 사례들도 적지 않다.

이제 소그룹도 전도 중심 체제로 질적 전환을 모색해야 한다. 16세기의 종교 개혁, 18세기의 영성 개혁에 이어 21세기는 구조 개혁의 시대를 맞이하고 있다. 현대 교회 구조 자체가 성도들의 성경적인 삶을 방해할 수 있고, 예배나 의식 중심으로 신앙생활이 제한될 수 있으므로 가정 교회 형태의 구조를 활성화시켜 영혼 구원에 매진해야 할 때다. 각 교회의 구역이나 다락방 시스템을 전도 중심 시스템으로 만들어가는 것은 상당히 중요한 패러다임의 변화가 되리라 본다.

이를 이루기 위해 여러 가지 접근 방법을 시도해 볼 수 있다. 예를 들어, 평소에도 구역이나 다락방 모임에서 한 달에 한 번 정도는 잠시 교재 중심의 공부를 내려놓고 비그리스도인 전도만을 주제로 삶을 나누게 하는 것이다. 또한 석 달에 한 번 정도는 비그리스도인들이 많이 사는 동네 주변에 가서 땅 밟기 기도를 하며 영혼 사랑의 열정을 키워나가는 '미니스트리 위크(Ministry Week)'를 운영하는 것도 좋은 방법이다. 물론 제자훈련 하는 교회인 경우 각 반의 제자훈련 과정 중에 집중적으로 영혼 구원과 전도에 대한 이슈를 나누는 것도 좋은 접근법이 될 것이다. 또한 어느 정도 소그룹 사역이 정착된 교회라면, 소그룹에서 일방적으로 멤버들을 수급받아 시작하는 형태가 아니라, 열정적인 순(구역)장 한 명이 한두 가정을 데리고 개척 소그룹을 꾸려 가도록 도전하는 것도 고려해 볼 만하다. 이렇게 할 경우 교제 중심으로만 쏠려 있던 소그룹도 주변의 비그리스도인들을 향해 마음을 쏟는 전도 마인드로 뭉쳐질 수 있다. 믿는 자들끼리의 교제에만 안주하지 않고 잃어버린 영혼들을 향한 연민과 긴장감을 가지고 모이는 다락방이 많아질 때 교회도 밝고 건강해질 것이다.

이러한 취지에서 사랑의교회는 5월이면 열린다락방이라는 특별한 시간을 갖고 자연스럽게 믿지 않는 이웃들을 소그룹 교제권 안으로 초대하는 시간을 가진다. 평소 전도 대상자들이나 지난 대각성전도집회 때 결신했지만 신앙생활로 아직 이어지지 않은 분들, 그리고 신앙생활을 하다가 이런저런 이유로 중단하고 있는 분들을 초대하는 시간이다. 그리고 여기에 초대된 분들이 나중에 전도집회를 통해 결신하는 등 귀한 열매를 맺기도 한다. 다락방의 영혼 구원에 대한 끊임없는 관심은 세례를 받는 분들의 간증을 통해서도 그대로 증명된다. 많은 분들이 교회에 첫발을 디디기보다 먼저 다락방을 통해 훈훈한 사랑과 감동을 전해 받고 교회로 이끌려 오신 분들이 많기 때문이다.

그러나 이것은 어느 한 사람의 관심만으로는 부족하다. 담임 목회자의 영혼 구원에 대한 마음이 평신도 지도자들인 순장들의 마음에 그대로 전달되고, 나아가 다락방 순원들의 마음에까지 미칠 때 온 교회에 전도의 혈류가 막힘 없이 흐르게 되는 것이다.

따라서 전도 집회를 앞두고 태신자를 작정할 때도 다락방 중심으로 독려하여 주변의 태신자들을 적어내도록 강조하고 있다. 동일한 생활권 영역 안에서 사는 사람들이야말로 최적의 전도 대상자들이다. 이들은 쉽게 접촉할 수 있을 뿐 아니라 비슷한 성향과 관심사를 가지며, 이웃이라는 관계를 통해 자연스럽게 전도로 이어질 수 있기 때문이다. 특히 다락방에서는 믿지 않는 남편이나 아내, 가족이 있을 경우 그들을 놓고 집중적으로 함께 기도한다. 다락방 소그룹뿐 아니라 제자훈련, 사역훈련, 성경대학, 큐티반 등 교회 내 소그룹 훈련 담당 교역자들도 이들 훈련생들을 만날 때마다 영혼 구원의 중요성에 대해 도전해, 전방위 전도 사역이 이뤄지도록 하고 있다.

특히 다락방이 1년 내내 비그리스도인들을 끌어들이는 '거점 전도'의 구심점이 되게 하는 전략도 중요하다. 기존 다락방은 성경 공부 분위기 일색이어서 안 믿는 이가 쉽게 참석해 어울리기 힘든 환경인 경우가 많다. 다락방 구성원들도 너무 성경 공부 일변도로만 진행하면 힘들어할 때가 있다. 따라서 과연 우리 교회의 다락방은 불신자들에게 얼마나 열려 있는지, 이들이 다락방에 참석한다고 할 때 얼마나 포용력 있고 친화적으로 그들에게 다가갈 수 있는지, 이들의 시각에서 볼 때 언제라도 따뜻하게 환영받고 있다는 분위기를 느낄 수 있는지 점검해 봐야 할 것이다. 제자훈련을 하는 교회인 경우 순장반에서도 한 달에 한 번쯤은 전도에 대한 코스를 마련하여 다락방에까지 그 흐름이 전해질 수 있도록 하는 것도 한 방법이 된다. 필요하면 알파코스 같은 전도 프로그램들을 교회 안에 시스템화하여 실시하거나, 다락방

별로 정기적으로 실시하여 도전하는 것도 도움이 되리라 본다.

복음 전도의 교두보

제자훈련 교회의 전도 사역은 그 훈련으로 키워진 순장과 순원들에 의해 이루어진다. 그들의 사역 현장인 소그룹을 중심으로 자연스럽게 생활 전도가 이루어지는 것을 많이 볼 수 있다. 사랑의교회에서는 새 가족을 환영하는 '만남의 시간'을 두 달에 한 번씩 가지는데, 얼마 전 이 만남의 시간에 한 새신자가 참 인상적인 간증을 들려 주었다. 그는 평소 주변에서 "아주 분위기 좋고 푸근한 모임이 있다"는 이야기를 전해 듣고 그곳을 찾아가 보았다고 한다. 그 모임이 바로 사랑의교회 다락방이었고, 그 다락방에 줄곧 참석하다가 마침내 교회에까지 등록하게 되었다는 것이다.

이처럼 비그리스도인 이웃들에게는 최초의 관문과도 같은 소그룹은 그들에게 자연스레 복음을 전하고 말씀의 교제 가운데 양육하는 전도의 양식장 역할을 잘 감당하고 있었다. 사랑의교회의 많은 새가족들이 "다락방과 순장님이 너무 좋아서 교회에 등록하게 되었다"고 종종 간증한다. 감동을 주는 성숙한 인격과 삶이 역시 전도의 변함없는 비결임을 다시 한번 확인할 수 있다. 이렇게 제자훈련의 열매는 마침내 다락방에서 전도로 나타나게 되는 것이다.

제자훈련은 다른 사람을 위해서 예수 그리스도를 닮아가는 데 포커스를 둔 훈련이다. '한 사람의 변화'에 따뜻한 관심을 가지고 그 한 사람이 그리스도 안에서 완전한 자로 세워지기까지 생명을 걸고 정성껏 수고를 다하는 사역이다. 이는 우리 주님이 변함없이 바라보셨던 비전이요, 공생애 기간 내내 친히 집중하셨던 사역이다.

주님의 제자훈련 비전과 사역은 소그룹을 통해 가장 잘 이루어진다. 제자훈련과 소그룹은 환상의 콤비로, 시너지 효과를 일으킨다. 제자훈련을 받은 평신도가 다락방을 인도하는 순장으로 서게 되면, 제자훈련에서 배우고 체험한 은혜를 순원들과 다시 나누게 된다. 그래서 다락방은 계속해서 전도의 생명력이 넘쳐 영혼의 승법번식이 일어나는 재생산 구조를 가지게 되는 것이다.

제자훈련 교회의 소그룹 전도는 다락방의 생명력과 영혼을 향한 순장의 열정에 따라 좌우된다. 소그룹 전도 사역에서는 무엇보다 순장과 순원들이 한 사람을 섬기고 영혼을 구하겠다는 열정이 넘쳐야 한다. 섬기는 전도는 여러 가지 삶의 문제들을 돌봐 주고 그들의 절실한 필요를 채우는 전도이다.

모두가 다 자기 일을 돌아보기에만 바쁜 각박한 현실 가운데서 섬김의 전도 사역은 예수를 믿지 않는 영혼들에게 신선한 충격과 함께 강한 감동을 불러일으킬 것이다. 그래서 그들의 삶에 왜 예수님이 꼭 필요한가를 알려 주며, 섬기는 교회로서의 이미지 또한 한층 더 높여 줄 것이다.

우리 교회의 다락방은 사회 요소 요소에서 엄청난 영향력을 발휘하는 다이너마이트이다. "주여! 교회 다락방이 사회 요소요소에 들어가 비그리스도인들을 감동시키는 생명력 넘치는 소그룹이 되게 하옵소서!" 그렇게 되면 다락방이 놀라운 생명력으로 가득 차 매주 새 생명이 더해질 것이다.

물론 이 모든 것의 기초는 제자훈련과 같이 교회의 지속적인 훈련 사역이 뒷받침되어야 한다. 전도는 결국 성도 개개인의 신앙 성장과 성숙을 통해 이뤄지기 때문이다. 말씀의 꼴을 잘 먹고 건강해진 성도는 반드시 이웃에게 복음의 삶을 드러내며, 그리스도의 사랑을 전하게 된다. 이러한 행동으로 나타나는 믿음이야말로 진정으로 성숙한 신앙이라고 할 수 있겠다.

계속되는 생명의 역사

복음의 빛이 당신의 마음 속에 빛나고 있습니까?
나는 전 세계를 다니면서 자신의 삶을 그리스도께 드린 것을
후회하는 사람을 단 한 명도 만나보지 못했습니다. —빌리 그레이엄

교회의 역사는 생명의 역사이다. 이 말은 생명을 낳지 못하는 교회는 더 이상 하나님의 교회일 수 없다는 것을 뜻한다. 빌 클린턴이 미국의 42대 대통령 선거에 출마하면서 선거 유세 때 했던 유명한 선거 캠페인으로 "문제는 경제야"라는 말이 있다. 당시 정치평론가들은 이 말 한마디가 당시 걸프전의 전쟁 영웅이었던 조지 H. 부시 대통령이 선거유세도 제대로 하기 전에 선거의 승패를 갈라놓았다고 평가했다. 그런데 이 말은 교회에서 "문제는 생명이야"라는 말로 바꿀 수 있다. 교회가 아무리 훌륭한 설교를 전하고, 멋진 프로그램을 시행하고, 탄복할 정도의 청소년 주일학교 시설을 제공한다 해도 정말 중요한 문제는 그 속에 생명이 있느냐 하는 것이다.

릭 워렌은 목적이 이끄는 삶에서 "하나님께 교회보다 소중한 것은 없다"고 선언하고 있다. 왜 하나님께는 교회보다 소중한 것이 없을까?

교회가 신자들의 영혼을 책임지는 영적 보금자리이기 때문인가? 아니면 사람들에게 사랑을 실천하는 곳이어서인가? 그것은 교회가 하나님의 생명을 낳고 배가시키는 둥지요, 천하보다 귀한 생명을 보호하는 피난처요, 생명을 나누고 증거하는 생명터요, 영원한 생명으로 이어주는 천국의 문이기 때문이다. 교회는 생명으로 시작하여 생명으로 끝나는 곳이다. 다른 것은 부차적인 것일 뿐이다.

영적으로 깨어나기 위한 집회

사랑의교회는 매년 가을 대각성전도집회를 실시해 왔다. 1982년에 시작된 대각성전도집회는 지난 세월 동안 사랑의교회를 건강하게 만든 원동력이었다. 35번의 집회를 통해 100,750명이 초대를 받아 복음을 들었고, 그 가운데서 50%에 해당하는 50,853명이 예수를 구주로 받아들였다. 2017년에는 3,271명이 새생명축제에 참석하여 그 가운데 2,559명이 예수 그리스도를 영접하였다.

대각성전도집회는 말 그대로 모든 성도들이 '영적으로 깨어나기 위한 집회'다. 동시에 영적으로 깨어난 성도들이 생명의 복음을 가지고 잃어버린 영혼을 찾아 구원하는 집회다. 이 집회는 하나님께서 최고의 관심을 가지시는 사명에 초점을 맞추고 있다. 그것은 첫째로 성도들의 영혼이 각성(소생)하는 것이고, 둘째로 그리스도를 믿지 않는 이웃을 구원하는 일이다.

대각성전도집회는 한국 교회의 대표적인 두 집회인 부흥회와 전도집회의 장점을 최대한 살린 것이다. 그런데 그리스도를 믿지 않는 이웃에게는 대각성전도집회라는 용어가 생소하기도 하고, 거부감을 가지게 할 수도 있기 때문에 대외적으로는 '새생명축제'라 부른다.

대각성전도집회를 통해 교회에 베풀어 주신 하나님의 은혜는 이루 다 표현할 수가 없다. 그 가운데서 세 가지만 이야기하면 다음과 같다.

첫째, 성도들의 신앙의 질적 성장이다. 대각성전도집회를 통해 전도에 동참하게 됨으로써 구원의 감격을 새롭게 하고, 잃어버린 영혼을 주님 앞에 돌아오게 하는 일을 체험하여, 영혼 구원의 기쁨을 누림과 더불어 신앙의 질적 수준이 향상되었다.

둘째, 교회가 건강해졌다. 대각성전도집회를 통한 질적 성장은 곧 양적 성장을 가져왔다. 그래서 질과 양이 함께 성장하는 균형 잡힌 건강한 교회로 자랄 수 있었다.

셋째, 가정과 이웃의 복음화다. 대각성전도집회는 가정과 이웃을 복음화하는 절호의 기회가 되었다. 가정이 위기를 당하고 쉽게 해체되는 이때에 복음은 가정을 하나로 묶어 주는 역할을 했다. 더 나아가 단절된 이웃의 담을 헐고 서로 돌아보는 계기가 되기도 했다. 다시 말하면, 대각성전도집회는 교회를 교회 되게 하였고, 성도를 성도답게, 그리고 가정을 가정답게 해준 거스를 수 없는 영적 운동의 물결이었던 것이다.

이 귀한 은혜의 물줄기는 계속되어야 한다. 그럴 때 교회를 세우신 하나님께서 기뻐하실 것이기 때문이다. 이것은 주님의 지상 명령을 이루는 사역이다. 대각성전도집회는 교회의 모든 성도를 하나님의 거룩한 소유로 만드는 소중한 사역이다.

이러한 전도집회는 때때로 큰 영향력을 발휘하는 인물을 탄생시키기도 한다. 바로 국제 OM 선교회의 설립자이자 총재인 조지 버워 선교사 같은 사람이다. 그분의 한 생애가 그렇게 영광스럽게 쓰임받을 수 있었던 것은 그의 생애의 방향을 바꾸는 한번의 집회가 있었기 때문이다. 그는 16세 때 뉴욕 메디슨 스퀘어 공원에서 있었던 집회에서 빌리 그레이엄 목사님의 설교를 듣고 회심하게 되었다. 그 후 조지 버워는 간증과 전도로 수백 명의 학생들을 주님께 인도했으며, 대학에 들어간 후에 2명의 친구들과 멕시코로 선교여행을 떠났는데 이것이 국제 OM 선교회의 시작이 되었다. '하루 밤 참석해서 무슨 일이 일어나겠는가?'라고 생각할지 모르지만 하나님은 하룻밤에 세계 선교 역사에 새로운 장을 쓸 수 있는 인물을 탄생시키셨다.

구원의 방주

"예수의 온전한 제자되어 세상을 변화시키는 생명의 공동체"가 되는 것이 우리의 꿈이요 비전이다. 그렇다면 예수님을 따르는 제자들에게 있어야 하는 본질적 요소는 무엇일까?

첫째는 전적인 위탁이다. 예수님께 전적으로 내 삶을 맡기고 사는 삶을 말한다. 둘째는 복음의 증인이 되는 것으로 예수님의 구주되심을 증거하는 일이다. 셋째는 종의 삶이다. 예수님을 섬기고, 교회를 섬기고, 이웃을 섬기는 삶을 사는 것이다.

전도는 제자의 본질적이고 궁극적인 요소라 할 수 있는 증인의 삶을 실천하는 것이다. 이것은 교회가 가장 본질적으로 해야 할 사역이다. 본질적인 사역이란 한번 하고 마는 사역일 수 없다. 교회가 계속해야 하는 사역이다.

우리는 119 구조대원이다. 지옥 불에 타서 죽어가는 사람들을 구원하는 것이 우리의 역할이다. 교회도 마찬가지이다. 교회는 구원의 방주이다. 큰 외형만 자랑하다가 침몰해가는 화려한 타이타닉호가 아니라 구원의 방주 역할을 해야 한다. 교회가 복음 전도에 대한 야성을 잃어버리면 유람선이 되고 만다. 유람선이란 끼리끼리 교제하고 기뻐하고 놀고 춤추는 것이다. 교회가 유람선의 역할만 한다면 영적 전투력을 상실하고 사탄의 공격에 침몰할 수밖에 없다. 교회가 거대한 타이타닉처럼 규모만 자랑하다가 침몰할 것인가, 아니면 노아의 방주처럼 시대를 새롭게 하고 영혼을 구원할 것인가는 복음 전도에 달려 있다.

영혼에 대한 삼고초려

전도에 있어서 가장 중요한 것은 끝까지 포기하지 않는 것이다. 영혼 구원에 대한 끊임없는 열망과 포기하지 않는 거룩한 집념이 필요하다. 사실 이 세상에서도 원하는 사람을 얻으려면 보통의 정성으로는 어려운 일이다.

삼고초려(三顧草廬)라는 말이 있다. 우리가 잘 알고 있는 고사로 유비가 융중에 있는 제갈량을 세 번이나 찾아가는 정성을 보였다는 데서 나온 말이다. 유비는 눈보라 치는 추운 겨울에도 두 번씩이나 성의를 다해 찾아갔지만 허탕을 치고 돌아왔다. 그리고 이듬해 봄이 되자 사흘이나 목욕재계를 한 후 다시 제갈량을 찾아갔다. 유비는 제갈량을 얻기 위해 그의 누추한 초가집을 세 번이나 찾아갔다. 제갈량은 두 번째까지의 방문 때에는 고의로 만나주지 않다가 유비의 정성이 워낙 간곡했기 때문에 세 번째는 만나서 유비를 도와 유비의 군사(軍師)가 되어 촉나라의 기틀을 잡았다.

세상에서도 한 사람을 얻기 위해 삼고초려를 하는데, 영원한 생명을 얻게 하는 일을 위해서 우리가 삼고초려를 하지 못할 이유가 어디 있겠는가?

어떤 면에서 삼고초려는 태신자를 품는 우리의 이야기다. 차이가 있다면 유비가 자신의 왕국을 건설하기 위해서 제갈량을 찾은 반면, 우리는 하나님의 나라를 세우기 위해서 찾아가는 것이다. 유비의 발걸음을 재촉한 것이 제갈량의 탁월한 재능이었다면, 우리의 발걸음을 끄는 것은 하나님을 모른 채 지옥으로 걸어가는 불쌍한 영혼이다.

사람을 얻기 위한 진정한 삼고초려의 진수는 성경에 나타나 있다. 바울은 "스스로 모든 사람에게 종이 된 것은 더 많은 사람을 얻고자 함이라"고 말씀하고 있다. 그는 로마 시민권을 가진 당당한 시민이요, 학식으로는 가말리엘 문하의 최고 엘리트 출신이었지만 마치 종이 주인을 섬기듯이 자기 자신을 낮추었다. 인격적인 수치와 모욕을 당하면서도 오로지 한 생명을 얻기 위해 자신을 낮추고 기어코 찾아가서 복음을 전했다(고전 9장).

우리는 잃어버린 생명을 얻기 위해서 어떤 수고를 하고 있는가? 사람의 재능을 얻기 위해서도 며칠씩이나 자신을 씻고 몸을 단정히 했는데, 천하보다 귀한 생명을 얻기 위해, 또 내가 찾지 않으면 지옥으로 갈 그 불쌍한 영혼을 위해 우리가 어떤 모습을 보여야 할지, 어떤 마음으로 준비해야 할지는 자명한 일이다.

조나단 에드워즈의 사위이기도 했던 데이비드 브레이너드(David Brainerd)는 미개한 인디언들을 위해 자신의 한 평생을 송두리째 불태웠던 선교사이다. 그는 25세에 인디언 선교에 헌신하여 29세의 나이로 세상을 떠나고 말았지만 그의 짧은 생애와 달리 그 영향력은 가히 폭발적이었다. 그는 폐결핵 말기에도 눈 덮인 언덕에서 붉은 선혈을 토하며 인디언들의 영혼 구원을 위해 기도했다. 그의 유일한 유작인 일기를 보면 이런 글이 쓰여 있다.

한 영혼을 주님께 인도할 수 있다면 내가 어디에 있든지, 어떻게 살든지, 또 무엇을 견디게 되든지 나는 관계치 않노라. 잠을 자면 저들을 꿈꾸고, 잠을 깨면 첫 번째 드는 생각이 잃어버린 영혼들이라. 아무리 박식하고 능란하며 또 심오한 설교와 청중을 감동시키는 웅변이 있을지라도 그것이 결코 인간의 심령에 대한 뜨거운 사랑의 결핍을 대신할 수는 없노라.

이것이 바로 바울의 심정이요, 목자의 심정이요, 성령이 주시는 심정이다.

새신자를 동화시키는 교회

교회의 소명은 새신자를 손님에서 교인으로,
교인에서 헌신자로 나아가도록 돕는 것이다. —마크 왈츠

감동을 끼치는 사역의 장

참여 사역이란 전교인이 하나의 비전 아래 한 마음을 품고 협력하며 사역에 참여하는 것을 의미한다. 이 때 중요한 것이 새신자들의 정착이다. 새신자가 교회 안에 빨리 정착하여 사역에 참여토록 하기 위해서는 동화 과정이 매우 중요하다.

나는 개인적으로 목회 사역에 대한 감각은 두 가지 축을 가진다고 생각한다. 한 가지는 새로운 성도들이 교회에 잘 동화되어 정착해 나가는 것이고, 또 한 가지는 기존 성도들이 실망하지 않고 계속 영적 성숙을 지향해, 제자 삼는 자로서의 재생산을 잘 감당하는 것이다.

그런데 새로 온 성도들이 교회 안에 잘 정착하려면 반드시 그들이 교회에 동화되는 과정이 필요하다. 말하자면 교회 문화에 흡수 동화되거나 새로운 위탁의 기회를 발견하는 터닝포인트가 필요하다는 것

이다. 이런 과정 없이 새신자들이 교회 안에 정착하기란 현실적으로 그리 쉽지 않다. 물론 이러한 동화 과정을 유발시키는 새로운 기회나 터닝포인트가 지속적으로 교회에 참여하던 기존 멤버들의 입장에서는 부담이 되고 심하면 교회를 떠나는 반작용의 원인이 되기도 한다. 그래서 이 두 측면을 동시에 잘 살펴야 한다.

각 교회의 문화와 사역의 맥락에 따라 고유의 동화 과정들이 있을 것이다. 그러나 형식적이거나 전통적인 교회든 그렇지 않은 교회든, 모든 교회는 나름의 동화 과정이 필요하다. 다만 담임목사나 교회의 신학적인 성향, 그 시대의 세태가 반영된 문화에 대한 감각, 사회의 조직 구조 등에 따라 동화 과정에 영향을 받는다는 변수가 고려되어야 할 뿐이다.

그러나 이 동화 과정에서 공통적으로 중시되어야 할 것은 바로 감동을 주는 사역이다. 성도들이 교회에 정착하고 더 나아가 교회 사역에 참여하게 하려면, 교회가 그들에게 감동을 끼치는 사역의 장이 되도록 고민해야 한다. 감동을 주기 위해 정말 필요한 기초 작업은 성도들이 무엇을 필요로 하는가에 대한 리서치 작업이요, 그들의 반응을 현장에서 직접 들어 보는 작업이다. 이를 통해 각 교회에 맞는 동화 과정 시스템을 세워 나갈 수 있다.

새신자들을 교회에 동화시키는 것은 '프로그램(program)'이 아니라 '프로세스(process)'다. 다양하고 폭넓은 프로그램들은 이 동화 과정 전반을 향상시킬 수는 있을 것이다. 그러나 분명한 구심점을 가진 과정상의 시스템이 있어야 효과적인 동화 과정이 이루어진다.

새신자 동화 과정

새신자가 교회에 처음 나와서 동화되는 과정에는 다음과 같은 다섯 단계가 있다.

첫째, 인식의 단계다. 교회에 처음 나오는 사람들은 대개 그 교회에 대한 선입견을 가지고 있다. 교회 위치나 건물의 겉모양, 지역 사회 기여도, 구제, 봉사, 광고, 출판물 또는 그 교회 성도들이 풍기는 이미지 등이 이 인식의 단계에 영향을 미친다. 나는 처음 교회를 개척하면서 인식, 즉 이미지의 문제를 놓고 하나님 앞에 기도를 많이 드렸다. 교회의 이름과 위치, 성도들의 생활 수준이나 이미지, 그리고 담임목사의 이미지 등이 옳고 그르거나 잘나고 못나고를 떠나 은혜롭게 조화되기를 기도했다. 그리고 이 문제를 놓고 깨어 있고자 애썼던 것이 초창기의 성장에 도움이 되었던 것 같다.

둘째, 매력을 느끼는 단계다. 인식만 하고 있는 수준에서 한 걸음 더 나아가 교회에 대해 매력을 느껴 계속 나오도록 이끌어 줘야 한다. 이 단계는 교회에 속한 맴버들의 소개와 접촉을 통해 이루어질 수도 있고, 새로운 맴버들이 관심을 가질 만한 대사회적인 활동을 통해 교회가 그들의 필요를 채워 줌으로써 이루어질 수도 있다. 이 단계에서 중요한 것은 일반적이어서는 안 된다는 점이다. 그 매력이 개인적으로 와닿아야 한다. 구체적인 접근이 필요한 것이다.

셋째, 매력을 느껴 교회에 출석하기 시작할 때의 단계다. 이때의 동화 과정에서 주의하지 않으면 첫 방문이 마지막 방문이 될 수도 있다는 것을 늘 경계해야 한다. 성령님의 인도하심 가운데 따뜻한 분위기와 긍정적인 경험 등이 필요하다. 그 어떤 것도 허상이 되면 안 된다.

인식 단계와 매력을 느끼는 단계에서 교회가 잘 소개되고 나름대로 이미지가 생겼는데, 막상 와 보니 그 내용이 이미지와 다르다면 그때부터 그 이전 단계에서 느낀 모든 것이 허상이 될 것이다. 그러면 교회에 정착할 수 없게 된다. 처음 교회에 출석할 때 새신자들이 스스로에게 질문하는 것은 두 가지다. 첫째는 '내가 이 교회에 어울릴 수 있는 사람인가?' 둘째는 '이 교회에 내가 그동안 기대하고 원하던 것이 있는가?'이다.

그래서 교회에 처음 새신자가 나왔을 때 잘 동화될 수 있도록 그 사람과 비슷한 연령, 비슷한 기호, 비슷한 부류의 사람들을 접목시켜 주는 노력이 필요하다. 예를 들어, 사랑의교회에서는 새신자가 교회에 와서 자신이 원하는 것을 파악할 수 있도록 네 가지 비전을 제시한다. '평신도를 동역자로 세우는 교회', '지역 사회를 책임지는 교회', '다음 세대를 준비하는 교회', '끊임없이 갱신되는 교회'라는 비전이다.

이와 함께 교회에 와서 영적으로 성공하는 것이 무엇을 의미하는가를 분명히 제시한다. 영적 성공이란 세상에서 말하는 성공 개념과는 다른 것이다. 불타는 소명과 비전을 발견하고, 자신의 은사를 마음껏 발휘하며, 자신만 성공하는 것이 아니라 자신의 삶을 통하여 남을 성공시키는 것을 의미한다. 이처럼 새신자가 교회에 잘 정착하려면 비전을 발견하고, 동역자들을 찾아 자신의 은사를 마음껏 발휘할 터전을 마련할 수 있어야 한다. 이 과정을 돕기 위해 교회 안에 진리의 지식이 날마다 공급되어야 할 것이다.

넷째, 자신이 교회에 완전히 동화되는 것을 스스로 수락하고 받아들이는 단계다. 예수님을 진정으로 영접하고 교회의 멤버로 성도가 되기를 원하는 단계이기도 하다. 사랑의교회에서는 다락방이라든지 연령별 친교 모임 등에서 이 단계를 거치는 동안 소속감과 기대감을 가지고 교회의 한 식구가 될 수 있다.

대체로 새로 교회에 나온 사람들은 정착 초기에 높은 기대감을 갖고 있다. 이 기대감을 무시하지 말고 잘 배려해야 한다. 이 기대감에 부응하기 위해 다른 성도들과 좋은 관계를 형성해 나가도록 돕고, 교회가 전해 줄 수 있는 내용을 정확히 전달하는 것이 중요하다. 나는 개인적으로 새신자들이 초기부터 교회에 잘 정착할 수 있도록 육하원칙을 적용한다. 새신자가 누구와 어디서 어떤 관계를 맺고 왜, 어떤 도움을 받아 이 단계를 지혜롭게 거쳐 나가야 하는지를 구체적으로 숙지시켜 주는 것이다. 그리고 이와 함께 부교역자들이나 평신도들에게도 교회가 앞장서 새신자들의 기대치에 부응해 나가겠다는 자세를 계속 확신시켜 줘야 할 것이다.

다섯째, 조정 단계가 있다. 교회에 정착해 가는 과정에서 수정하고 다시 바로잡아 가는 과정이다. 높은 기대치를 가지고 정착하고 난 다음에는 스스로 일련의 교회 적응 과정을 평가하고 점검하고 수정하는 단계를 거치게 된다. 이 과정에서 자신의 필요와 교회가 요구하는 것, 그리고 교회가 공급하는 것을 서로 연관시켜 파악하게 된다. 새신자는 이 단계를 지나며 더 발전하는데, 자연히 교회로부터 받기만 하려는 태도는 성숙하지 못한 자세라는 사실을 발견하기 때문이다. 교회 사역에 참여할 것을 결심하게 되고, 교회가 가진 꿈과 비전에 좀더 성숙한 시각을 갖고 동화되어 교회와 함께 움직이고 발전해 가게 된다. 이러한 과정을 통해 전반적으로 교회도 성장해 간다.

새신자의 소외감을 해결하라

성도들 가운데는 기대감을 가지고 매력을 느끼는 단계에서 실패하면 그 다음 단계로 넘어가지 못하는 경우를 많이 본다. 동화 과정에서 이탈되는 이유는 무엇일까? 가장 큰 이유로 소외감을 들 수 있다.

교회 성도들 가운데 의외로 소외감을 느끼면서 교회에 출석하는 경우가 많다. 이런 이들은 말 못할 어려움을 느끼며 고민하다가, 결국 교회 출석을 포기하거나 교회를 옮긴다. 개인적인 필요나 건강 문제 등으로 인해 육체적으로 무력해지면 더욱더 심한 소외감을 느낄 수 있다.

이 소외감을 극복하지 못해 조용히 교회를 떠나는 사람도 있고, 떠났다가 다시 돌아오는 사람도 있는데, 교회가 이 문제에 민감하게 대응하지 못하면 건강한 동화 과정에 실패하게 된다. 교회의 규모가 커질수록 서로에 대한 무관심도 높아질 수 있기 때문에 새신자가 교회에 처음 나와 매력을 느끼는 단계에서 실패하지 않도록 각별히 주의해야 한다. 적어도 새신자에게 3명의 지체를 붙여주어 교회에 적응하기까지의 어색함과 소외감을 해소해 주고, 그때 그때 필요한 조력의 손길을 공급받도록 해야 한다. 더군다나 어려움에 처해 있다면 지속적으로 관심과 상담, 케어를 할 수 있는 성숙한 조력자를 붙여주어야 할 것이다. 그래서 결코 혼자가 아니며, 교회를 통해 지속적인 사랑과 도움을 받고 있음을 마음에 느끼도록 해주어야 한다. 한 사람을 깊이 박힌 못과 같이 교회에 잘 정착시키고, 그가 공동체를 통해 그리스도의 사랑을 깨닫게 하는 일은 한 영혼을 구원하는 일만큼 중요하다.

"두 사람이 한 사람보다 나음은 저희가 수고함으로 좋은 상을 얻을 것임이라 혹시 저희가 넘어지면 하나가 그 동무를 붙들어 일으키려니와 홀로 있어 넘어지고 붙들어 일으킬 자가 없는 자에게는 화가 있으리라 두 사람이 함께 누우면 따뜻하거니와 한 사람이면 어찌 따뜻하랴 한 사람이면 패하겠거니와 두 사람이면 능히 당하나니 삼겹줄은 쉽게 끊어지지 아니하느니라"(전 4:9~12).

이처럼 새신자가 소외감을 느낄 정도로 교회가 굳어지는 일이 없어야 교회 전반에 역동성이 유지된다. 성장을 목적으로 새신자들을 배려하려는 자세보다는, 전체 교회의 건강성을 측정하는 잣대로서 교회의 모든 부분들을 끊임없이 새신자의 눈으로 바라보며 반성하고 수정해 나가는 자세가 필요하다.

무엇보다 처음 교회에 나온 사람들이 교회에 잘 정착할 수 있게 하려면 섬길 기회를 많이 제공하는 것이 중요하다. 사랑의교회에는 두 개의 큰 영역으로 섬김의 기회가 마련되어 있다. 하나는 제자훈련을 통해 섬기는 것이고, 또 한 가지는 네 가지 사역(전파하는 사역, 가르치는 사역, 치료하는 사역, 지원하는 사역) 부문에서 은사에 따라 실질적으로 섬기는 것이다. 이 두 가지는 함께 주어져야 한다. 그래서 이미 있는 것을 적당히 나눠먹는 교회가 아니라 끊임없이 기회를 창출해 나가는 교회로 성장해야 한다.

만약 말로는 "우리 교회는 누구든지 봉사하고 훈련받을 기회가 있다"고 해놓고서 실제로 이런 부분에서 체계적인 지원이 이뤄지지 않는다면 더 큰 실망감을 줄 수 있다. 이럴 경우 새신자들이 교회에 동화되지 못하고, 시간이 지나면 차츰 빠져 나가게 된다.

교회의 지도자로서 목회 사역자는 끊임없이 새로운 임무, 새로운 소명, 새로운 그룹의 교제를 확장시켜 나가는 데 관심을 기울여야 하고,

어떻게 하면 사역을 더 효과적으로 할 수 있는지를 놓고 창의적인 고민을 거듭해야 한다. 사역의 부국강병은 이러한 긴장감 가운데서 이루어진다. 새신자들을 앞문으로 받고도 뒷문을 넓게 열어 두어 열매를 맺는 데까지 건강하게 나아가지 못하는 교회들이 많다. 구심력 있는 프로그램과 사역 구조가 새신자들의 동화 과정을 중심축으로 집중될 필요가 있다.

현재 교회에서 이뤄지는 동화 과정이 얼마나 건강한지를 측정해 볼 수 있는 몇 가지 질문을 던져 보겠다. 첫째, 당신이 섬기는 교회는 어느 시기에 가장 많은 좌절을 겪고 있는가? 교회를 건축할 때인가? 새 지도자가 부임할 때인가? 평신도 지도자를 뽑을 때인가? 둘째, 교회에 처음 나온 새신자들에게 약속을 해 놓고 지키지 못하는 경우는 없는가? 셋째, 당신의 교회는 새신자들이 교회 동화 과정에서 소외되고 이탈하는 이유가 무엇인지를 파악하고 있는가?

목회 사역자는 자신의 약한 부분에 대해서는 깊이 기도하면서 그 약점을 솔직히 인정하고 개선점을 찾아나가야 한다. 만약 주일학교 교육이 특히 약하다면, 교회 교육 프로그램이 가장 잘 되어 있는 교회를 찾아가서 그 교회의 강점들을 배워 적극적으로 사역에 적용하는 자세가 필요하다. 지도력이 부족하다면 외부의 컨설팅을 받아서라도 자신의 약점을 인정하면서 도움을 구해야 한다. 기회가 주어질 때 그 기회를 놓치지 않고 잘 붙들어야 한다. 그래서 각자가 섬기는 교회에 가장 적합한 동화 과정을 만들어 나가야 한다. 교회의 건강성을 재는 척도 가운데 하나인 균형 잡힌 새신자 동화 과정을 통해 교회가 생명력 있게, 지속적으로 성장하게 될 것을 기대한다.

디지털 시대의 감각 있는 전도 전략

그리스도인들은 그 시대마다 잃어버린 자들을 전도할 수 있는
적절한 방법을 찾아야 한다. —알렉스 몬토야

흔히 21세기 삶의 속도를 '생각의 속도로 달려가는 시대'라고 말한다. 한 순간만 눈을 감아도 옆에 보였던 세상은 저 멀리 훌쩍 앞서 가 있다. 디지털 시대에 감각이 살아 있는 전도 전략을 구상하라는 말은 50년, 100년 전의 전도방식으로는 광속으로 달리는 삶의 속도로 살아가는 사람들을 붙잡을 수 없다는 사실에서 출발한다. 몇 년에 한 번씩 직업이 바뀌고, 1~2년에 한 번씩은 삶의 터전이 달라지고, 하루에도 분초를 다투며 살아가는 사람들을 복음으로 붙잡기 위해서는 때와 장소와 사람에 맞는 새로운 전략이 필요하다. 아무리 효율적인 전도라도 사람에 따라서, 장소에 따라서 같은 효율성을 기대할 수 없기 때문이다.

복음의 본질은 변할 수 없다. 그러나 시대 환경과 여건에 따라서 복음을 담는 그릇이 여러 모양으로 변하는 것은 당연하다. 그런데 사람

이나 상황에 따라 다른 방식으로 복음을 전하는 것은 최근의 일이 아니다. 사실 감각적인 복음전도의 원조는 2000년 전의 바울 사도에게서 찾을 수 있다. 바울은 "약한 자들에게는 내가 약한 자와 같이 된 것은 약한 자들을 얻고자 함이요 여러 사람에게 내가 여러 모양이 된 것은 아무쪼록 몇몇 사람들을 구원코자 함이니." 고린도전서 9장 22절의 말씀처럼 약한 자들과 강한 자들에게 복음을 전할 때에는 다른 방법을 썼다. 지위나 남녀노소에 따라서 각 사람에게 가장 적합한 방식으로 복음을 전한 것이다.

그러므로 오늘날 우리가 같은 복음을 들고 간다 하더라도 살아 있는 전도 방식을 취해야 하는 것은 너무도 당연한 일이다. 기억하라! 전도를 위해 필요한 것은 무조건적인 돌진이 아니라, 종처럼 낮은 자세와 뱀처럼 창조적인 지혜와 전략이다. 그런데 이처럼 한 영혼을 얻기 위한 창조적인 지혜와 전략은 어떤 책이나 세미나로 달려가서 얻을 수 있는 것이 아님을 알아야 한다. 물론 때로는 전도의 경험적인 지혜를 빌릴 수도 있고, 처음에 막연하고 주저할 때는 그냥 따라하는 것도 좋은 일이다. 그러나 기본적으로 전도를 위한 창조적인 전략은 영혼에 대한 눈물 어린 심정에서 나온다는 것을 잊지 말아야 한다. 바울이 여러 사람에게 여러 모양이 된 것은 밤낮으로 전도전략을 짜서 나온 것이 아니다. 어떤 사람에 대해서 너무도 진지하고 절실하게 복음을 전하려고 마음먹고 그것이 간절하게 되면 저절로 그 사람에 대해서 가장 효과적인 전도 방식이 열리는 것이다.

우리는 흔히 바울은 우리와 다른 사람이기 때문에 그처럼 전도할 수는 없다고 말한다. 바울 사도는 어떤 의미로 보나 특별한 사람이요,

탁월한 선교사요, 전도자였다. 바울은 전도할 때 가족을 데리고 다니지 않았다. 또한 교회로부터 생활비도 받지 않았다. 자진해서 보내는 헌금은 그가 감사함으로 받았지만 일정한 지급액을 강요하면서 전도 생활을 하지는 않았다. 그리고 바울은 자기가 손수 텐트를 만들어 팔면서 자급자족하며 전도했다. 이런 점에서 바울은 다른 전도자, 혹은 선교사, 예수님의 다른 제자들과는 차이가 있다.

물론 사도 바울은 우리와도 다르다. 그는 교회의 터를 닦은 사도의 권위를 가진 사람이다. 우리 중에 아무도 사도 바울이 될 수는 없고, 사도 바울이 가졌던 영적 권위를 다시 가질 수도 없다. 사도 바울은 예수님으로부터 직접 특별한 소명을 받은 사람이다. 그러므로 그는 전 세계를 무대로 하고 일생을 뛰었던 특별한 생활을 했다. 그러나 우리는 이와 같은 특별 소명을 받지는 않았다. 우리는 평범한 평신도들이다. 이런 의미에서 바울과 우리는 차이가 있다.

그러나 공통 분모가 하나 있다. 바울은 예수님을 믿자마자 복음을 위해서 전도자로 살았다. 우리도 예수님을 믿자마자 성령이 우리 마음에 들어와 함께 거하시면서 우리를 전도자로, 선교사로 만들어 놓는다. 다시 말하면 예수 믿고 예수를 고백한 사람은 한 사람도 예외 없이 성령이 주시는 은혜 안에서 복음을 전하는 사람으로 변화받았다. 바울은 큰 그릇, 우리는 작은 그릇이다. 그것 하나만 차이날 뿐 바울이 가진 복음을 전하는 사명이나 우리가 가진 사명이나 전혀 다른 것이 없다. 이런 의미에서 바울이 자기 생활에 적용했던 상황과 장소와 사람에 따라 "여러 사람에게 여러 모양으로"라는 바울의 감각적인 전도 전략을 우리 자신에게도 그대로 적용할 수 있기를 바란다.

모름지기 교회의 모든 사역에 기도가 절대적이지만, 특히 영혼 구원 사역에서는 기도의 준비가 거의 결정적이다. 빌리 그레이엄의 전도 집회가 한꺼번에 그토록 많은 결신자를 얻는 것은, 집회 전까지 드려지는 수많은 사람들의 기도의 헌신 때문이다. 집회 당일에 승부를 내는 것이 아니라 그 전부터 기도의 사역을 통해 이미 결판을 내는 것이다. 집회 당일은 단지 그 기도의 열매를 추수하는 축제의 시간일 뿐이다.

사랑의교회는 대각성전도집회를 앞두고 먼저 주일 대예배 설교 후 각자가 작정한 태신자 구원을 놓고 합심해서 통성 기도하는 시간을 가진다. 조별 릴레이 금식 기도뿐만 아니라 교회 전체에 영혼 구원을 놓고 기도하는 분위기를 이어 가기 위해 다락방 별로 돌아가면서 기도체인을 하고 새벽 기도회에 참석하여 기도의 불씨를 모은다. 또한 각 공동체별로 담당 목사와 함께 기도하는 시간도 가진다. 새벽 기도뿐만 아니라 대각성전도집회만을 위한 자원자 기도팀을 구성하여 운영하는 것도 한 방법이 될 것이다. 전도 집회를 앞두고는 연계성 차원에서 새벽 기도회의 설교 본문도 기도와 전도를 주제로 한 '주제 설교'를 하거나, 다락방에서도 전도를 주제로 한 특별다락방 교재를 몇 주간 다루는 것도 좋은 방법이다.

또한 전도 집회가 끝나자마자 다음해 전도 집회를 위한 태신자를 작정할 수 있게 하여 영혼 구원의 사역이 일과성 이벤트로 끝나지 않고 삶 속에서 항상 이어지는 그리스도인의 사명이라는 사실을 일깨우는 노력도 반드시 필요하다. 이를 위해 전도 대상자를 적어 놓고 수시로 기도하도록 권면해야 한다. 교회 안에 전도를 구조화시켜 놓을 경우 성도들이 그대로 따라서 실천하기도 더욱 용이할 것이다.

기도 전도와 예배 전도

우리의 기도는 하나님께서 다른 사람들의 삶 속에 역사하시게 한다. 우리가 더 많이 기도하면 하나님께서는 더 많이 일하신다. 우리가 기도에 게으르면, 사람들의 삶 속에 역사하시는 하나님의 일은 완성될 수 없다.

전도와 기도의 관계를 배에 비유한다면, 하나의 노는 기도이며, 다른 하나의 노는 전도라고 할 수 있다. 만약 우리가 하나의 노만 사용한다면(기도 없는 전도 또는 전도 없는 기도) 그 배는 제자리를 맴돌게 될 것이다. 열정적인 기도와 함께 이뤄지는 전도가 필요하다. 이것을 기도 전도(prayer evangelism)라고 부른다.

1. 기도 전도

모든 지상전의 성공 여부는 공중전에 있다고 한다. 미국이 아프가니스탄 전쟁을 수행할 때, 보병(육군, 해병대)을 보내어 지상전을 개시하기 전에 공군이 현지에 대한 정확한 정보를 습득해 공중전을 폈다. 이 공중전이 없을 때는 육지에서의 공격이 힘들어지고 전쟁을 승리로 이끌 수 없기 때문이다.

기도 전도가 바로 이 공중전과 같다. 전도 대상자를 만나기 전에 먼저 그 대상자를 묶고 있는 악한 영의 네트워크를 끊어 주는 역할을 하는 것이 기도 전도다. 전도해도 열매가 없다면 이 기도 전도가 없었기 때문이다. 전도가 힘이 들고 용기가 생기지 않고 겁이 나는 이유도 기도 전도가 결핍되어 있는 탓이다. 전도하는 은사가 없다고 느끼는 성도도 기도 전도는 충분히 할 수 있다.

사도 바울은 모든 사람이 구원받기를 원하는 것이 하나님의 뜻이라고 말하면서 디모데에게 이를 위해 기도하라고 권한다. 나가서 전도하기 전에 먼저 기도하라고 가르친 것이다(딤후 2:1, 4, 8).

2. 예배 전도

기도 전도에 더해 예배 전도는 예배가 전도를 움직인다는 전략 가운데 나온 개념이다. 전도의 목적은 진정한 예배자를 세우기 위한 것이다. 살아 있는 진정한 예배를 통해 믿지 않는 사람들이 하나님의 살아 계심을 볼 수 있어야 한다. 하나님을 향한 우리의 예배가 하나님이 살아 계신 것을 확실히 증명할 수 있어야 하는 것이다.

마틴 로이드존스는 "전도 사역의 최고 목적은 영혼 구원이 아니라 하나님께 영광을 돌리는 것이다."라고 말했다. 잃어버린 영혼이 주님께 예배드리는 자로 설 때 주님이 가장 기뻐하시고 영광을 받으신다. 전도의 목적은 단순히 영혼 구원에만 있는 것이 아니다. 그러므로 전도자가 되기 전에 먼저 진정한 예배자가 되어야 전도가 가능하다. 진정한 예배자가 되었을 때 그리스도의 아름다운 향기를 세상에 드러낼 수 있다(고전 2:14).

진정한 예배자는 예배를 드릴 때 만들어진다. 세미나나 교실에서 만들어지는 것이 아니기 때문에 교회의 공적 예배는 너무도 중요하다. 믿음이 없는 자와 초신자들은 교회 예배에 참석해서 진정한 예배자들과 그들이 예배드리는 모습을 눈으로 볼 수 있어야 한다. 특별히 다락방(소그룹)이 예배 전도의 장소가 되고, 진정한 예배가 그곳에서 이루어지도록 순장들은 눈물로 기도해야 한다.

이사야 6장에 보면, 이사야가 전도자(선교사)로 옷 입기 전에 먼저 예배를 드리는 자로 나온다. 마태복음에서 예수님이 지상 명령을 제자들에게 내리시기 전에 제자들은 예배드리는 자였다(마 28:17). 사도 바울도 처음부터 전도자와 선교사로 자진해서 나선 것이 아니라, 예배 드리는 자로 기도하는 자의 삶을 살았을 때 주님께서 그를 전도자로 부르신 것이다(행 13:1~5). 영혼 구원만이 아니라 그 영혼을 진정한 예배자로 만드는 것이 전도의 최종 목표이므로 예배 전도 역시 중요하다.

또한 새가족들이 교회에 잘 정착하기 위해서는 주일 예배가 살아있어야 한다. 영성과 감성과 체험이 있는 영감 넘치는 예배가 중요하다. 더불어 강단의 설교가 강력하게 뒷받침되어야 한다. 그러므로 복음전도를 위해서는 다락방과 같은 소그룹 전도사역과 함께, 살아 있는 주일 예배, 사람들의 마음을 터치하는 '들리는 설교'가 균형을 이뤄 나가야 한다.

마음을 터치하는 감각 있는 전도

오늘날 성도들의 전도는 서투른 데이트에 비교할 수 있다. 비그리스도인에게 접근하는 방식이 전혀 매력적이지 못하다. 상대방의 관심과 필요에는 전혀 마음을 쓰지 않는데다가, 심지어는 강압적인 분위기 가운데 일방적으로 자신의 이야기만 쏟아놓는다. 이런 스타일의 접근은 감동은 고사하고 상대방의 기분만 상하게 하기 일쑤이다. 따라서 쌍방이 서로에게 호감을 느끼지 못한 채 헤어지게 된다. 그들은 다시 만날 일이 없을 것이다.

간혹 전도하는 가운데 말소리가 커지는 경우도 있다. 그때 전도자는 상대방을 제압하기 위해 온갖 이야기를 다 풀어 놓는다. 그러나 복음을 전하는 것은 말싸움에서 이기는 것이 아니다. 우리의 할 일은 사람들의 마음이 조금이라도 하나님을 향하도록 그 마음을 열어 가는 것이다. 하나님과의 관계를 시작할 수 있도록 우리가 다리의 역할을 하는 것이다.

어떻게 하면 사람의 마음을 터치하는, 감각이 살아 있는 전도를 할 수 있을까? 현재 미국에서 활발한 복음 전도 사역을 통해 부흥을 일궈 가고 있는 대표적인 몇몇 교회들의 예를 보면서 오늘날 한국 교회에서 시도되어야 할 전도 원리와 전략을 함께 나누고 싶다.

신시내티 빈야드교회의 섬기는 전도

섬기는 전도는 요즈음 크게 주목받고 있으며, 교회의 이미지를 향상시키는 데 기여하고 있는 전도이다. 지역 사회를 향하여 친절을 베풀며 섬기는 전도가 얼마나 효과가 있는지는 신시내티 빈야드교회가 잘 보여 주고 있다. 스티브 쇼그린(Steve Shawgreen) 목사가 개척한 이 교회는 최근 미국에서 급성장하고 있는 25개 교회 가운데 하나이다.

그 성장의 비결은 "종으로 섬기는 전도"(Servant Evangelism)를 통한 2-20(Two-Twenty) 전략에 있다. 이 교회는 섬기는 전도의 사례를 수천 가지 가지고 있다. 예를 들어, 지역 사람들의 차를 무료로 세차해 주고, 세차 중에는 콜라나 사이다를 무료로 제공하는 최상의 서비스를 제공한다. 사람들이 놀라서 물어보면, 단지 "너무 예수님을 사랑해서 합니다."라고 말한다. 그뿐만이 아니라 청소팀을 만들어서 인근 식당의 화장실을 자원해서 청소하고, 도서관에서 반납기한을 넘긴 사람들의 벌

금을 대신 납부해 주며, 공중 전화를 거는 동전을 무료로 제공하고, 주차장에서 시간 초과 비용을 대신 물며, 상점에서 무료로 물건을 포장해 주며, 오후의 무료한 시간에 직장으로 찾아가 장미꽃 한 송이를 선물하는 등 적극적으로 찾아가는 복음을 전한다. 그래서 모토도 2-20, 즉 "한 달에 2시간 이상 복음을 위해 사회에 봉사하고 20달러를 전도하는 데 사용하라."이다.

쇼그린 목사는 섬기는 전도에 대해 "일체의 조건 없이 겸손하게 섬기는 행동을 함으로써 하나님의 친절을 보여 주는 것"이라고 정의한다. 그는 '성경 공부'에서 한 걸음 더 나아가 '성경 행하기'를 전개하여 지역 사회를 향한 하나님의 사랑을 손발로 실천하기 시작했다.

종으로 섬기는 전도는 종전의 복음을 직접 전했던 방식과는 달리 먼저 불신자들과 복음 사이에 신뢰의 다리를 놓는 일을 하는 것이다. 그 신뢰가 연결고리가 되어 교회도 나오고 복음을 받아들이게 된다는 것이다.

현대는 바야흐로 이미지의 시대이다. 그러므로 섬기는 전도를 통해 비그리스도인들에게 교회의 긍정적인 이미지를 확실하게 심어 주는 것은 매우 중요한 일이다.

펠로우십교회의 관계 중심 생활 전도

복음 전도는 아름다운 인간관계 속에서 싹트고 열매를 맺는다. 일상의 관계 중에 일어나는 모든 것을 전도의 기회로 활용해야 한다. 그러므로 그리스도인은 이 시대의 탁월한 관계 전문가가 되어야 한다. 우리는 관계망 안에 있는 사람부터 전도해야 한다. 이것은 성경적일 뿐만 아니라 효율적이다. 하지만 여기서 모르는 사람의 전도를 배제하자는 것은 아니다. 전도의 효율성을 높이기 위해 먼저 관계를 형성한 후 전도하자는 것이다. 그러므로 그리스도인은 전도를 위해 끊임없이 관계망을 확대해 나가야 한다.

온전케 하는 사역(The Equipping Ministry)의 저자 폴 벤자민은 전도를 받아막 교회에 출석하기 시작한 새신자들을 인터뷰하여 분석한 결과, 일반적으로 사람들은 다섯 번 정도의 의미 있는 만남을 가진 뒤 그리스도를 영접하게 된다는 사실을 밝혀냈다. 이 말은 비그리스도인들을 나의 옆자리에 앉히기 위해 다섯 번 이상의 의미 있는 만남을 만들어야 한다는 뜻이다. 현대 사회의 속성인 '조급증'이나 '일회성'을 추구하는 성향은 사람들을 신앙의 길로 인도하는 데 큰 악재로 작용한다. '친절한 행동', '함께하는 시간', '복음을 나누는 섬김'을 통해 의미 있는 만남의 시간을 지속적으로 만들어 가야 한다.

미국 댈러스 인근에 위치한 펠로우십교회는 현재 미국에서 가장 급성장하고 있는 교회 가운데 하나이다. 이 교회는 성탄절, 부활절, 추수감사절 등 절기 예배 때면 유난히 사람들로 붐빈다. 절기 예배 때마다 주변의 구도자들을 예배에 초청하기 때문이다.

펠로우십교회에는 복음 전도를 위한 특별한 집회나 프로그램이 따로 없다. 성도들이 평소에 관계를 맺어 온 이웃들을 절기 예배, 주말 예배, 소그룹에 자연스럽게 초청하는 전도를 하는 것이다. 복음 전도가 하나의 프로그램으로 정착되어 있는 것은 아니지만, 교회의 목회 철학과 시스템 가운데 자연스럽게 이루어지고 있다. 복음 전도가 목회의 심장으로, 성도들의 생활 양식으로 뿌리를 내린 결과, 숨을 쉬듯

자연스러운 일상의 한 과정이 되어 버렸다. 우리는 그 교회의 모든 곳에서 복음 전도의 분위기를 느낄 수 있다. 영혼을 향한 열정이 교회 사역의 전 분야에 스며들어 있기 때문이다.

새들백교회의 표적 전도

수많은 사람을 대상으로 피상적으로 전도하는 것보다는 단 몇 사람이라도 집중적으로 전도하는 것이 훨씬 더 효율적일 수 있다. 복음서에도 예수님의 소수 집중의 원리가 나타나 있지 않은가.

분명한 표적 그룹을 정해 놓고, 그에 맞는 전도 전략을 세워 집중적으로 전도해 온 전형적인 교회 가운데 하나가 바로 새들백교회이다. 이 교회는 초창기에 사우스캘리포니아에서 생활하는 사람들의 주류를 이루는 '정신노동에 종사하는 젊은 부부들'을 '새들백 샘과 새들백 사만다'라고 명명하고 집중적으로 그들을 겨냥하여 표적 전도를 시도했다.

그리스도인의 비율이 전체 인구의 25%를 넘어선 한국 교회는 이제 융단 폭격식의 무차별 전도보다는 한 사람 한 사람을 겨냥한 각개전투식 전도 운동을 전개해야 한다. 모든 한국 교회 성도들은 자신이 전도해야 할 대상자가 누구인지 분명히 인식하고, 그들을 겨냥한 전문적인 전도 사역을 수행할 만반의 태세를 갖추어야 한다.

윌로우크릭교회의 은사 중심 전도

대다수의 그리스도인들이 전도를 부담스럽게 생각한다. 마치 치과에 가는 것처럼, 성가시고 부담스럽지만 주기적으로 반복해야만 하는 일로 여기는 것이다. 어떻게 하면 '부담스러운 전도'에서 '즐거운 전도'로 바꿀 수 있을까? 교인 각자가 자신의 열정과 은사, 그리고 스타일에 따라 전도할 수 있도록 도와주면 된다. 성도들 각자가 보유하고 있는 은사와 잠재력만 잘 살린다면 복음 전도를 통해 세상을 변화시키고도 남음이 있다.

구도자 예배(열린 예배)와 생활 전도로 널리 알려진 윌로우크릭교회는 성경 인물들의 전도 스타일을 토대로 '정면 대결형', '증거형', '지성형', '대접형', '대인 관계형', '봉사형' 등의 여섯 가지 전도 유형을 소개하면서, 성도들 스스로 은사와 강점을 살려 자신에게 맞는 전도법을 스스로 찾아 전도하도록 교육하고 있다. 이와 같이 자신의 은사와 스타일에 따라 전도하도록 해야 성도들이 중도에 그치지 않고 지속적으로 전도 사역을 감당할 수 있다.

한 영혼에 집중하는 목회

전도 사역은 전적으로 하나님의 능력과 인도하심을 받을 때 가능하다. 항상 성령께 의지하고 기도하는 가운데 전도 사역이 진행되어야 한다. 우리의 기도 속에 비그리스도인들이 늘 잠겨 있어야 한다. 눈물을 흘리며 씨를 뿌리면 하나님이 기쁨으로 그 단을 거두실 것이다.

전도의 승패 여부는 성도 각자가 정한 태신자들을 위해 얼마나 기도하느냐에 달려 있다. 전 교회적으로 성도 한 사람 한 사람이 자연스럽게 중보 기도자가 되도록 하는 데서부터 현대 교회의 복음 전도 사역이 제대로 자리매김할 수 있을 것이라 믿는다. "이는 힘으로 되지 아니하며 능으로 되지 아니하고 오직 나의 신으로 되느니라"(슥 4:6)는 말씀은 이 세상에서 가장 소중한 영혼을 구하는 전도 사역에서도 예외가 될 수 없다.

전도가 일과성 행사가 아니라 한 과정임을 알기 때문에 가시적인 숫자에 집착하지 않아야 한다. 에이든 토저는 "많은 사람들이 성도의 첫째가는 의무는 땅 끝까지 전도하고 선교하는 일이라고 생각한다. 그러나 그보다 더 중요한 것은 성도 각자가 복음을 전할 만한 영적 인격을 갖추는 것이다."라고 말한 바 있다. 그의 생각대로 성도들의 전인적인 삶과 인격이 예수님의 향기를 뿜어내는 형상으로 변화되고, 그로 인해 전도가 생활화되는 데까지 이르도록 목회적으로 꾸준히 권면해 나가야 한다. 목회는 방법보다 철학이 중요하다.

21세기는 영성과 감성, 체험, 이미지의 시대다. 성도들도 이제 삶 속에서 비그리스도인과 관계를 맺고 지속적으로 영혼 구원 사역에 동참하기 위해서는 그들에게 감동을 전해 주는 삶을 살아야 할 것이다. 그러기 위해서는 사소한 작은 일에서부터 이웃을 섬기는 모범을 보여 주는 전인격적인 제자의 삶이 절실하다.

구름만 잔뜩 모여 있다고 비가 오는 것이 아니다. 모인 구름을 비구름으로 만들어 줄 핵이 필요하다. 평범한 유리는 태양빛이 들어와도 그냥 투과되어 버린다. 그러나 볼록렌즈로 그 빛을 모으면 마침내 불을 일으킨다. 나는 그와 같은 사역의 핵심이 바로 한 사람, 한 영혼에 집중하는 제자훈련 목회라고 믿는다.

시대가 변해도 본질은 변하지 않는다. 교회 안에서 성도들에게 영혼 구원의 열정을 불러일으키고 전도를 생활화하도록 그리스도인의 정체성을 올바로 일깨워 주는 것 역시 한 영혼을 귀하게 여기는 제자훈련 목회에서 시작된다고 생각한다. 참 목회의 매력은 대중이 아닌 한 사람 한 사람을 변화시키는 데 있다.

기도 도보로 꿈꾸는 새로운 부흥

한 도시를 향한 헌신이야말로 어두운 지역사회를 여는 열쇠가 된다.
전략적 중보기도로 지역사회를 구속(救贖)하라! -밥 베킷

디지털 시대에는 이미지가 중요하다. 그리고 이 이미지는 디지털 시대의 핵심이라고 할 만한 인터넷과 같은 네트워크를 통해 최전선에서 선풍적인 바람을 일으키며 순식간에 형성되기도 하고 변화되기도 한다. 정보 전달의 속도가 더욱 빨라지고, 네트워킹 커뮤니케이션이 때로 이미지를 만들어내며 변화에 대한 신속한 대처 능력을 결정짓고, 결국 일의 승패를 좌우하기도 한다.

교회는 이러한 새로운 시대적 흐름을 통해 무엇을 배울 것인가? 물론 일대일 대입식으로 디지털 시대의 사역을 이야기하기는 이른 감이 있다. 그러나 사람들이 복음을 외면하고 있는 이 시대에 교회는 무언가 새롭게 이미지를 변화시켜야 할 중대한 시대적 사명을 떠안고 있다. 그런 점에서 보면 어떤 형태로든 패러다임의 변화를 추구해야 할 시점이라고 생각한다.

새로운 부흥의 패러다임

디지털 시대의 관건은 투명성과 네트워킹, 그리고 이미지라고 할 수 있다. 이 시대의 핵심 코드가 이제는 IT(Information Technology)를 넘어서서 RT(Relation Technology)로 명명될 만큼 상호 역동적인 관계성을 요구한다. 사역에서도 관료주의나 권위주의를 버리고 철저히 투명한 사역을 추구하지 않는다면 도태될 가능성이 높다. 여기서 투명한 사역은 곧 사심 없는 진실한 목회를 말한다.

교회 지도자로서 목회자는 구태의연한 수직적 리더십을 벗어나 성도들이 무엇을 생각하고 있으며 절실히 필요로 하고 있는 것이 무엇인지에 대해 더욱 민감해야 할 것이다. 그것이 곧 사역의 투명성으로 연결되고, 이 투명성은 유기적이고도 수평적인 네트워킹을 통해 사역의 생산성으로 이어질 것이다.

디지털 시대에 양적 성장이란 필연적으로 질을 전제로 이루어지게 될 것이다. 질이 양을 담보한다. 깨끗하고 투명한 사역 자세 없이 익숙한 관습이나 매뉴얼만 가지고 사역에 임할 경우, 그것은 사역의 빈익빈 부익부만을 심화시킬 우려가 높다. 투명한 사역을 통해 성도들을 영적으로 확고하게 받쳐 주지 않으면 양적으로도 성장하지 못하게 될 것이다.

이러한 디지털 시대에 중요한 변화 요인으로 떠오르는 네트워킹의 관점에서 미래 교회의 선교 부흥 운동을 점검해 보자. 앞으로의 부흥은 개교회의 힘만으로 이루어지지 않을 것이다. 교회와 교회 간의 네트워크, 그리고 교회와 지역 사회 간의 네트워크를 통해서 새로운 패러다임의 부흥이 모색되어야 할 시점이다.

이러한 모색 가운데 하나로 지금 미국 교회 내에서 부흥을 준비하기 위해 일어나고 있는 기도 운동이 있다. 바로 기도 도보(prayer walking) 운동이다. 미래 교회가 아날로그 방식의 사역에서 유기적 네트워킹을 강조하는 디지털 방식의 사역을 시도해 나가기 위해 채택할 수 있는 여러 방법론 가운데 하나로 기도 도보 운동을 제시해 보고자 한다. 그리고 그에 앞서, 개교회만의 부흥 개념이 아닌 교회 간의 연합과 네트워킹을 통해 새로운 지역 사회 부흥 전략을 수립해 가야 함을 나누고 싶다.

네트워킹 마인드의 교회 연합

우선 교회 사역의 측면에서 볼 때 전통적인 아날로그 마인드는 교회의 작은 한 부분에 국한되어 사역하는 것이다. 하나하나 낱개로 존재하는 가운데 성장을 도모하는 것이라고 볼 수 있다. 그러나 디지털 마인드는 거대한 도시 공동체 전체를 바라본다. 지역 사회 전체를 유기적인 하나의 지체로 보고 품는 안목을 갖게 되는 것을 말한다.

그래서 이 개념에는 필연적으로 네트워킹 마인드가 요구된다. 자신이 처한 위치에서 열심히 사역하면서도 그 한계를 벗어나 더 크게 공유할 수 있는 큰 그림을 함께 그려내야 한다는 것이다. 바로 여기에 변화의 흐름을 적시에 읽어내는 민감함도 요구된다.

20세기 말까지만 해도 변화를 이야기할 때는 주로 개인의 영적 변화에 초점을 맞추었다. 또한 아직도 많은 교회와 성도들이 변화의 필연성은 인식하고 있지만, 그것이 문화나 도시, 지역 사회를 포함한 전 영역의 변화까지를 포함시켜야 한다는 면에서는 관심이 부족한 것이 현실이다. 이는 비단 성도들만의 문제는 아니다. 교회 지도자들조차도 앞장서서 가르치거나 인도하지 못하고 있는 상황이다. 그러나 유기적인 네트워킹을 상조하는 디지털 시대의 선교는 교회가 자리한 도시나 지역 사회 전체를 향한 복음 선포에도 관심을 가져야 한다.

이러한 새로운 부흥의 패러다임에서 볼 때, 각 도시에 세워진 교회들은 사실 하나이다. 신약에 나오는 예루살렘교회, 안디옥교회, 에베소교회처럼 각 도시에는 교회가 하나만 존재한다는 것이다. 예를 들어, 사랑의교회가 자리해 있는 강남에도 교회가 하나, 즉 강남교회라는 하나의 교회가 있다는 의미다. 우리가 알고 있는 지역 교회 하나하나는 사실 강남교회에 속해 있는 각 교회들이라고 볼 수 있다.

이 개념은 결국 연합의 관점에서 교회의 하나됨을 이야기하기 위한 것이다. 대체로 개별 교회의 사역에만 집중하고 범 도시적인 교회의 사역에는 관심을 갖지 못하는 경우가 비일비재하다. 그러나 지역 교회들이 하나 되는 것에 관심과 노력을 기울이지 않는다면, 사회에 복음적인 영향을 끼치기 어려울 것이다. 결과적으로 교회의 이미지를 새롭게 할 수 없고 시대적인 부흥 또한 기대할 수 없게 되는 것이다.

사실 예수님의 지상 대명령은 도시에서부터 시작되었다. 사도행전 1장 8절 말씀을 보면, 제자들은 예루살렘에서 증인이 되는 삶을 살아야 했다. 또한 지난 3세기 동안 선교 패러다임 변천 과정을 보면, 크게 해안 선교 사역(18세기), 대륙 선교 사역(19세기), 미전도 종족 선교 사역(20세기) 등으로 분류된다. 그렇다면 21세기는 어떤 종류의 선교 사역이 나타날 것인가? 아마도 1세기 때처럼 도시 사역으로 되돌아갈 가능성이 크다. 현대판 선교는 정글에 가서만 선교를 하는 것이 아니다.

비복음화된 채로 머물러 있는 도시에도 선교의 무게 중심을 두고 접근해야 할 때가 온 것이다.

이를 위해서는 무엇보다 복음의 투명성이 회복되어야 한다. 1970년대만 해도 사람들이 교회에 나가지 않더라도 복음은 받아들였다. 기독교가 대체 세력으로서 선명한 이미지를 지니고 있었다는 뜻이다. 그러나 지금은 교회가 사회에 부정적인 이미지로 박혀 있다. 이러한 왜곡된 이미지를 바로잡기 위해 교회가 우선 해야 할 것은 무엇인가? 세상적인 방식이나 논리를 따르지 않고도 기독교 복음의 정체성을 분명하게 세우고 전달할 수 있는 길은 무엇인가?

나는 그 길이 복음을 말이 아닌 성령의 능력으로 보여 주는 것이라고 믿는다. 사도 바울도 "내 말과 내 전도함이 지혜의 권하는 말로 하지 아니하고 다만 성령의 나타남과 능력으로 하여"(고전 2:4)라고 말했다. 디지털 시대의 복음의 투명성은 성령의 능력으로 나타나야 한다. 그리고 그 성령의 능력은 우리의 기도를 통해서 드러날 것이다.

자, 그렇다면, 교회 주변의 지역 사회에까지 복음의 영향을 끼치는 시대적 부흥을 소망하면서 최근 미국 교회 안에서 새롭게 발견한 기도 도보의 중요성과 그 실제적인 방법들을 알아보자.

기도 도보 운동

기도 도보 운동은 교회 건물 안에서만 기도하는 것이 아니라 교회 밖으로 나가서 길거리와 가정, 직장, 지역 사회 안에서 기도하자는 운동이다. 이때 지역 사회 안의 다른 이웃들과 만날 수 있고, 그들과 함께 기도할 수 있으며, 다른 교회들과도 자연스럽게 연합할 수 있게 된다. 사실 우리가 교회를 떠올릴 때 가장 먼저 구약의 성전 개념으로 이해하게 된 데에는 4세기 콘스탄티누스 황제가 교회를 제도화하고 기관화하면서 예배나 찬양, 기도를 교회 건물 네 모퉁이 안에 가두기 시작한 역사적 배경에 기인한다. 그래서 '교회' 하면 언뜻 건물부터 상상하게 된다. 그러나 이제는 예배와 찬양, 기도를 교회의 울타리를 넘어 자유케 할 때가 왔다. 우리 하나님은 건물 안에서만 예배나 찬양을 받으시길 원하는 것이 아니라, 도시 곳곳, 길거리, 그리고 우리가 살고 있는 지역 사회 전체에서 찬양받으시길 기대하신다.

기도 도보의 한 예로 자신이 속해 있는 지역 사회의 땅을 밟으며 기도하는 것을 들 수 있다. 한국에서는 '땅 밟기 기도'로도 알려져 있다. 디지털 시대에 걸맞은 새로운 부흥 패러다임을 모색할 때, 그 부흥 전략의 대표적인 예로 이 기도 도보가 떠오르는 것은 바람직한 현상이라는 생각이 든다. 기도 도보는 성경적으로 볼 때 먼저 동행의 관점에서 풀어 나갈 수 있다. 우리는 주님과 동행하기 위해 창조되었다(미 6:8 ; 창 3:8 ; 5:24). 기도 도보는 또한 정복하라고 하신 사명을 상기시켜 준다. 이 기도 운동은 주님이 우리에게 주신 선교적인 사명으로 지역 사회를 정복하기 위한 것이다.

성경의 인물들 가운데 기도 도보를 실행한 사람들의 예는 많다. 아브라함은 눈을 들어 동서남북을 바라보았다(창 13:14, 17); 여호수아는 가나안을 정탐할 때도, 여리고성을 돌 때도 걸음마다 기도를 담아서 걸었다. 기도 도보를 통하여 전략적인 비전과 기도제목이 나오기 때문이다(민 13:18~20, 35 ; 수 1:3 ; 14:9).

한편 신약에서 기도 도보는 예수님이 방문하시도록 미리 준비하는 예비 작업으로 나타난다. 예수님이 도착하면 부흥이 온다. 그러나 준비되지 않고는 부흥도 없다(눅 10:1). 사도 바울을 볼 때 주님을 믿는 자들은 주님과 동행하며 정복하는 사명을 받았음을 알 수 있다(엡 6:15; 딤전 2:8; 살전 5:17).

그렇다면 기도 도보란 과연 무엇을 의미하는가? 기도 도보는 다음과 같은 네 가지 특성을 가지고 있다. 첫째, 현장에서 하는 기도, 둘째, 통찰력으로 하는 기도, 셋째, 의도적으로 하는 기도, 넷째, 중보 기도다. 기도 도보는 현장에서 통찰력을 가지고 의도적으로 중보 기도하는 것을 말한다. 현장에서 기도한다는 것은, 기도 도보가 지역 사회를 위한 기도 운동이기 때문에 나온 개념이다. 기도 도보는 지역 주민들에게 그리스도의 복음이 전파되도록 기도하는 것이며, 그 현장에서 이루어질 응답을 기대하며 기도하는 것이다.

통찰력으로 기도를 드린다는 것은 우리가 사는 지역 사회에 대한 정보를 가지고 기도한다는 뜻이다. 여기에는 먼저 영적 반응을 통한 통찰력이 요구된다. 우리가 살고 있는 지역 사회를 자세히 관찰한 내용을 가지고 기도하기 위해서다. 이렇게 연구 조사한 것을 통해 통찰력을 얻게 된다. 도서실에서 관련 자료를 찾아 보거나, 인터뷰나 대화를 통하여 얻은 정보를 근거로 놓고 기도하라. 성령께서 영적 은사를 통하여 보여 주신 커뮤니티에 관한 내용을 가지고 기도하기 위해서는 계시를 통한 통찰력도 필요하다. 하나님께서는 교회에 이미 이와 같은 은사들을 주셨다.

기도 도보의 실제 방법들

그렇다면 도보를 겸한 기도가 이 시점에서 우리에게 왜 필요한 것일까?

첫째, 편안한 교회 환경에 안주하지 않고 교회를 벗어나 지역 사회 안으로 적극적으로 찾아 들어가기 위해서다. 둘째, 지역 사회의 현실을 눈으로 보기 위해서다. 셋째, 지역 사회를 향하여 우리의 마음을 넓히기 위해서다. 넷째, 하나님 나라에 대한 소망과 열정을 키우기 위해서다. 다섯째, 지역 사회를 주님 앞으로 인도하기 위해서다. 여섯째, 지역 사회와 함께 사역하기 위해서다. 일곱째, 기도의 축복을 지역 사회에 부어서 주님의 길을 예비하기 위해서다.

기도 도보의 필요성을 알았으니, 이제 교회 안에서 기도 도보를 구체적으로 실행해 보는 단계가 남아 있다. 그 실제적인 실천 방법 몇 가지를 제안해 본다.

첫째, 먼저 기도 도보팀을 형성하라. 혼자서 기도 도보를 할 수도 있지만 파트너와 함께 할 때 더 효과적이다. 두세 명이 모여서 팀을 구성하는 것이 좋다.

둘째, 지역을 찾으라. 정기적으로 걸어다니며 기도할 수 있는 지역을 선정해야 한다. 너무 큰 지역을 걷는 것은 무리이므로 걸어서 갈 수 있는 거리를 선택하는 것이 좋다. 자신이 살고 있는 아파트나 교회, 직장 주위부터 돌며 기도하라.

셋째, 제목을 정해 놓고 그것을 따라 기도하라. 이것은 성경의 주제에 따라서 기도하는 것을 말한다. 큰 소리로 성경 구절을 읽으라. 파트너와 함께 도보하면서 대화식 기도를 하라. 성령께서 기도를 주관하시도록 내어 드리라. 동시에 주님을 예배하라.

넷째, 나눔으로 마치라. 기도 도보를 한 후에 파트너와 자연스럽게 대화하는 것이 좋다. 이때 다음과 같은 질문을 던지며 서로 격려하는 것이 필요하다. "기도 도보를 하며 무엇을 배웠는가?" "성령님께서 보여 주신 것은 무엇인가?" "하나님의 기도 응답을 기대하면서 얻은 통찰력과 기도제목들은 무엇인가?" "하나님께서 우리의 마음을 움직여 기도하게 하신 것은 무엇인가?"

교회 안에서 실행하고자 할 경우 기도 도보는 어떤 포맷을 가질 때 가장 효과적일까? 효과적인 포맷을 찾아보아야 하는 이유는 그룹 안에 포함된 사람들마다 기도의 분량과 믿음의 성숙도 면에서 각기 다르기 때문이다. 그러므로 기도 도보의 모든 과정은 단순화하여 진행하지만 전략적인 포맷을 갖는 것이 필요하다. 다양하게 시도하면서도 어떤 사람이든지 참석할 수 있도록 배려해야 하기 때문이다.

먼저 하나님께서 통치하실 것을 구하기 위해 왕 되신 주님을 예배하며 찬양하는 포맷으로 시작하라. 주님께서 그 지역 사회 안에 있는 모든 가정과 영혼들로부터 예배받으시기에 합당하신 분임을 선포하라. 주권자가 되시며 주인이요 왕 되신 예수님께서 그 지역 사회를 다스리시기를 구하며 소리 높여 찬양하는 것이 기도 도보 전략의 핵심 요소다. 그 다음으로 애통하며 회개하는 기도가 필요하다. 죄인들을 향한 주님의 은혜와 긍휼을 위해서 부르짖으라. 죄를 자백하고 그 지역 사회를 권세로 붙잡고 있는 악한 영들과 죄로부터 자유하도록 용서를 구하는 순서가 기도 도보에 꼭 포함되어야 한다.

그리고 나서 영적 전쟁을 완수하기 위해 권위 있는 능력의 기도를 드리라. 말씀으로 기도하고, 말씀의 능력과 약속을 선포하는 것이다. 마지막으로 이웃을 환영하는 소망과 비전의 기도를 드린다. 이를 위해서는 이웃이 원하는 것이 무엇인가를 알아야 하고, 그들이 하나님을 믿은 후 기대되는 변화가 무엇인지 정리해 놓아야 할 것이다.

시대를 초월하는 부흥의 능력

이 밖에도 기도 도보를 효과적으로 하기 위해서는 다음과 같은 기술들을 알아 두는 것이 도움이 될 것이다. 즉, 주변 사람들과 장소, 또 거기서 일어나고 있는 일들을 자세히 관찰하는 일에서부터 하나님께서 인도하시고 말씀하시도록 기회를 드리기 위해 침묵하는 연습, 죄와 영적인 암흑 세력을 확인하고 제사장의 마음과 자세를 갖는 것 등이다. 이때 지역 사회와 함께 겸손한 마음으로 죄를 자백하며 기도하는 자세가 중요하다.

또한 간단한 대화식 기도를 통해서 자연스럽게 기도하는 법을 익힌다. 목소리만 크게 하는 것이 아니라 큰 기도를 드리는 연습을 하는 것이다. 이렇게 함으로써 이슈가 되는 기도제목이 풀릴 때까지 반복하여 기도할 수 있다. 기도 도보를 하면서 노트 정리를 하는 것도 통찰력을 키워 나가는 데 도움이 되고, 하나님의 말씀으로 기도함으로써 진리의 말씀을 자신의 말로 소화하며 기도하는 법도 익히게 된다. 이런 기도의 방법들이 모두 기도 도보를 효과적으로 실천하는 데 유익한 접근이 될 것이다.

이런 기도 도보 운동을 통해 과연 우리는 이 세대에 기독교의 부흥을 목도할 수 있을 것인가? 개별 교회만의 부흥이 아니라 지역 사회가 복음화되고, 사회의 여러 영역에서 하나님의 의의 통치가 광범위하게 회복되는 위대한 부흥이 재현될 수 있을 것인가? 그러한 부흥에 대한 소망을 품을 수 있을 것인가? 나는 성령 안에서 교회의 하나 됨을 통해 교회 안에 복음의 투명성이 회복되고 성령의 능력이 나타나면 디지털 시대에 오히려 더욱 큰 부흥이 일어날 수 있다고 굳게 믿는다.

이런 갈급함 가운데서 나는 최근 기도 도보의 중요성에 새로이 눈뜨게 되었다. 교회가 지역 사회의 복음화를 이루기 위해서는 실질적인 복음 전도의 사명도 감당해야 할 것이다. 그러나 성령의 능력과 역사하심을 가장 우선적으로 구한다는 관점을 중시해야 한다. 그만큼 유기적인 네트워킹의 중요성이 강조되는 디지털 시대에 걸맞는 새로운 기도의 패러다임을 모색하는 노력이 요구되고 있다. 기독교가 독특하게 지니고 있는 본질을 지역 사회에 최대한 효과적으로 잘 드러내는 데 대한 관심은 미래에 다가올 디지털 시대의 사역 변화에 중대한 출발점이 되리라 믿는다.

오정현의
Thinking Note

사람이 희망이다

　한국이 희망이 있는 이유는 '사람' 때문이라고 한다. 높은 교육열, 근면한 국민성, 신바람 내는 국민 의식, 풍부한 숙련 노동력, 개혁에 대한 높은 갈망. 이런 것들이 한국을 더욱 희망적이게 한다는 것이다. 제너럴 일렉트릭의 최고 경영자였던 잭 웰치는 "내 업무의 70%는 인재를 발굴하는 데 쓴다."고 했다. 그의 사무실에는 "전략보다 사람이 우선한다."는 격언이 붙어 있다고 한다.

　사람을 제대로 키우는 것만이 우리의 희망이다. 한국은 교회든 나라든 인재를 키워야 살아날 수 있다. 경제 공황보다 인재 공황이 더 무서운 것을 알아야 한다. 인재 공황이 오면 시대의 농사를 망칠 수밖에 없다. 한국 교회는 이를 위해 사회에 기여할 수 있어야 한다. 특히 대형 교회일수록 하나님의 사람을 키우고, 민족과 국가를 위해 목숨을 바쳐 충성할 수 있는 인물을 키우는 일에 투자해야 한다.

　한 사람을 소중하게 품으면 한 나라의 운명까지도 바꿀 수 있다. 한 사람의 소중성에 눈을 뜨려면 먼저 사람을 보는 우리의 눈이 거듭나야 한다. 한 다발의 화환과 한 개의 꽃씨 중에서 꽃씨를 선택할 수 있는 영적 안목이 필요하다. 그리고 땀과 눈물로 점철된 인내의 수고 속에서 미래의 영광을 바라볼 수 있는 통찰이 있어야 한다. 영향력 있는 한 사람을 키우는 일에는 무슨 특별한 지름길이나 기가 막힌 비결이 있을 수 없다. 그저 묵묵하게 물을 주고 때마다 넉넉하게 거름갈이를 해주는 것만이 시대를 품는 인재를 낳는 비결이다.

　그러나 한 시대를 품고 국가와 민족을 위해 몸을 던질 수 있는 '한 사람'은 희생 없는 가르침이나 이름을 앞세운 지원만으로는 결코 만들어질 수 없다. 인재를 발굴하여 세상의 변화와 변혁을 감당할 수 있는 시대의 인물로 키우는 일에 우리 사회와 교회는 동원할 수 있는 모든 자원을 쏟아야 한다. 먼저 교회 지도자들부터 한 사람을 키우는 일에 자신을 희생 제물로 삼는 각오와 모든 수고를 아끼지 말자. 국가적으로, 교회적으로 모두가 마음의 등불을 켜서 지금 이 시대에 다니엘 같은 인재를 찾는 일에 정성을 쏟는다면 우리나라는 현재의 일시적인 불안과 혼란을 넘어 반드시 부흥의 탄탄대로를 달릴 수 있을 것이다.

Part_4

미래 목회 통찰

과거를 멀리 볼수록 미래의 시역도 더 멀리 볼 수 있을 것이다. 우리의 과거를 돌아봄으로써 우리의 가치를 결정하고 미래를 향해 앞으로 나아갈 수 있다는 것이다. 기억하라. 우리는 과거를 이해함으로써 앞을 향해 나아가는 데 대한 통찰력을 얻을 수 있다.

- 과거의 가치로 새로운 미래를 건설하라
- 사람을 변화시키는 목회
- 전통과 개혁의 균형 있는 파도타기
- 21세기 팀 사역의 비밀
- 시대를 아우르는 사역의 통찰력
- 시대의 변화를 읽는 사역자
- 교회를 살리는 비전
- 예수 그리스도가 생각하는 교회

과거의 가치로 새로운 미래를 건설하라

과거에 미래의 삶을 살지 못했다면,
현재에서도 미래의 삶을 살 수 없다. -스파키 앤더슨

'내가 모세의 시대에 살고 있다면 얼마나 좋을까?' 하는 생각을 하는 이들이 있을지 모른다. 왜냐하면 모세 시대의 성도들은 홍해를 건너고, 40년 동안 광야 생활을 하면서 구름 기둥과 불 기둥을 경험하고, 아침마다 만나와 메추라기를 먹는 기적을 날마다 체험하는 영광스러운 삶을 살았을 것이기 때문이다. 어떤 사람은 자신이 엘리야의 시대에 살고 있다면 좋겠다고 생각할지 모른다. 하늘로부터 불이 내리는 갈멜 산의 기적을 통해 하나님의 크신 권능을 볼 수 있다면 어떤 대가라도 지불할 수 있겠다는 마음이 들 수도 있다. 또 어떤 사람은 예수님과 함께 오병이어의 역사를 경험하고, 나사로를 살리시고 풍랑조차도 잠잠케 하시는 주님의 권능을 직접 목격한다면 대단히 스릴 넘치는 일이라고 생각할지 모른다. 그러나 나는 지금까지 사역을 감당하면서 매일 아침 믿음의 눈으로 꿈과 비전을 품게 하신 것과, 특별히 성령께서 이전에 없었던 매우 독특한 시대를 살도록 은혜 부어 주신 것을 아침마다 감격하며 감사드리고 있다. 지금도 매일매일 스릴 있고 영광스러운 기적의 증거를 체험하며 살고 있는 것이다. 이 시점에서, 적어도 사역자라면 다음의 사역들에 대해 눈을 떠야 한다고 생각한다. 이것이 이 시대의 큰 흐름에 부응하는 사역의 자세라고 믿기 때문이다.

제 3의 물결

20세기 중반부터, 특히 미국에서 오순절 성령 사역이 폭발적인 흐름으로 전개되었다. 이것을 '제3의 물결'이라고도 하는데, 능력 있는 사역을 통해 복음을 전하기 위한 움직임이었다고 볼 수 있다. 하나님의 말씀과 성령을 통한 하나님의 역사를 더 간절히 구해야 할 필요성을 절감하게 된 것이다. 성령께서는 하나님의 교회를 타오르는 기도의 장으로 이끌고 계시고, 격렬한 영적 전투를 위하여 각 지역마다 성령의 역사를 통한 강력한 기도 운동을 일으키고 계신다.

이처럼 성령 사역에 대해 민감하게 반응하기 시작한 것이 현 시대의 첫 번째 흐름이라면, 두 번째 흐름은 'The AD2000 & Beyond 운동', '세계 선교를 위한 지구촌 전략' 등과 같은 글로벌 전략으로 마태복음 28장 19, 20절의 대사명을 이루어가는 것이라고 할 수 있다. 곧 세계 선교를 통하여 지상명령의 성취를 앞당기는 것이다. 이것 역시 지금 세계 기독교계에서 일어나고 있는 큰 흐름이다.

세 번째 흐름은 제자훈련과 셀 교회 운동이다. 나는 성령께서 지난 30년 동안 교회 구조를 새롭게 하는 일을 계속해 오셨다고 믿는다. 교회가 마지막 날 더 큰 능력을 받을 수 있도록 교회의 용량을 키우고 계시는 것이다. 특별히 제자훈련을 통한 소그룹 운동과 셀 교회 운동을 통해 온 도시와 민족들을 개조하고 계신다고 믿는다.

지난 수십 년간 주님께서는 그리스도의 몸된 교회에 에베소서 4장 11~13절에 나오는 사도, 선지자, 복음 전하는 자, 목사, 교사 등의 사역자들을 세움으로 사도성을 계승해 오셨다. 그리고 교사로서의 목사의 사역을 통하여 성도들을 그리스도의 사람으로, 온전한 자로 무장시키셨다. 특별히 본문에서 "성도를 온전케 하며 봉사의 일을 하게 하기 위하여" 맡겨진 교사로서의 목사의 역할은 타협할 수 없는 분명한 우선순위에 두어야 할 사역이다. 이들을 통해 하나님의 백성들을 성령 충만하고 잘 준비된 온전한 종들로 무장시켜 사도성을 계승해 나갈 뿐 아니라 세계 복음화의 사명도 이루게 하실 것이기 때문이다.

특별히 셀 교회 운동이 이런 사명을 이루는 데 귀하게 쓰임받을 것이다. 셀 교회는 에베소서 4장 16절의 말씀을 그대로 구현하기 위한 것이라고 할 수 있다. "그에게서 온 몸이 각 마디를 통하여 도움을 입음으로 연락하고 상합하여 각 지체의 분량대로 역사하여 그 몸을 자라게 하며 사랑 안에서 스스로 세우느니라."

그런 점에서 골로새서 1장 28절을 근간으로 한 사람을 그리스도 안에서 온전한 자로 세우고 무장시켜 세상에 파송하는 제자훈련이나, 에베소서 4장 16절을 근간으로 유기체적 공동체성을 강조하여 전 세계에 건강한 셀 교회의 확장을 내다보는 셀 교회 운동은 세계 복음화 사명을 이루는 데 효과적이라 할 수 있다.

성령사역의 재개, 세계 선교 운동, 제자훈련과 셀 교회 운동 등이 제대로 뒷받침되기 위해서는 적어도 다음과 같은 세 가지 요소가 필요하다. 첫째, 성령의 초자연적인 능력을 날마다 의지하는 것, 둘째, 하나님께서 성령의 능력을 통해 기름부으신 강력한 리더, 셋째, 분명한 사명 선언, 즉 비전을 향한 헌신과 성장을 위한 전략 등이다.

과거와 미래를 함께 보라

앞서 언급한 사역 내용들이 제대로 이루어지기 위해서는 하나님께서 기름부으신 강력한 리더의 안목과 통찰력이 필요한데, 교회가 새로운 발전 방향을 모색할 때에는 반드시 과거와 미래의 두 방향을 함께 보는 것이 중요하다. 물론 마귀는 과거에 집중하게 하고 성령은 미래를 조명하신다. 그러나 우리는 성령 안에서 두 가지 모두에 대한 균형을 유지해야 한다.

과거의 역사에 대한 센스가 없이는 미래에 대한 진실한 비전을 가질 수 없다. 우리가 미래로 향하고 있는 동안 과거 우리의 사역을 의미 있게 해주었던 가치들을 재발견해야 한다. 그래야만 새로운 기회를 포착하는 데 필요한 통찰력을 얻게 되고, 새로운 시점이 다가왔을 때 그 시간을 유용하게 사용할 수 있다. 그러나 많은 사역자들이 미래에 집중하느라 과거를 보지 못한다.

미래 목회에 높은 관심을 가질 뿐 아니라 과거의 사역을 진지하게 돌아보는 것이 꼭 필요하다. 물론 과거가 너무 아름다웠다고 해서 찬란했던 과거의 영광에만 안주해서는 안 될 것이다. 그러나 교회가 미래를 더 잘 섬기기 위해 과거의 중요한 가치들을 돌아본다면, 그것은 미래를 연결해 주는 더 강력한 수단이 될 수 있다.

과거의 가치를 돌아보는 것은 힘찬 미래를 준비하기 위한 정지 작업이다. 여호수아는 '좋은 과거가 곧 최상의 미래'라고 생각했을 것이다. 이스라엘 백성이 요단 강을 건넌 후, 하나님은 여호수아에게 열두 돌을 취하여 기념비를 세우라고 하시며 이렇게 말씀하셨다.

"이스라엘 자손들에게 일러 가로되 후일에 너희 자손이 그 아비에게 묻기를 이 돌은 무슨 뜻이냐 하거든 너희는 자손에게 알게 하여 이르기를 이스라엘이 마른 땅을 밟고 이 요단을 건넜음이라 너희 하나님 여호와께서 요단 물을 너희 앞에 마르게 하사 너희로 건너게 하신 것이 너희 하나님 여호와께서 우리 앞에 홍해를 말리시고 우리로 건너게 하심과 같았나니 이는 땅의 모든 백성으로 여호와의 손이 능하심을 알게 하며 너희로 너희 하나님 여호와를 영원토록 경외하게 하려 하심이라 하라"(수 4:21~24).

하나님께서는 과거의 가치를 깨닫는 것이 새로운 미래를 설계하는 데 지극히 중요하다는 사실을 가르쳐 주셨다. 그러므로 이스라엘이 앞길을 결정하는 데 어려움을 겪을 때마다 지난 날들을 돌이켜보게 하심으로써 그들이 붙들어야 할 핵심적 가치를 재발견하도록 하셨다.

미래 사역으로 가는 통로

오늘날 많은 사람들이 교회의 핵심 가치에 대해 이야기한다. 그러나 허공이나 진공 상태에서 가치를 만들어낼 수 있다고 생각한다면 오산이다. 우리는 과거라는 토대를 기점으로 미래의 가치를 찾아가는 것이다. 이스라엘 백성들이 과거를 돌아보고 그들의 가치를 재정립하였듯이 우리도 교회의 과거를 돌이켜봄으로써 우리의 가치를 재정립해야 한다.

우리는 지나간 한국 교회의 과거와 대화할 필요가 있다. 잘했든 못했든 한국 교회를 돌아보면서 자신을 성찰하고 과거와 대화해야만 앞으로의 방향을 잡을 수 있다. 다시 말하자면, 미래 사역에 관해 감이 잘 잡히지 않을 때에는 자신이 과거에 어디서 어떻게 사역했던가를 돌아보면 된다.

그렇다면 얼마나 멀리까지 뒤돌아보아야 하는가? 가능하면 큰 그림을 그려 보아야 한다. 과거의 사역을 깊이, 멀리 돌아보라. 과거를 멀리 보면 볼수록 미래의 사역도 더 멀리 볼 수 있을 것이다. 우리의 과거를 돌아봄으로써 우리의 가치를 결정하고 미래를 향해 앞으로 나아갈 수 있다는 것이다. 기억하라. 우리는 과거를 이해함으로써 앞을 향해 나아가는 데 대한 통찰력을 얻을 수 있다.

과거를 통해 힘찬 미래를 제대로 감당해 나가는 사역을 하려면 무엇이 필요한가? 그것은 바로 '최소한의 기간'이다. 어떤 교회를 섬기든 그 사역에서 열매를 거두려면 '최소한'의 기간 동안은 머물러 있어야 한다. 사역을 맡은 교회가 제대로 성장하고 열매를 맺으려면 최소한 사역자가 한 교회에서 6, 7년은 있어야 한다.

한 교회에 최소한 6, 7년은 머무르라

미국이나 한국의 대형 교회 목사들이 한 교회에 머무는 시간이 평균 21년이라고 한다. 물론 그들이 그 기간 동안 성령사역에 대한 센스와, 과거와 미래에 대한 힘찬 사역의 균형 감각을 가지고 사역하는지가 중요할 것이다. 이럴 때 곧 떠오르는 질문이 바로 한 목회자가 한 교회에 오래 있었기 때문에 교회가 성장하였는가, 아니면 교회가 성장하였기 때문에 목회자가 한 교회에 오래 머물러 있었는가 하는 것이다.

나는 두 가지 모두가 정답이라고 생각한다. 믿을 만한 조사 결과들에 따르면, 어느 교회든 교단과 지역, 교회 규모, 인종을 막론하고 담임 목회자가 한 교회에 오랫동안 머무는 것이 신뢰와 비전을 형성하고, 새로운 교우들에게 매력을 느끼게 하며, 그들로 하여금 교회에 정착하여 제대로 교회를 섬기게 하는 데 더 효과적이라는 것이다. 이것은 한 교회에서 매너리즘에 빠진 채로 오래 머물러 있어도 된다는 뜻이 결코 아니다. 성장하는 교회들에 대한 조사를 통해 알려진 중요한 사실은, 목회자는 한 교회에 부임하고 나서 6, 7년이 지난 후부터 가장 능력 있게 사역한다는 것이다.

내 경우에도 남가주사랑의교회의 경험을 돌아볼 때 안식년을 마치고 8년째 사역할 때부터 가속도가 붙기 시작했다. 10년이 지나면서 성도들의 눈빛만 봐도 서로 이해할 수 있을 정도의 감각이 형성되었던 것 같다. 실제로 1999년 이후 2년 동안의 성장의 폭이 개척 이후 10년간의 성장보다 더 컸다. 같은 기간 교회가 두 배 이상 성장한 것이다.

약 40만 개의 미국 교회들 가운데 80%의 교회가 성장하지 못하고 있는데, 가장 중요한 이유 중 하나는 목회자들이 한 교회에 담임목사로 부임한 지 3, 4년 이내에 또 다른 교회로 사역지를 옮긴다는 사실이다. 생각해 보라. 3, 4년이 지나면 떠날 담임목사를 누가 신뢰하겠는가?

담임목사는 한 교회에서 꾸준히 머물며 사역해야 겠다는 마음을 가져야 한다. 비록 자신과 마음이 잘 맞지 않는 성도들이 있다 하더라도 목자의 심정을 가진다면 하나님의 사랑에 불붙어 끝까지 섬기려는 마음이 생길 것이다. 이런 자세가 생기면 사역자의 마음을 아프게 하는 교우들이 있어도 그가 교회를 떠나 주기를 기대하는 것이 아니라, 끝까지 그를 품고 아끼게 된다. 이럴 때 교회 안에는 자연스럽게 서로의 마음을 나누는 분위기가 만들어진다. 그런 가운데 교역자와 성도 간에 굳건한 신뢰 관계가 형성될 것이다. 특별히 앞장서 섬기는 리더들이 담임목사와 전폭적인 신뢰 관계를 가질 때 큰 일들을 할 수 있다.

우리는 이런 질문을 해 보아야 한다. 나는 과연 하나님이 기뻐하시는 방향으로 효과적인 사역을 하기 위해, 부름받은 교회에 충분히 머물러 있고자 하는가? 나는 과연 하나님이 원하시는 효과적인 시점에 이를 때까지 계속 한 곳에서 사역하고자 하는가?

지금은 우리 모두가 한 사역지에서 최소한 6, 7년이 지나야만 능력 있게 섬기게 된다는 이 '6, 7년의 법칙'을 신중하고도 깊이 있게 고려해 봐야 한다.

3일, 3개월, 3년을 조심하라

1. 초심을 회복하라

사역의 초심을 잃지 않는 것이 소명감을 계속 유지할 수 있는 비결이다. 왜냐하면 사람은 누구나 출발점에 섰을 때는 고생하는 것을 두려워하지 않기 때문이다. 초심일 때의 마음가짐을 유지하면 힘들어도 힘들지 않다. 그러나 초발심이 없어지면 힘들어하고 불평이 생기고 사명감이 사라지고 재미가 없다. 그래서 늘 부교역자에게 3일, 3개월째, 3년째 조심해야 한다고 이야기해 왔다. 이 때가 사역의 초심을 날아가게 할 수 있는 기점이다.

  3일 정도 지나면 교회가 이렇구나 하고 감을 잡게 된다. 3개월이 지나면 교회의 모양새를 알게 되고 사역자들끼리 낯도 익히게 되어 사람이나 사역에 대해서 나름대로 생각을 갖게 된다. 그리고 3년이 지나면 대략 사역도 몸에 익히게 되어 나 한 사람만으로도 이 사역을 일구어갈 수 있다는 생각이 들기까지 한다. 그러나 그것은 굉장히 위험하다. 내가 가진 사역의 60%만 발휘해도 사역을 굴러가게 할 수 있다는 생각이 드는 순간 겸손함이나 집중력이 사라진다. 그리고 결국 그 사역에서 과업을 이루지 못하고 주저앉게 된다. 따라서 이런 때일수록 혁명적인 생각들을 많이 해야 한다.

  사역자로서 자신이 가진 것을 다 쏟지 않는다면 그것은 교회적으로도 유익이 없다. 능력의 낭비가 단순히 개인적인 손해로만 끝나는 것이 아니라 교회 전체의 낭비로 연결된다. 많은 대형교회들이 내리막길을 걷고 있는 이유도 여기에 있다. 3년 정도 사역하게 되면 자기 능력의 60%만 발휘하기 때문이다. 그것은 공과 사의 구별이 안 되는 것으로 나타나기도 한다. 교회의 일과 목회자 개인의 일이 구분이 안 되는 것이다.

2. 집중력을 발휘하라

  그렇다면 3일, 3개월, 3년의 약점을 어떻게 해결할 수 있을까? 해결책은 한마디로 집중력이다. 이것은 사람에 따라, 은사에 따라 차이가 있다. 리더십의 특별한 은사를 받은 사람도 있고, 센스에 대해서 예민한 사람도 있다. 이처럼 개인적인 차이는 있지만 일단 사역자로 부름받은 사람들이라면 누구나 예외 없이 집중력을 발휘하고 초심을 잃지 않으며 공과 사를 구별할 수 있어야 한다. 어떻게 이것이 가능할 수 있을까?

아무리 유명한 야구선수라도 처음부터 뛰어난 감각과 기술을 가지고 있었던 것은 아니다. 항상 공의 방향에 예민하게 집중한 결과 나름대로 자기에게 필요한 감각이 생기기 시작한 것이다. '어떻게 하면 교우들을 행복하게 할까? 어떻게 하면 교우들을 변화시킬 수 있을 것인가? 어떻게 하면 주일예배를 똑같이 드리지 않고 좀더 신선하게 드릴 수 있을까?'를 고민하면 그에 필요한 감각이 키워지는 것이다. 주어진 사역의 공이 어떤 방향으로 날아올지 계속 집중하다 보면 거기에 대한 감각이 생긴다. 안타를 칠 수 있는 힘의 분배가 생기는 것이다.

그러다가 조금 더 성숙해지면 한 발짝 앞을 예상할 수 있게 된다. 계속 집중하다 보면 한 차원 빠른 감각을 갖게 되고 그것을 통해서 사역의 예견력을 갖게 되는 것이다. 이 감각과 예견력에 도움이 되는 것은 바로 마음 자세이다. 사역은 사명일 뿐만 아니라 자세이다.

3. 훈련을 거듭하라

마음가짐 다음으로 중요한 것은 훈련이다. 훈련은 숙련을 낳는다. 요령이 세상적인 사고방식으로 잔머리 굴리는 것이라면 숙련은 제대로 인식하는 것이다. 요령은 평면적 사고로 사역하는 것인 반면, 숙련은 입체적 사고로 사역하는 것이다. 그래서 난관이나 한계상황에 부딪칠 때 숙련으로 다져진 사역자는 문제 깊숙이 침투하여 근본적인 해결책을 찾는다.

또한 요령은 인스턴트적이지만 숙련은 평생 붙잡아야 하는 것이다. 거기서 사역의 깊이가 생기며 사역의 근육이 강화되는 것이다. 요령 피는 사역은 처음에는 반짝 하는 것 같지만 꽃은 다 떨어지고 사역에 남는 것이 없다. 마치 하루살이처럼 그 생명력이 짧고 그때그때의 상황만 모면할 뿐이다. 그러나 숙련의 사역은 내공이 강화될 뿐만 아니라 결과적으로 자기를 위해 좋은 터를 준비하는 것이 된다.

사역에 일체의 요령도 허락하지 않았던 사도 바울은 말한다. "종들아 모든 일에 육신의 상전들에게 순종하되 사람을 기쁘게 하는 자와 같이 눈가림만 하지 말고 오직 주를 두려워하여 성실한 마음으로 하라"(골 3:22). 요령은 사람을 기쁘게 할 수는 있어도 결코 하나님을 기쁘시게 할 수는 없다. 요령은 사람의 눈은 가릴 수 있어도 결코 하나님의 눈을 가릴 수는 없다. 오직 주를 두려워하여 성실한 마음으로 사역하는 자, 이러한 마음으로 공교하게 사역을 감당하는 자가 숙련으로 단련된 사역자이다. 사역에 있어서 아마추어가 아닌 프로가 되는 것이다. 사역자가 서야 할 길, 선택할 길이란 과연 어느 길이겠는가?

요령과 숙련의 차이에 대해서 잊혀지지 않는 일화가 있다. 예전에 내수동교회 대학부를 섬길 때 들었던 박희천 목사님의 이야기는 내가 정도목회를 가는 데 기준점이 되었다.

"광산에서는 바위에 구멍을 뚫고, 거기에 화약을 넣고 폭파시켜 바위를 깨 금을 얻는다. 구멍을 뚫는 깊이가 같을 때에는 요령이 통한다. 한 사람은 요령이 있어서 구멍을 뚫되 바위의 결이 모인 자리에 뚫고, 다른 사람은 요령이 없어서 구멍을 뚫되 바위의 결이라고는 하나도 없는 생바위에 구멍을 뚫었다고 하자. 그러면 아무래도 요령이 있어서 바위의 결이 모인 자리에 구멍을 뚫은 사람이 그렇지 못한 사람보다 바위를 좀더 깰 수 있다. 그런데 이것은 구멍의 깊이가 서로 같은 경우를 두고 하는 말이다. 만일 한 사람은 구멍의 깊이를 5센티미터 파고, 다른 사람은 50센티미터, 또 다른 사람은 1미터를 팠을 경우에, 5센티미터 깊이의 구멍을 뚫은 사람은 아무리 요령이 능하다 해도 50센티미터, 1미터 깊이의 구멍을 판 사람을 당해낼 재간은 없는 법이다."

그러므로 진정한 사역의 내공은 정도를 갈 때 비롯되는 것이며, 시간이 갈수록 강화되는 법이다. 만일 교회 지도자의 사역이 시간이 흐를수록 오히려 부실하고 천박해진다면 그 이유가 여기에 있는 것은 아닌지 살펴볼 일이다.

매너리즘에 빠지지 않는 사역

'가이젠'이라는 일본 말이 있다. 한자로 개선(改善)을 의미하는 말인데, 일신우일신(日新又日新)과 통하는 말이다. 우리나라에서 가장 많이 팔리는 수입차인 렉서스를 만드는 도요타는 매출액 기준으로 보면 세계 4위에 불과하지만, 순이익을 기준으로 하면 GM, 다임러크라이슬러, 포드, 폭스바겐의 순이익을 모두 합친 것보다 더 많은 이익을 내는 기업이다. 그만큼 생산성이 높다는 것을 의미한다. 도요타의 이시카와 사장은 이러한 도요타의 힘의 원천이 가이젠 정신이라고 단언한다.

가이젠 정신과 정반대에 있는 것이 '매너리즘'이다. 가이젠 정신이 끊임없이 문제를 찾고 개선하고 발전시키는 태도를 의미한다면, 매너리즘은 현실에 안주하고 습관적인 태도에 익숙한 자세나 경향을 말한다. 이 매너리즘은 목회자의 감각 또한 마비시킨다. 목회자는 누구나 매너리즘의 유혹을 받게 마련이다. 일단 매너리즘의 바이러스에 목회자가 감염되면, 가장 먼저 마비되는 것이 생명의식이다. 교인들의 영혼에 대한 감각이 무뎌지는 것이다. 둘째는 목회의 창의성이 사라지고 변화에 대한 현실 감각이 사라진다. 그러므로 목사가 매너리즘에 빠졌다는 것은 목회의 영성이 변질되고 열정이 쇠퇴하기 시작했다는 것을 의미한다.

경험적으로 보면 목회에서 매너리즘을 방지하는 최선책은 부모를 찾는 갓난아이의 심정이 되는 것이다. 하나님 앞에서는 어린아이가 되는 것만이 매너리즘에서 벗어나는 길이다. 매너리즘의 껍질을 벗겨 보면, 그 속에는 자만심이 고개를 들고 있는 것을 볼 수 있다. 사역에서 '이 정도 하면 됐다'는 생각이 자리 잡는 순간, 바로 목회자의 가슴이나 사역의 현장에 매너리즘의 씨앗이 뿌려지는 것이다.

나는 나이에 비해 누구보다도 예배를 많이 드렸다고 말할 수 있다. 가정예배에 관해서는 엄격하셨던 부친에 의해 날마다 예배를 드렸고, 어릴 때부터 새벽기도에 나가야 했다. 또 중학교 2학년 때부터 교회에서 반주를 했기 때문에 여하튼 예배는 일상생활이 될 정도였다. 지금도 주일날 여섯 번의 예배를 드리니, 아마 나이에 비해 가장 많이 예배를 드리는 목회자에 속할 것이다. 그러기에 자칫하면 누구보다도 예배를 익숙하게 생각할 수 있고, 따라서 예배의 매너리즘에 빠지기 쉬운 처지에 있다. 그래서 토요일 새벽강단에서 주일 예배 순서를 맡은 분들과 함께 기도하면서, 언제나 기도의 포문을 여는 제목이 있다. "주여, 내일 예배를 살려 주옵소서."

어린아이처럼 간절히 하나님께 부르짖지 않으면 이미 예배에서 생명이 떠나 있음을 알기에 필사적으로 매달리게 된다. 세상의 일에는 관록이 중요하지만, 목회사역이나 예배에 있어서만큼은 절대로 자랑할 수 없는 것이 관록이다.

이것은 제자훈련도 마찬가지이다. 제자훈련을 몇 년 이상 하다 보면 차츰 형식적인 성경공부만 남고, 그 속에 변화와 성숙의 역사는 일어나지 않을 수 있다. 매너리즘은 제자훈련을 오래하는 교회일수록 쉽게 빠지는 함정이다. 5년, 10년 제자훈련을 하면 나도 남들만큼은 한다는 자만심이 고개를 들게 된다. 이렇게 되면 내용은 사라지고 반질거리는 차돌처럼 겉은 매끄럽지만 정신은 죽은 제자훈련만 남게 될 것이다.

그렇다면 제자훈련이 매너리즘에 빠지지 않고 살아남는 방법은 무엇인가? 빌립보서 3장 10절, 11절에 나타난 것처럼 자기 죽음의 선언이다. 사역에서 한번도 매너리즘에 빠진 적이 없는 목회자를 꼽으라면 서슴지 않고 바울 사도를 들 수 있다. 너무도 당연한 말이지만, "나는 날마다 죽노라"는 바울의 목회 정신 앞에서 매너리즘은 전혀 발붙일 수 없었을 것이다.

그러므로 목회자가 제자훈련에서 매너리즘에 빠지지 않는 비결은 바울처럼 자기 죽음을 선언하고, 하나님 앞에서는 절대 어린아이의 심정으로 엎드리는 데 있다. 사역의 경륜이 쌓이고 목회의 관록이 붙을수록, 하나님 앞에서는 더욱더 어린아이의 심정을 가질 때 매너리즘의 함정에 빠지지 않고 늘 순수하고 생명력 있는 사역을 할 수 있다.

사람을 변화시키는 목회

오늘날 예수 그리스도의 복음에
가장 큰 장애가 되고 있는 것 중의 하나가 제도화된 교회이다. -하워드 스나이더

당신의 교회를 변화시키는 일곱 단계(*Seven Steps to Transform Your Church*)에서 빌헐은 우리에게 중요한 도전을 하고 있다. "21세기에 복음주의 교회는 생존할 수 있는가?" 여기에 대해서 우리는 어떻게 대답할 수 있을까? 빌헐은 그의 책 서문에서 힌트를 제시하고 있다. "많은 전통적인 교회들은 잃어버린 영혼을 찾아가 그리스도의 교회를 세우라는 부르심에는 '아멘'이라고 대답하면서 그에 따르는 변화에 대해서는 완고하게 '아니오'를 연발하고 있다. 무엇이 교회가 변화의 문으로 들어가는 것을 막고 있는가? 또 변화해야 한다면 그 배경은 무엇이며, 누구에 의해서 왜, 그리고 어떤 방법과 모습으로 변해야 하는가?"

50년 앞을 내다보는 피터 드러커의 혜안

수년 전에 나는 피터 드러커의 강의를 들을 기회가 있었다. 목회 사

역에 대한 새로운 통찰을 얻는 귀한 시간이었다. 그를 만난 자리에서 나는 북한의 장래에 대해 어떻게 생각하는지 물어보았다. 이 질문에 그는 앞으로는 어떤 나라든지 자본주의를 택하지 않을 수 없을 것이라고 예견했다. 그러면서 그는 어느 나라든 정치 제도가 바뀌기 전에 자본주의가 먼저 들어가는데, 문제는 그렇게 되면 부패가 발생하게 된다고 부연했다. 따라서 사람을 변화시키는 데 목적을 둔 기독교가 먼저 들어가 영향을 끼쳐야 한다고 주장했다.

서구에서는 수백 년에 걸쳐 자본주의가 정착된 반면, 중국이나 한국은 자본주의가 너무 빨리 진행되는 바람에 후유증이 예상된다고 했다. 특히 중국은 50년 만에 급격한 변화를 체험해 왔기 때문에 앞으로도 심각한 문제가 일어날 가능성이 큰데, 그만큼 중국은 50년에 한 번씩 큰 대지각 변동을 겪게 될 것이라는 경고도 잊지 않았다. 결국 우리 한국 교회가 중국 교회를 새롭게 하는 데 중요한 역할을 해야겠다는 각오도 다시금 일깨워 주었다.

무엇보다 그의 강의에서 가장 인상 깊었던 것은 그가 50년 이후의 미래상을 내다보면서 지식 사회, 지식 노동자, 그리고 자기관리의 이슈를 결합시켜 설득력 있게 새로운 사역의 비전을 제시한 것이었다. 그가 내다보는 50년 이후의 미래에는 어떤 변화가 나타날까?

그는 우선 사람들의 수명이 길어지는 반면 젊은이가 줄어들면서 고령화가 심각한 사회 문제로 대두될 것으로 전망했다. 이미 풀타임 노동자가 점점 줄어들기 시작했고 미국의 각 회사들은 생산 비용을 절감하기 위해 제3국에서 생산을 하고 나머지 경영 업무는 얼마 안 되는 풀타임 노동자들이 미국에서 컨트롤하는 시스템을 택해 나가는 추세이다. 그만큼 미래 사회에서는 노동 분배의 패턴 또한 크게 변화될 것으로 전망했다.

지식 노동자 시대

피터 드러커의 두 번째 예견은 앞으로 모든 근로자가 지식 노동자가 되리라는 전망이었다. 지식 노동자의 핵심은 모든 노동자가 전문가가 된다는 데 있다. 예를 들어, 의사만 하더라도 의학박사라는 직함만으로는 전문가라고 하기 어렵다. '방사선과 전문의' 정도의 이름이 주어져야 전문가의 역할을 감당하는 지식 노동자라고 할 수 있다.

이제 문제는 이 지식 노동자들을 어떻게 관리할 것인가 하는 점이다. 그것은 자기관리의 훈련을 쌓는 것이다. 그런데 문제는 이 훈련을 젊은이들이 견디지 못한다는 것이다. 특별히 X세대는 이 훈련을 더욱 못 견딘다. 따라서 이 부분에 새로운 흐름을 형성시킬 필요가 있다.

그 대안 가운데 하나로 그가 제시한 것이 바로 다음 세대 사회 문명화(next civilization)의 견인차로 비영리단체를 활성화시키는 것이다. 베이비붐의 다음 세대인 X세대는 1964년부터 1979년 사이에 태어난 세대인데, 이 세대의 특징은 헌신도가 매우 약하고 훈련이 안 된 세대라는 점이다.

예를 들어, 베이비붐 세대가 700달러를 헌금한다면, X세대는 그 10분의 1에 해당하는 70달러 정도밖에 헌금하지 않는다. 그래서 전체 미국 사회와 큰 교회들, 그리고 가정 안에서 어떻게 다음 세대들에게 자기관리의 방법들을 잘 훈련시켜서 시대를 이어가게 할 것인가 하는 문제가 가장 큰 숙제로 등장하고 있다. 바로 이 숙제를 해결하기 위한 대안이 비영리단체의 존재와 역할 가운데 놓여 있다는 것이 피터 드러커의 주장이다.

피터 드러커는 케네디나 아이젠하워, 트루먼 등의 역대 미국 대통령과 과학자 아인슈타인의 자문을 담당해 온 인물이다. 그가 이번에는 빌 하이벨스, 릭 워렌 목사와도 대화를 나누었는데, 특별히 다음과 같은 도전적인 질문을 던졌다. "당신들은 무엇에 가장 기본적인 기초를 두고 사역하고 있습니까?" 그들은 '복음'이라고 대답했다. 다시 "복음의 핵심이 무엇입니까?"라고 물었고, 스스로 답하기를 "사람을 변화시키는 것, 특별히 사람을 변화시키는 능력"이라고 했다.

피터 드러커가 강조하는 지식 경영이라는 개념은 매우 실천적이고, 또 인간의 행동을 정확하게 인식하고 있는 개념이다. 무엇보다 사람들을 움직이며, 사람의 변화, 곧 비영리에 속하는 일에 관심을 기울이게 하는 개념인 것이다.

따라서 오늘날 신학교는 피터 드러커가 구상하고 실천에 옮기고자 해 온, 사람의 변화를 목표로 하는 사역에 큰 비중을 두어야 한다. 신학교들이 문서적인 영역, 곧 학문적인 분야에만 주로 매달리는 경향이 적지 않다. 그러다 보니 자연스럽게 변화에 대해 무기력한 모습을 띠게 되고, 실제 사역에 대한 감각도 떨어지게 되었다. 이것이야말로 오늘날의 신학교들이 뛰어넘어야 할 한계가 아닐까?

전인적인 변화를 위한 노력

피터 드러커는 2시간 30분 동안 내내 쉬지 않고 강의를 진행하고도 조금도 지치지 않는 모습을 보여 주었고, 나와의 개인적인 대화에도 열정적으로 임해 주었다. 놀랄 만큼 그는 시종일관 활기에 넘쳐 있었다. 그 지치지 않는 힘과 밝은 표정, 그리고 끊임없이 이어지는 유머는 어디서 나오는 것일까? 그는 이렇게 대답했다.

"다시 이야기하지만 자기관리 때문입니다. 나는 자다가 중간에 깨지 않기 위해 오후 4시 이후에는 물도 안 마십니다. 그리고 지금도 정원 손질을 내가 직접 합니다. 이런 것도 다 자기관리의 일환이지요. 물론 쉬운 일은 아닙니다. 그러나 이렇게 자기 경영을 꾸준히 잘해 나갈 수 있는 비결이 있습니다. 인생은 우선순위대로 살아야 한다는 것을 깨달아야 합니다. 덜 중요한 것에 인생을 낭비하지 않고 정말 중요한 것에 인생을 투자하며 사는 것입니다. 예를 들어, 간호사가 있다고 합시다. 그 간호사는 행정적으로 서류를 처리해야 하고, 주사도 놓아야 합니다. 그러나 이 모든 일들 이전에 그에게 가장 중요한 것은 결국 환자입니다. 환자의 변화, 환자의 완쾌에 집중하는 것이 간호사의 최우선순위입니다. 오늘 우리의 삶에서도 이렇게 올바른 우선순위를 세우고 사는 데 동일한 은혜가 있기를 바랍니다."

그와의 대화를 통해 21세기에 사람을 전인적으로 변화시키는 데 초점을 두는 영적 형성의 개념이 중요하다는 사실을 재차 확인할 수 있었다. 사람의 변화에 초점을 두고 피터 드러커가 주장해 온 모든 사고와 사상들을 한데 적절히 접목하는 작업이 필요할 것 같았다. 사람을 온전히 변화시키기 위한 제자훈련 또한 이런 작업을 통해 보완해야겠다는 생각도 갖게 되었다. 참으로 지금은 다음 세대를 향한 리더의 책임이 더욱더 막중해지고 있는 시점이다. 사람을 어떻게 키우고 세울 것인가 하는 데 집중된 피터 드러커의 고민은 목회적으로 보면 곧 제자훈련의 성패 여부에 달린 문제이기도 하다.

피터 드러커는 사람들이 변화하기를 두려워하고 싫어하는 이유가 무엇인지를 고민해 봐야 한다고 도전했다. 즉, 변화를 위해서 무엇을 버려야 할 것인가를 고민해야 한다는 주문이다. 사람들이 왜 변화를 두려워할까? 인간관계가 깨어질까 두려워하는 것이다. 인간관계의 와해는 사람들이 불편해 하는 것이고 싫어하는 것이다. 그러므로 인간관계의 기본을 바로잡는 일에서 지혜롭게 처신하는 것은 당연하다. 이런 민감한 문제에 대해서는 성령님께서 중간에 촉매 역할을 하셔야 가능할 것이다.

특히 우리와 같은 사역자들에게는 문제가 곧 성취를 가져다 주는 것이 아니기 때문에 문제보다는 기회를 포착하는 일을 게을리해서는 안 된다. 물론 문제 자체를 무시해서도 안 된다. 그러나 기회를 포착하고 사용해야 문제가 없어진다. 그러기 위해서는 강점을 살려야 한다. 그리고 이 일을 잘하기 위해 관계를 지속해 나가는 데 힘써야 하고, 지식 노동자로서의 각성을 가져야 하며, 이 모든 노력들을 통해 사람을 변화시키는 역사를 이끌어내기 위해 사역의 시스템까지도 재창조해 나가는 데 특별한 관심을 기울여야 할 때라고 생각한다.

생명을 간직한 변화

제자훈련에는 각양각색의 변수들이 가감승제(加減乘除)될 수 있지만, 그 핵심은 "변화"이다. 그 가운데서도 평신도의 변화가 그 중심핵이다. 교회의 시스템을 변화시키는 것도 평신도의 변화를 끌어내기 위한 수단에 불과하다.

시공을 가리지 않고 무차별적으로 공격하고 유혹하는 세속문화에서 호흡하고 생활하는 평신도들을 변화로 이끈다는 것은 일견 불가능하게 여겨지는 것이 솔직한 심정이다. 세속문화의 강력한 흡입력과 견인력을 생각하면, 드라이하게 보이는 교회문화의 힘은 너무도 왜소해 보인다. 신자들에 대해서 교회가 조금만 끈을 느슨하게 하거나 자칫 놓아버리는 순간, 신자들은 진공흡입기 같은 강력한 세속문화 속으로 빨려 들어가고 말 것은 너무도 자명한 일이다. 그렇다면 어떻게 해야 하는가?

대답은 하나밖에 없다. 생명력이다. 아무리 거대한 나무도 밑둥이 잘린다면, 결국 비바람 속에 남는 것은 껍데기요, 형체조차 알아보기 힘든 잔재뿐이다. 그러나 움트는 싹은 그것이 아무리 미약하고 가냘프게 보일지라도, 무서운 비바람조차 오히려 여린 생명을 튼실하게 하는 도구에 지나지 않게 된다. 우리가 변화를 그토록 원하는 것은 그 속에 생명이 있기 때문이다. 작은 변화라도 그 속에 생명이 담겨 있다면, 아무리 오랫동안 황폐한 곳이라도 푸른 생명의 나무가 가득하게 될 것이다. 모든 변화가 의미 있는 것이 아니라, 오직 생명을 간직한 변화만이 의미가 있는 것이다.

얼마 전 사랑의교회 순장들을 대상으로 "순장들의 영적 체질 강화와 다락방의 건강성 제고를 위한 기초 여론조사"를 실시하였다. 우선 여자 순장들을 대상으로 조사하였는데, 920명이 설문에 응하였다. 설문의 목적은 다음 세 가지였다. 첫째는 순장들의 영적 상태 진단과 순장들의 교회에 대한 요구사항을 파악하고, 둘째는 다락방의 현상파악을 통한 다락방의 건강도를 측정하며, 셋째는 순장과 순원의 변화에 대한 장애요소와 강화요소를 알아내는 것이 목적이었다.

모든 다락방이 시간이 흐른다고 해서 다 좋은 결실을 맺는 것은 아니다. 어떤 다락방은 1년도 지나지 않아 생명의 결실이 풍성한 곳이 있는가 하면 어떤 다락방은 몇 년이 지나도 그대로든가 오히려 위축되는 경우도 있다. 다락방이 잘되거나 위축되는 경우 수많은 변수와 경우의 수가 있겠지만, 순장이 순원을 보는 관점에서 이 문제의 해결책에 접근하고자 한다.

1. 발을 내딛지 않고서는 변화의 문으로 들어갈 수 없다

순장들에게 물었다. "순원들의 변화를 위해서 가장 필요한 것은 무엇인가?"

가장 많은 대답으로 '순원들의 지속적인 다락방 참석'이 나왔다. 응답자의 80% 이상이 순원들이 변화의 길로 들어서기 위해서는 무엇보다도 다락방에 참석하는 것이 가장 중요하다는 대답을 하였다. 너무도 뻔한 대답이라고 말할지 모르지만, 여기에 무거운 진리가 있음을 알아야 한다. 순장들은 말한다. "설령 열 번이고 스무 번이고 다락방 교재를 공부하지 않았다고 해도 참석하도록 해야 한다. 냉수밖에 마실 것이 없어도 모이고 봐야 한다." 그래야 변화의 끝자락이라도 맛볼 수 있다는 것이다.

다락방이 교회의 변화의 모체가 되고, 진정한 변화의 산실이 되기 위해서는, 다락방에 대한 교인들의 그릇된 생각을 깨뜨려야 한다. 교회는 다락방 참석에 대한 인식을 예배 참석의 수준만큼이나 강화해야 할 필요가 있다. 주일예배에 대한 참석은 이미 교인들의 심중에 의무감 이상으로 자리잡고 있다. 무슨 일이 있어도 반드시 참석해야 하는 것으로 교인들은 철저하게 인식하고 있는 것이다. 그러나 다락방 참석에 대해서는 그렇지 못한 것이 현실이다. 정말 교회가 다락방을 생명처럼 귀하게 여기고 있다는 사실을 교인들이 몸과 마음으로 실감하도록 해야 한다.

2. 오픈하지 않고는 변화에 이를 수 없다

순원들의 변화를 위해서 가장 중요한 것은 무엇인가라는 질문에 대해 많은 순장들이 했던 대답은 의외로 '가정을 오픈해야 한다'는 것이었다. 아무리 오랫동안 다락방 모임에 참여한다고 해도 자신의 가정을 오픈하지 않는 순원이 변화되는 것을 본 적이 없다는 말에 이 문제의 핵심이 들어 있다. 일시적인 경제적 어려움을 이유로, 혹은 피치 못할 사정으로 얼마동안은 다락방에 자신의 가정을 오픈하지 못할 수도 있을 것이다. 그러나 이것이 지속적이고, 의도적인 경우라면 생각을 달리 해야 한다. 이럴 때 교회와 순장은 영적 긴장을 가지고 가정을 오픈하지 못하는 순원을 바라보아야 한다. 순원들 서로가 거짓됨 없이 신뢰하고 투명한 관계가 되기 위해서 순장의 노력이 절대적으로 필요한 것이다. 순장은 다락방의 건강성을 최전선에서 지키는 야전소대장과 같다. 일선의 다락방이 무너지면 어느덧 주변은 물론 중심부까지 그 영향이 미칠 수밖에 없는 것은 자명한 사실이다.

교회 또한 어떤 다락방의 어떤 순원이 가정을 오픈하지 않는지, 그 사유는 무엇인지 예민하게 살펴야 한다. 둑의 조그만 구멍이 제방 전체를 무너지게 하는 것은 교회 밖에서만 진리가 아니다. 교회 전체에 파괴적인 파장이 일기 전에 일선 다락방의 어느 틈 사이로 누수가 있는지를 파악하는 것이야말로 다락방의 건강을 지키는 가장 중요한 스텝일 것이다.

변화의 심장을 뛰게 하라

변화는 사실 양날을 가진 검과 같다. 잘못된 변화는 돌이킬 수 없는 부작용과 후회를 낳지만, 올바른 방향의 변화는 사람을 살리고 생명의 열매를 낳는다.

변화무쌍이라는 단어는 변화가 갖는 속성을 가장 잘 드러낸다. 변화의 때와 모습은 결코 쉽게 예측할 수 없다. 변화는 손만 뻗으면 잡을 수 있을 것처럼 보이지만, 막상 잡으려고 하면 손가락 사이로 빠져나가는 연기이며, 때로는 다가갈수록 저 멀리 도망가는 무지개와 같다. 그럼에도 불구하고 우리에게 필요한 변화는 희생을 해서라도 반드시 붙잡아야 한다. 영적 성숙이라는 것은 변화의 순간을 포착하고, 그것을 붙잡는 능력과 비례한다. 윌로우크릭에서 교육목사로 섬기다 지금은 메놀 파크 교회에서 사역하는 존 오트버그 목사님이 '거룩한 긴장'이라는 글에서 영적 성숙을 위해서는 변화의 기회가 주어질 때 반드시 붙잡으라고 말한 것도 이런 이유가 아닌가 한다.

사실 일정 기간의 제자훈련을 했으니 누군가는 반드시 변화할 것이라는 생각만큼 변화의 속성에 대한 무지를 드러내는 것도 없을 것이다. 10년을 함께 하면서 온갖 수고를 아끼지 않았지만, 변화의 그림자조차 보이지 않다가, 어느 날 갑자기 전혀 달라진 모습으로 나타나서 우리를 당황시키는 것이 변화의 놀라운 얼굴이다. 또 가장 먼저 변화할 것처럼 잔뜩 기대를 일으켰다가, 끝까지 변화의 기미는커녕 오히려 정반대의 모습을 보임으로 우리를 실망시키는 것이 변화의 어두운 얼굴이다. 그러나 변화가 예측불허의 모습으로 우리를 당황스럽게 하고, 때로는 연기나 무지개처럼 손에 잡히지 않아서 우리의 애간장을 태운다고 해도, 야생마처럼 천방지축으로 날뛰는 '변화'의 고삐를 잡아당길 수만 있다면 변화는 천리마처럼 가장 긴요한 존재로 거듭날 수 있다.

변화의 심장을 뛰게 해야 한다. 이것만이 우리의 주변을 스쳐 지나가는 변화를 포착하여 개인과 교회를 영적 성숙으로 올려놓는 비결이다. 이것을 위해서 가장 중요한 역할을 해야 할 사람이 순장이다. 이런 이유 때문에 나는 화요일 순장반 모임에 내 모든 것을 걸고 있다. 사랑의교회는 화요일 오전에 순장들이 모여서 다락방 교재를 다루면서 사역의 방향을 함께 나눈다. 나의 솔직한 마음을 가감 없이 나누는 시간이며, 순장들과 함께 어린아이와 같은 열린 마음으로 울고 웃는 시간이다. 순장 한 사람 한 사람이 교회에 얼마나 중요한 존재인지를 체감하고 있기 때문에 나는 순장들을 살리는 일을 내 사역의 최우선으로 두고 순장반 모임을 준비하는 일에 전심전력을 다하고 있다.

순장은 최전선의 야전사령관이다. 순장의 색깔과 선택에 따라서 다락방은 죽기도 하고 살기도 한다. 그러므로 교회는 순장을 생명을 간직한 산모처럼 소중하게 대해야 한다. 이것은 순장에게 충분한 영양을 공급하고, 적절한 운동을 시켜야 하는 것을 의미한다. 좋은 교재와 가르침을 통해서 영양을 공급할 수 있다면, 경건의 훈련과 기도훈련을 통해서 적절한 운동을 시킬 수 있다.

1. 변화의 심장인 순장을 살려야 한다

순장의 영적 충만은 다락방의 건강을 결정하고, 순원들을 변화에 이르게 하는 결정적인 열쇠임은 모두가 주지하는 진리이다. 이것은 누구보다도 순장 자신이 잘 알고 있다. 설문조사에서 순장들이 순도 99.9%로 동의하였던 질문이 있었다. "순장이 변화되어야 순원들이 변화 된다"는 질문이 그것이다. 사실 사랑의교회 순장들은 30대에서 60대에 이르기까지 다양한 세대가 모여 있고, 경제적인 환경이나 배움의 수준도 각양각색이다. 그럼에도 이 질문에 대해서만큼은 모두가 한 마음으로 동의하였던 이유는 순장 자신이 경험적으로 이 사실을 확인했기 때문이라고 생각한다.

그러므로 다락방에서 변화의 심장은 순장이라고 말할 수 있다. 아무리 날고 기는 순원들이 모여 있다 해도, 순장이 제대로 서 있지 못하면, 얼마 못 가서 그 다락방은 시들해질 것이다. 그러나 순원들이 그다지 주목받지 못하는 사람들이라고 해도 순장이 단단히 중심을 잡고, 순원들과 긴밀하게 연결되어 있다면, 그 다락방은 사막의 오아시스처럼 생명수의 역할을 감당할 수 있을 것이다.

그러므로 변화의 심장을 뛰게 하기 위해서는 교회가 순장들의 영적 상태를 세밀하게 살피고, 그들을 이끌어야 한다. 가끔 보면 순장들이 좀 별난 곳에 가서 이상한 것을 경험하고 와서는 순원들에게 부정적인 영향을 미칠 때가 있다. 때로 교회는 이런 일들을 쉬쉬하면서 조용히 해결하려는 경우가 있는데, 이것을 문제시하기 이전에 먼저 이런 일이 일어난 배경을 보아야 한다. 그렇지 못하면 유사한 일들이 재발될 것은 불을 보듯 뻔하다.

왜 이런 일이 일어날까? 순장의 영적 공급은 교회와 순장 간의 쌍방향적인 통로에 의해서 결정된다. 그런데 교회로부터 제대로 된 영양을 공급받지 못하면 순장들은 본능적으로 자신과 순원들을 위해서 자기 생존의 몸부림을 칠 수밖에 없다. 그래서 혹시 뭐 좀 쉽고도 색다른 도움거리가 없나 여기저기 기웃거리다가 덫에 걸려들게 되는 것이다. 그러므로 교회에 몇몇 순장들이 바람직하지 못한 외부적인(혹은 이단적인) 영향에 물들어 있다면, 그리고 이런 일들이 재발된다면, 교회는 그 순장을 문제삼기 이전에 먼저 교회의 공급 시스템에 문제가 있는 것은 아닌지 치밀하게 살필 필요가 있다.

그렇다면 순장들은 평균적으로 자신의 영적 공급에 어느 정도의 시간을 투자하고 있으며, 교회는 그들을 어떻게 효율적으로 도울 수 있을까? 천여 명의 순장들을 대상으로 한 설문조사에 의하면, 성경을 읽는 시간은 매일 평균적으로 20~30분이며, 하루에 두 번 정도 개인기도 시간을 갖는 것으로 조사되었다. 어떻게 보면 조금 부족한 듯이 보이기도 하지만, 현대의 바쁜 일상을 고려하면 비교적 양호한 편이라고 말할 수 있다.

그리고 이와 함께 중요한 것은 성경을 읽는 시간의 질이며, 기도의 내용이다. 양과 질은 함께 가야 한다. 한쪽에 편중된 시각은 결국 둘 다 잃는 결과를 낳을 수밖에 없다. 교회는 순장에게 영적인 자양분의 양과 질을 확보해 주어야 한다. 성경읽기표를 나누어 주고 때마다 적극적으로 체크를 해야 하며, 정기적으로 기도제목을 주고 함께 기도 시간을 나누며, 최소한 일주일에 한 번은 새벽기도에 참석하는 시스템을 만들어서 참석하게 해야 한다. 사실 이것은 새로운 제안은 아니다. 그러나 중요한 것은 일상적인 프로그램으로 하는 것과 순장의 영성 유지를 위한 필수적인 생명유지 장치로 알고 거룩한 긴장감으로 세밀하게 체크하는 것과는 천양지차다.

그렇다면, 순장들이 말씀과 기도 외에 자신의 영적 활력을 위해 공급받는 자양분에는 어떤 것이 있을까? 순장들에게 "영적 재충전을 위해 무엇을 하는가?"라는 질문을 하였다. 그 결과 '신앙서적 읽기'가 으뜸으로 꼽혔다. 이것은 우리에게 중요한 시사점을 준다. 교회가 순장들에게 주기적으로 좋은 신앙서적을 소개하고 읽히는 것이 말씀과 기도생활 못지않게 중요하다는 사실이다.

그런데 더욱 중요한 것은 이것을 위해서는 반드시 목사가 책 읽는 습관을 가져야 한다는 것이다. 목사들이 가지는 일반적인 성향은 책 욕심이 많아서 책은 많이 사지만, 정작 책을 읽는 시간은 별로 없다는 것이다. 이것은 신간 신앙서적에 대해서 목사들의 피드백이 별로 없다는 사실에서 확인할 수 있다. 또 하나는 책을 제대로 읽지 않기 때문에 진짜 엑기스 있는 책이 무엇인지 책의 퀄리티에 대한 분별력을 갖고 있지 못해, 순장들에게 자신 있게 책을 소개하지 못한다는 것이다. 대체로 순장의 신앙서적 독서 수준이 그 교회 목사의 독서 수준을 넘지 못한다는 사실을 알아야 한다. 고전도 좋지만 최소한 지난 3개월 내에 발간된 신앙서적에 대해서 순장들에게 추천할 책이 없다면 목사는 자신의 신앙서적 읽기 습관을 되돌아보아야 할 것이다.

2. 성장의 선순환적인 궤도에 진입하게 하라

"순장사역을 감당하는 데 가장 도움이 필요한 영역은 무엇인가?"라는 질문에 대해서 많은 순장들은 '신앙의 활력을 위한 일일 수련회나 기도회'를 꼽았다. 이것이 의미하는 바는 무엇인가? 하나님을 아는 단계를 넘어 하나님을 뜨겁게 체험하기를 원하고 있다는 뜻이다.

20~30년 전에 청년 대학부에서 널리 읽혔던 책의 부류는 "Knowing God"이었다. 그러나 지금은 "Experiencing God"이다. 사람들은 하나님을 지식적으로 아는 것을 넘어서 하나님을 경험하기를 갈망하고 있다. 다락방에서 온갖 형태의 나눔이 있을 수 있지만, 모든 초점은 하나님을 경험하는 것에 있어야 한다. 다락방의 성경공부가 일부 똑똑한(?) 순장들에 의해서 지적인 장광설의 모임으로, 혹은 세상적인 정보의 공유장으로 흐르는 것을 무엇보다 경계해야 하는 이유도 여기에 있다. 순장과 순원이 일상 중에서 경험한 하나님을 나누는 곳이 바로 다락방이다. 이런 점에서 교회는 순장들에게 하나님을 경험할 수 있는 기회를 많이 제공하고, 그들이 다락방에 가서 그 경험들을 나눌 수 있게 해야 한다. 어떻게 하면 교회가 순장들에게 하나님을 경험할 수 있는 기회를 줄 수 있을까에 대해서 전방위적인 전략적 사고가 필요하다.

사람들은 현재 자신의 모습에 만족하지 못하므로 무언가의 변화를 원한다. 다락방은 그 변화의 물줄기를 생명으로, 하나님을 경험하는 것으로 잡아주는 곳이다. 순장은 바로 수많은 세파의 흐름 가운데 변화의 심장을 움켜잡고 배를 생명의 항구로 바르게 인도하는 사람이다. 순장은 순원들이 다락방에서 성장을 경험하도록 인도할 책임이 있으며, 교회는 순장이 성장하도록 인도할 책임이 있다.

  이것이 왜 그토록 중요한가? 그것은 성장이라는 것은 한번 시작되면, 선순환적인 구조로 돌아가게 되어 있기 때문이다. 성장은 경험하면 할수록 더 큰 성장에 배고파하게 되어 있다. 결론은 이것이다. 교회는 순장이 다락방을 선순환적인 구조로 이끄는 데 필요한 모든 것을 공급해야 한다. 그러기 위해서는 먼저 순장이 성장의 선순환적인 궤도에 진입하게 하는 일에 목숨을 걸어야 한다. 그것이 교회가 살고 순장이 살고 순원이 사는 길이다.

전통과 개혁의 균형 있는 파도타기

과거의 은혜는 장래의 은혜에 대한 믿음의 기초다.
그리스도의 부활은 우리가 잊지 말고 기억해야 할 과거의 은혜의 위대한 역사다.
또한 그것은 우리의 부활이라는 장래의 은혜에 대한 믿음의 기초다.
—존 파이퍼

그동안의 사역에 대한 후회가 있다면 후회를 바꾸어 다시 한번 우리 속에 있는 열정의 불꽃을 회복해야 한다. 우리에게 있는 후회의 크기가 꿈과 열정의 크기보다 더 커질 때 사역은 늙기 시작하는 것이다.

비록 우리가 시대의 변화를 다 관리하거나 따라잡을 수는 없다 하더라도 하나님이 주시는 꿈과 통찰력만 있다면 시대를 앞서가는 은혜와 긍휼을 입을 수 있다. 그리고 결코 변화를 위한 시도 때문에 생기는 실패를 두려워하지 말아야 한다. 20세기의 가장 걸출한 농구 스타, 농구의 신으로 불리는 마이클 조던도 얼마 전에 나이키 광고를 통해 자신이 실패한 횟수를 고백했다. "나는 내 생애에 있어서 9,000번의 슛을 실패했고, 300게임을 졌다. 나는 26번의 경기에서 게임을 이길 수 있는 마지막 결정 슛을 던졌으나 실패했다." 우리는 사역의 현장에서 얼마나 많은 좌절을 경험하는가? 그러나 아무것도 시도하지 않은 한 달란트 받은 자나, 생명력을 잃어 화석처럼 굳어버린 미라가 되지 않겠다는 마음이 필요하다.

윈윈 사역

한국의 4만 5,000개 이상의 교회 가운데 대부분은 10년 이상이 된 전통적인 교회라고 할 수 있다. 이 전통적인 교회에 변화를 일으키기가 얼마나 힘이 드는지 이미 아는 사람들은 다 감지하고 있을 것이다. 이것은 마치 수상스키를 타는 것과 같다. 수상스키를 타는 사람을 보고 있으면 아주 재미있게 잘 타는 것같이 보인다. 하지만 수많은 실패와 물 속에 가라앉는 경험 이후에 비로소 제대로 스키를 즐기는 과정에 도달하게 되는 것이다. 특히 잔잔한 호수에서 수상스키를 타는 것과 큰 바다의 파도를 맞아 가며 수상스키를 타는 것에는 큰 차이가 있다. 대양의 큰 파도를 뛰어넘다가 각도가 맞지 않아 온몸이 뒤집어지기도 한다.

전통적인 교회가 변화되는 과정에서, 하나님의 특별한 은혜로 잔잔한 호수의 물결을 넘는 것처럼 재미있게 사역할 수도 있겠지만 어떤 때는 온몸에 큰 파도를 뒤집어쓴 것처럼 비참한 기분을 느낄 때도 있다. 이따금씩 너무나 거대한 물결을 앞에 두고, '이렇게 두려운 파도를 과연 누가 뛰어넘을 수 있을까?' 하고 스스로 망연자실할 때도 있다. 새로운 사역을 시작한다든지, 기존의 사역과 프로그램들을 재편성하고 그간 성과나 열매가 없는 사역들을 과감하게 정리하는 것은 마치 큰 파도를 넘는 것과 같다.

다음에 제시하는 몇 가지 제안들은 이미 내가 파도 속에 빠져서 짠 소금물을 마셔 가며 눈물도 흘려 보고 고민했던 것들로 전통적인 교회가 은혜롭게 변화되기 위한 통찰에 대한 것이다.

1. 과거의 강점을 확장하라

교회를 개척하지 않은 이상 우리는 선배 사역자가 세운 터전 위에 교회를 세워 갈 수밖에 없는 시공의 제한을 가진 존재이다. 그러므로 먼저 과거의 목회자들을 통해 누렸던 교회의 여러 가지 축복들을 확장시켜야 한다. 즉, 부임한 교회의 과거를 축복하라는 것이다. 그 교회가 오늘의 교회가 되기까지는 개척한 선임 사역자의 열정, 희생, 성실성, 하나님을 향한 사랑이 있지 않았겠는가? 누구의 사역이든 장단점이 있겠지만 선임 사역자의 강점이라고 생각되는 것은 대범하게 축복해야 한다. 이런 마음의 자세를 갖게 되면 자동적으로 지나간 교회의 역사 중에 어떤 것이 귀한 사역인가에 대한 안목을 갖게 되고, 과거의 축복된 사역과 연관된 사람들의 살아 있는 조언에도 귀를 열게 되며, 이를 통하여 새로운 사역의 틀을 짜고 과거의 사역을 재구성하는 데 큰 통찰력을 갖게 된다.

2. 방법보다 원리를 강조하라

프로그램이나 이벤트는 언제든지 바뀔 수 있다. 그러나 교회론이나 사역의 본질, 뼈대 등은 원리화시켜서 변함없는 돌쇠 정신을 유지해야 한다.

우선 사역을 뒷받침할 성경적 원리를 철저히 확인해야 한다. 그러고 나서 그것을 본 교회에 주신 약속의 말씀으로 믿고 영적인 슬로건을 만들어 '거룩한 의식화 작업'을 하면 그때부터 사역의 가속도가 붙게 된다. 그리고 시간의 흐름에 관계없이 새 시대에도 통할 수 있는 무게 있는 내용과 시간의 한계를 뛰어넘는 원리들을 가르치고 설교하면 어느 순간부터 시대를 앞서는 변화를 맞이하게 될 것이다.

나의 경우 영적 원리에 따라 내걸었던 슬로건들은 다음과 같다. "좋은 예배가 좋은 예배자를 만드는 것이 아니라, 좋은 예배자가 좋은 예배를 만드는 것이다." 따라서 사랑의교회는 공예배를 갱신하고 좋은 예배자를 만드는 지름길이 제자훈련임을 초시간적인 원리로 받아들여 이를 교회 전체의 문화로 정착시켜 가고 있다. 또한 "직분 중심으로 일하지 않고 소명 중심으로 사역한다"는 원리를 토대로 평신도들을 은사대로 봉사하는 주역으로 만들기 위해 노력하고 있다. 그 결과 사람을 만날 때 일과 행정, 직분으로 만나지 않고 생명, 섬김, 헌신, 은사 활용의 차원에서 영혼을 섬길 수 있게 된 것이 얼마나 감사한지 모른다.

또 하나, "문제보다 문제를 덮어버릴 수 있는 더 큰 은혜를 주옵소서"란 원리를 통해서, 형사의 눈으로 매사 교회 사역을 부정적으로 바라보고 감시하는 사람들이 아닌, 은혜받는 데 앞장서는 귀한 사람들을 키울 수 있었다. 그야말로 윈윈(win-win)의 원리가 먹혀든 것이다.

3. 살아 있는 전통을 성경적으로 승화시키라

전통에는 두 종류가 있다. 하나는 죽은 전통이고, 또 하나는 살아 있는 전통이다. 죽은 전통은 사람들이 기억은 하지만 현재의 사람들에게 끼치는 영향력은 미비하다. 정치적으로나 사회적으로 앞으로 이런 현상이 점점 극대화될 것이다. 살아 있는 전통은 오늘날까지도 그 원리를 적용할 때 큰 열매를 맺을 수 있는, 계속 이어나가야 할 역사적 이유를 설명해 주는 전통이다.

정말 멋있는 전통이 성경적으로 아름답게 원리화된다면, 영향력 있는 사역으로 사람들을 계속 감동시킬 수 있을 것이다. 예를 들어 주중의 기도 모임을 소그룹 사역으로 전환하려고 할 때, 기도의 중요성을 강조하는 전통적인 사람들은 탐탁해 하지 않을 것이다. 이때 변화를 위해 고민하는 사역자라면 그들의 핵심 가치관이 기도하는 것임을 재빨리 파악하고, 소그룹 사역을 시작하면 더 많은 사람들이 기도 모임에 참석하여 더 효과적으로 기도할 수 있다는 것을 확신시켜 주어야 한다. 그래야 전통적인 사람들도 변화에 따라올 수 있을 것이다. 즉, 변화가 어떻게 과거 사역의 중요한 가치를 이어 나갈 수 있는지를 보여 주라는 것이다.

4. 하나님께서 역사하실 것을 의심 없이 믿으라

나는 하나님께로부터 믿음의 은사를 받았다고 생각하고 감사하고 있다. 내게 그러한 믿음의 은사를 계발시켜 준 약속의 말씀이 바로 로마서 4장 17절이었다. "기록된 바 내가 너를 많은 민족의 조상으로 세웠다 하심과 같으니 그의 믿은 바 하나님은 죽은 자를 살리시며 없는 것을 있는 것같이 하시는 하나님이시니라." 죽은 자를 살리시고 없는 것을 있는 것같이 하시는 하나님이시므로 내 생명에도, 내 사역에도 기적의 물꼬를 터뜨려 주시리라 믿게 된 것이다. 내 죽은 과거의 이력에도 '무엇인가'를 창조하시는 분이며, 죽은 전통에도 생기를 불어넣

으셔서 다시 한번 시작할 수 있는 은혜를 주시는 분임을 믿게 된 것이 너무나 감사하다. 이런 마음이 있다면 변화와 개혁을 위해서 진득하게 인내할 수 있다.

실례로 미국 교회의 경우 도시와 도시 근교의 교회들은 보통 5~7년이 걸려야 전통적인 교회에 새 바람을 불러일으킬 수 있고, 더 시골인 경우는 변화하는 데만 10~12년이 걸린다고 한다. 한국 민족의 급한 기질을 감안한다 해도 도시 교회는 최소한 3, 4년, 시골은 6, 7년 걸려야 어느 정도의 변화가 가능하지 않을까 싶다. 하지만 우리의 마음이 순수하고 어린아이처럼 하나님만을 전적으로 의뢰하면 반드시 자비를 베푸실 것이다. 성도들이 과거의 멋있는 전통을 창조의 연장으로 인식하게 해보라. 우리가 참으로 하나님과 그의 백성들을 진실로 섬기고 사랑한다면, 주께서 우리를 불쌍히 여기셔서 진정한 변화를 위한 꼭 필요한 통찰력과 영향력을 주시리라 믿는다. 최근 내게 전통과 새로움에 대한 큰 영향력을 끼친 글 한 편을 소개하고자 한다. 미국 장로교(PCA)의 로스(Michael F. Ross) 목사가 쓴 글인데, 전통과 개혁의 균형 있는 파도타기를 일목요연하게 설명하고 있다.

사역이 제대로 되려면 부흥과 개혁이 균형 있게 강조되어야 한다. 부흥의 강조가 없는 개혁은 한낱 정치 이념만을 흉내내는 몸짓이거나 죽은 교조주의에 지나지 않는다. 또 반대로 개혁의 강조가 없는 부흥은 단지 피상적인 경건주의나 신비주의일 따름이다. 개혁과 부흥이 함께 이뤄질 때만이 우리 주님의 지상 명령을 온전히 성취시켜 나갈 수 있다.

이러한 균형 잡힌 의식 구조야말로 부흥과 개혁에 대한 수많은 논란

거리와 갈등을 일시에 잠재울 수 있을 것이다! 자연히 개혁과 부흥은 함께 동반되어야 함을 믿고, 개혁은 교회의 의무임을 깨달아 말씀을 더 신실하게 순종할 것이며, 부흥은 하나님의 약속임을 믿어 주권적인 성령의 역사를 더 사모하게 될 것이다. 즉, 개혁은 우리가 하는 일이요, 부흥은 우리가 기다려야 할 영역이다. 개혁을 이루기 위해서 힘쓰는 동시에 부흥을 위해서는 준비해야 한다. 순수한 부흥은 순수한 개혁으로 이어지며, 참된 개혁은 반드시 참된 부흥에서 기인한다. 이 두 가지는 서로 연관되어 있고 성령의 동시적 사역이다.

이 내용을 믿는 교회에는 말씀을 통한 개혁(행 2:42), 교제를 통한 개혁(행 2:42), 기도를 통한 개혁(행 2:42), 교회 지도자들의 사역을 통한 개혁(행 2:43), 섬기는 사역을 통한 개혁(행 2:44, 45), 예배를 통한 개혁(행 2:46, 47), 전도 활동을 통한 개혁(행 2:46, 47) 등이 있다. 그리고 그 결과로 부흥이 나타나는데, 말씀 사역의 부흥(행 4:31), 교제의 부흥(행 5:11), 기도의 부흥, 교회 지도자들의 사역의 부흥(행 4:13), 섬기는 사역의 부흥(행 4:34, 35), 예배의 부흥(행 5:42), 전도 활동의 부흥(행 6:9) 등의 열매가 균형 있게 나타난다.

한국 교회는 부흥을 경험한 지 너무 오래되었다. 로마를 항복시키고 에베소와 빌립보에 백기를 들게 한 힘 있는 기독교가 이제 무력해졌다. 오히려 교회가 사회로부터 신뢰를 잃어버린 이 시점에서 과거에 베푸신 하나님의 일에 대한 무지를 떨쳐버리고 전통의 강점과 개혁에 대한 균형의 파도타기를 다시 한번 시도해 보는 것이 어떨까?

21세기 팀 사역의 비밀

한 사람이 역량을 지닐 수 있는 비결은 2이다.
1이라는 숫자에 100을 제곱해도 결과는 마찬가지이다.
그러나 2에 100을 제곱하면 천문학적인 숫자가 된다.
한 사람의 역량이란 다른 하나가 없으면 아무것도 아니다.
– 레너드 스윗

"슬며시 땅에서 솟아나와 모든 지도자들의 발목을 서서히 감싸고는 마침내 걸려 넘어지게 만드는 것은?" 찰스 스윈돌은 전세계를 돌아다니면서 지도자들이 비슷한 문제로 고민하는 것을 발견했다. 이것은 사업가나 목회자 모두에게 공통적으로 발생하는 문제였다. 왜 어떤 지도자들은 시간이 흐를수록 지쳐가는 반면에 또 어떤 지도자들은 오히려 힘을 쌓아가는가? 여기에 대해 스윈돌은 지도자의 탈진이 권한의 위임에 미숙한 것과 비례한다는 것을 발견하였다. 이것은 나의 지난 20여 년 사역에서도 경험되는 것이다. 내가 오랜 사역을 하면서 내린 결론 중의 하나는 독불장군은 적어도 주님의 교회에서는 발붙일 자리가 없다는 것이다.

지도자들은 혼자서 사역하다가 지쳐서 결국은 탈진되고 만다. 이것은 사역자들이 팀 사역의 비밀을 모르기 때문이다. 사실 사역자들은 누구보다도 팀 사역에 대해서 많이 듣는다. 그럼에도 이것을 하지 못하는 이유는 팀 사역의 놀라운 결과를 경험하지 못했기 때문이다. 조금 극단적으로 말하면 레너드 스윗이 지적했듯이 1이라는 수에 어떤 수를 제곱해도 그 결과는 숫자 1에 지나지 않는다. 반면에 2라는 수에 제곱을 하면 제곱의 수가 커질수록, 다시 말하면 동역자의 수가 뻗어 나갈수록 기하급수적으로 커지는 것이다. 이것을 교회에 적용하면, 어떤 사람도 영적인 독불장군으로는 21세기 교회를 이끌어갈 수 없다는 결론에 이른다. 따라서 "지도자가 혼자서 일하지 말고 짐을 나누어지라"는 말은 얼핏 보면 전혀 영적인 주제가 아니지만 사실은 영적으로 대단히 심각하고 중요한 문제임을 알 수 있다.

팀 사역은 최근에 나온 경영학적 용어가 아니다. "예수님이야말로 최고의 팀을 세우고 이끄시는 분이었다."라는 로리 베스 존스의 말처럼 교회에서 팀 사역은 수천 년의 전통을 가지고 있다. 이러한 팀 사역의 전통이 사라지게 된 결정적인 계기는 중세 가톨릭 교황의 득세에 있다. 그런데 중요한 것은 교황의 모습이 홀로 득세할수록, 동역자를 외면한 영적 독재가 깊어질수록 주님의 교회는 안팎으로 상처투성이가 되었다는 사실이다. 오늘날 교회가 초대교회의 능력과 영광을 회복하려면 팀 사역을 회복하는 데서 열쇠를 찾아야 한다.

모든 것이 불확실하지만 동시에 모든 것이 가능한 21세기, 디지털 시대에 들어서면서 사역의 뚜렷한 방향 하나가 무엇이냐고 묻는다면, 나는 단연코 팀 사역이라고 말할 것이다. 담임목사 한 사람에게 모든 것을 일임하는 시대는 지났다. 이제는 협력하는 팀의 구조로 사역이 옮겨져야 한다. 과거 한 사람에게 집중되었던 정보가 이제는 모두가 공유하는 정보로 바뀌어 가고 있기 때문에, 팀 사역의 필요성은 더욱 절실하다.

이렇게 세분화된 시대에 혼자 다 하겠다는 발상 자체가 새로운 시대의 흐름과는 전혀 맞지 않는다. 지금은 혼자서 독불장군식으로 다 할 수 있는 시대가 아니다. 그렇다면 21세기 팀 사역의 모델이 되기 위해 사역자가 갖추어야 할 통찰력은 무엇일까?

팀 사역을 위한 통찰력

첫째, 세상을 변화시킬 이상(Vision)을 갖되 반드시 현실을 정확히 인식하는 통찰력이 필요하다.

하늘을 바라보되 땅에 발을 딛고 서 있어야 한다는 말이다. 팀 사역을 위해서는 지도력을 가진 사람들이 주위에서 무슨 일이 일어나고 있는지 상황을 정확하게 판단할 수 있어야 한다. 우리는 과거를 통과해서 오늘에 이르렀지만 동시에 현재와 미래에 어떤 일이 일어나고 있는지도 볼 수 있어야 한다.

둘째, 팀을 건축하는 기술을 배워야 한다.

팀 건축에는 세 가지가 꼭 필요하다. 협조하는 마음의 자세, 혼자 다 할 수 있어도 자기의 권리를 놓을 수 있는 마음가짐, 지혜롭게 대화하는 기술, 이 세 가지가 잘 조화되어야 팀 사역이 가능하다. 많은 사역자들이 설교를 좀더 잘 하기 위해, 상담을 효과적으로 하기 위해, 새로운 프로그램을 익히기 위해서는 부단히 애를 쓰고 시간과 물질을 투자하지만 팀을 건축하는 기술을 습득하기 위해서는 노력은커녕 팀 안에서 일어나는 일조차 해결하지 못한 채 무방비 상태에 있다. 21세기 목회 환경에서 효과적인 팀 사역을 하기 위해서는 이 세 가지 유형 자산을 반드시 자기 것으로 삼아야 한다.

셋째, 끈기와 성실로 결정하는 법을 배워야 한다.

21세기 리더십의 기초는 카리스마가 아니라, 균형 잡힌 인격을 통해 뿜어 나오는 결정력(決定力)이다. 치우침 없는 의식으로 균형 잡힌 결정을 내리는 능력을 키워야 한다. 방법이나 덜 중요한 것들에 대한 결정은 신속하게 내리고, 원리와 관계된 중요한 결정을 할 때는 신중하게 하는 것이 몸에 배도록 건강한 환경 조성이 필요하다.

팀 스피릿 개발을 위한 4단계

21세기의 진정한 팀 사역 지도자는 자기 발전보다 남들의 발전에 더 깊은 관심을 쏟는 자이다. 강력한 지도력과 종의 자세를 겸비하셨던 예수님이야말로 21세기 팀 사역을 위한 가장 좋은 지도력의 비밀이자 역할 모델이라고 할 수 있다. 앞서가는 한국 교회나 미국 교회의 팀 사역자들과 선교 단체들을 잘 살펴보면 나름대로의 공통점을 가지고 있다. 그것은 그들의 팀 스피릿이 하루아침에 형성된 것이 아니라, 몇 가지 단계를 거쳐서 개발되었다는 것이다.

1단계 : 형성 단계

이 단계에서는 함께 모여 비전과 목표를 정확히 설정한다. 책임자 혼자 모든 것을 결정하는 것이 아니라, 공동의 목표를 가지고 한 배를 탄 사람들끼리, 강력한 비전, 누수 없는 목표를 확신할 수 있어야 한다. 팀의 방향이 무엇인지, 어떻게 임무와 책임을 나눌지, 누가 얼마만큼의 권위를 갖고 결정할 것인지, 누구에게 보고를 해야 할지 서로 질문하면서 팀의 목표와 기준을 창조적으로 집결시켜 놓으면, 특별한 감독자의 도움이나 지원 없이도 목표가 흐트러지지 않는다. 이 과정에서 중요한 것은 함께 모여서 서로의 속을 털어놓고 함께 방향을 잡아가야 한다는 것이다.

이렇게 공동의 비전과 목표가 설정되었다면, 간절한 마음으로 동역자 모두가 함께 기도하며 비전 안에 하나 되고 헌신하는 과정을 꼭 마련해야 한다.

2단계 : 함께 갈등하는 단계

한 사람이 모든 결정을 하는 것이 아니라 팀원들이 함께 사역을 하게 되면 많은 어려움에 봉착하기도 한다. 이 기간이야말로 소동이 벌어지고 문제들이 노출되는 단계요, 폭풍의 기간이라고 말할 수 있다. 이 소동의 단계에서는 팀원들이 지도자에게 도전하기도 할 것이요, 지금 우리의 방향이 올바른 것인지, 올바른 코스로 가고 있는지, 계속 진보해 나가는 것인지에 대한 의문을 끊임없이 제기한다. 이 순간 진정한 지도자의 역할은 문제를 제기하는 팀원들에게 진실한 지도력을 발휘하여 정성을 다한 설득을 통해 안심을 시키는 것이다.

이때 운동에 있어서 코치와 같은 역할을 하게 되면 서로에게 큰 도움이 될 것이다. 코치는 좋은 선수를 발굴, 훈련하고, 전략과 게임 운영 방식에 대한 전적인 책임감을 갖지만, 필드에는 나타나지 않는다. 이렇게 하는 동안 팀원들의 정서적인 문제나 영적인 의문들이 서서히 해결되고 안정될 것이다. 중요한 것은 지도자는 이 단계에서 파생되는 모든 종류의 도전, 투쟁, 갈등의 구조를 편안한 마음으로 받아들여야 한다는 것이다. 진정 팀 사역을 이루기를 원하는 지도자는 그동안 자신이 익숙했던 리더십 스타일과 사역 방식에 안주하지 않고 창조적 갈등을 견디는 사람이라고 할 수 있다.

3단계 : 팀 사역의 불문법이 정해지는 단계

폭풍과 소동의 기간을 거치고 나면, 자연스럽게 팀 나름대로의 문화와 메커니즘, 역동성을 갖기 시작한다. 나름대로의 규칙이나 운영 방침, 원칙이 세워지는 것이다. 이것은 많은 갈등 속에서 다듬어져 나온 것이기 때문에 명문화되지는 않았다 하더라도 보이지 않는 팀의 가치 기준으로 설정될 것이다. 모두에게 올바른 사역의 가치가 결정되고, 인간관계의 훈련 속에서 검증된 수직적, 수평적 관계가 뚜렷해지면서 드디어 팀 전체가 올바른 리더십을 갖게 된다는 의미이다. 묵시적인 언약들이 지켜지고, 그것을 통해 보다 능력 있는 팀원들의 모습을 갖추게 된다.

이쯤 되면 구체적인 사역의 매뉴얼을 문서화해도 무리가 없을 것이다. 이러한 과정을 거치지 않고 그냥 지도자가 일방적으로 매뉴얼을 만들어 주게 되면, 억지로 따라하거나 그냥 눈치나 살피는 사역으로 전락하게 된다. 탁월한 한 사람의 의견보다 팀원들의 일치와 합의로 이뤄진 것이 훨씬 더 가치 있고 능력 있는 결정이 될 수 있다. 신중하게 내려져야 할 결정이 아무런 논쟁이나 소동 없이 일사천리로 환호 속에 진행된다면 아주 위험하다. 왜냐하면 팀원들 가운데 그 누구도 성실히 자기 임무를 수행하거나 고민하지 않았다는 증거가 되기 때문이다. 그러므로 팀원들의 깊은 생각을 끌어낼 수 있는 창조적인 분위기와 여건을 조성하는 것은 효과적인 팀 사역의 필수 조건이다.

4단계 : 은사가 극대화되는 단계

드디어 각자의 은사와 강점이 발휘되기 시작한다. 팀 사역을 하게 되면 팀원들의 약점이 아니라 강점이 일하게 된다. 마치 멋있는 작품을 만들어서 무대에 올리는 느낌을 갖게 될 것이다. 왜냐하면 이것은 어디까지나 팀원들의 협조, 창조성, 노력, 교회 모두가 하나로 묶여진 결론이기 때문이다. 팀 사역을 하기 전에는 꿈도 꾸지 못했던 일들이 멋지게 펼쳐지는 것을 보면서 서로의 가치와 보람을 확인하게 된다.

무엇보다 이 단계에서 지도자에게 주어지는 가장 큰 축복은 팀원들에게 사역을 분담, 위임했기 때문에 좀더 많은 자기 시간을 가질 수 있게 된다는 것이다. 그리고 꿀맛 같은 그 시간을 잘 활용해서 더 큰 눈을 뜨고 창조적인 생각과 분석, 통찰력 있는 계획들을 할 수 있게 되니 사역의 효율성은 극대화된다고 할 수 있다. 팀 사역을 하면 자연히 서로의 장점이 나타나 시너지 효과를 경험할 수 있을 것이다.

은사배치 사역의 중요성

성도들의 강점으로 일하는 폭발력 있는 사역을 위해서는 은사배치가 중요하다. 성도들이 가지고 있는 은사들을 지혜롭게 잘 활용할 수 있어야 하는 것이다. 동시에 한 영혼을 소중히 여기는 제자훈련 사역, 전파하는 사역, 가르치는 사역, 치료하는 사역, 지원하는 사역 등 그 어느 사역이든지 영감과 은혜가 넘치도록 해야 한다. 그럴 때 이런 채널들을 통해 시대의 흐름을 잘 탈 수 있게 된다.

릭 워렌이 서핑에 대해 이야기했듯이 우리가 파도 자체를 만들지는 못하지만 파도를 타는 것은 우리의 책임이다. 파도를 탈 때 중요한 것은 너무 일찍 타도, 반대로 너무 늦게 타도 안 된다는 것이다. 우리가 시대의 파도를 탈 때도 마찬가지다. 어떻게 적절한 균형을 맞추어 타는가가 중요하다. 이것은 끊임없는 자기 고민과 거룩한 갈등을 필요로 하는 것이다.

교회가 노쇠됨 없이 어떻게 하면 모든 사역들을 제대로 감당할 수 있을까? 은사배치사역은 교회의 잠재된 역량들을 발굴하여 균형감각을 가지고 여러 사역들을 지혜롭게 감당케 한다는 점에서 사역자들이 오랫동안 고민해 온 문제의 해결책이라 할 수 있다.

칼빈의 로마서 주석을 보면서 발견한 사실이 있다. 로마서 12장 주석에서 은사에 관한 언급은 나오지만 실제적인 적용 부분은 다루지 않고 있었다. 마틴 루터도 만인제사장직을 부르짖었지만 평신도 사역으로 연결짓지는 못했다. 요한 웨슬리도 모든 평신도들의 은사에 관해서는 이야기했지만 적극적인 개괄을 하지 않았다. 미국도 20세기에 들어서면서 오순절 은사주의자들에 의해 이 문제가 거론되었지만 주류 교단들로부터 거절당했다. 적극적으로 검토되기 시작한 것은 제2차 세계대전 이후부터였다.

그러다가 페닌슐라 바이블 처치(Peninsula Bible Church)의 레이 스테드먼(Ray C. Stedman)에 의해 본격적으로 평신도들이 각자 받은 은사를 활용하기 시작했는데, 후에 빌 하이벨스와 릭 워렌에게 결정적 영향을 끼친 보이지 않는 영적 백그라운드가 되었다. 이를 기점으로 오늘날 미국에 있는 독립교회들 가운데 일부는 평신도들의 은사와 이를 발휘할 수 있는 장을 접목함으로써 사역에 양날개를 달았을 뿐만 아니라 폭발력 있는 사역의 물꼬를 트는 것을 보았다. 새들백교회의 경우 매

주 190~200여 명의 헌신자들이 지원을 한다. 아예 교회 본당 맞은편에 간이 지붕을 세우고 최소한 20~30개의 사역부스를 설치해 놓았다. 거기서 얻는 자원은 실로 대단하다.

준비된 사람들을 평신도 지도자로서 계속 발굴하고 키워나가야 한다. 부교역자들이 오른팔의 역할을 한다면, 왼팔의 역할은 평신도 지도자들이 하는 것이다. 은사배치사역이야말로 시대의 흐름을 타고 넘을 수 있는 역동적이고 폭발적인 사역의 전진 기지가 될 것이다.

시대를 아우르는 사역의 통찰력

이생의 희미한 영혼의 창은 하늘 전체를 왜곡시킨다.
그리고 당신으로 하여금 거짓을 믿게하는데
당신이 꿰뚫어 보지 않고 그저 눈으로 볼 때 그렇다. ㅡ블레이크

시대를 아우르는 통찰력은 시대의 안개를 헤치는 힘에서 나온다. 이 시대는 여러 가지 안개로 뒤덮여서 집중해서 보지 않으면 저 멀리 무엇이 있는지, 어디로 가고 있는지 알 수가 없다. 시대를 보는 통찰력의 깊이는 시대를 꿰뚫어 보는 수준과 같다. 이러한 통찰력은 누구나 원하는 것이지만 누구에게나 주어지는 것은 아니다. 우리 시대를 덮고 있는 안개는 무엇인가? 부정과 부패, 유혹과 탐닉의 안개가 있다. 또 C. S. 루이스가 일곱 가지 악이라고 말한 교만과 시기, 분노와 호색, 탐식과 게으름 그리고 탐욕이 있다. 우리가 뚫고 나가야 할 안개는 이뿐만이 아니다. 각 사람마다 미움과 원망, 위선과 거짓의 안개로 자기 앞조차 분간하지 못하는 경우도 있다.

우리가 이러한 시대를 덮고 있는 안개, 개인의 삶을 흐리게 하는 안개들을 꿰뚫지 못하면 시대를 아우르는 통찰력을 가질 수가 없다. 그

러면 어떻게 우리를 덮고 있는 이러한 안개를 헤치고 우리가 바라는 곳을 바라보는 눈을 가질 수 있을까? 이러한 통찰력은 이기주의의 밭에서는 결코 자랄 수 없으며, 희생과 섬김, 용기와 절제, 사랑과 정의라는 밭에서 자랄 수 있다. 그리고 이것들은 영적인 집중력이라는 울타리 속에서 뻗어나갈 수 있다.

그런데 시대의 안개를 뚫고 나가는 것은 결코 쉬운 일이 아니다. 요즘 사람들 간에 영웅적인 지도력으로 회자되고 있는 새클턴의 경우를 살펴보자. 남극탐험을 떠난 새클턴의 인듀어런스호는 1915년 10월 27일 탐험 327일째, 수많은 얼음파편들에 의해 선체들은 갈기갈기 찢겨지고 돛대는 부러진 채 마침내 배 측면에 구멍이 나 최후의 순간에까지 이르렀다. 그들은 얼음섬에 꼼짝없이 갇힌 셈이었다. 가장 가까이 있는 식량보급 기지까지는 554km나 떨어져 있었다. 날은 점점 더 추워지고 빙산은 얼음벽이 되어 그들을 가두어 놓았다.

새클턴을 가둔 얼음벽이 열린 것은 탐험 491일째, 그들이 얼음섬에 갇힌 지 164일이나 지나서였다. 이 기간 동안 대원들 사이에 육체적인 고통은 말할 것도 없고, 불화도 있었으며, 절망과 후회 그리고 원망도 따랐을 것이다. 그런데 이러한 순간에도 이들을 버티게 한 것은 무엇일까? 우리는 흔히 새클턴의 지도력을 꼽지만, 그 지도력을 빛나게 했던 것은 따로 있었다. 바로 얼음섬 너머의 세계를 보았던 새클턴의 비전이었다. 새클턴은 날마다 대원들에게 얼음섬 너머에 있는 세계를 보여 주고, 가슴에 새기게 했을 것이다. 만일 새클턴에게 자신을 가두고 있는 세계 너머를 보는 눈, 시대를 아우를 수 있는 통찰력이 없었다면 어떻게 되었을까?

당시 새클턴이 남극탐험을 떠나기 1년 전에 스테팬슨이 이끄는 칼럭호가 북극탐험을 떠났다. 칼럭호 역시 난파되고 대원들은 얼음섬에 갇히게 되었다. 얼음섬에 갇힌 수개월 동안 출발할 때 품었던 푸른 꿈 대신에 거짓말과 도둑질이 그들을 지배하였고 얼마 후 팀은 붕괴되었다. 결국 11명의 승무원들은 북극의 황무지에서 죽음을 맞고 말았다.

시대를 아우르는 통찰력은 그냥 생기는 것이 아니다. 생명을 걸고 영적 집중력을 가질 때 생겨나는 것이다. 시대를 덮고 있는 안개가 무엇인지, 어디를 짙게 덮고 있는지, 세속의 안개를 짙게 하는 것은 무엇이며 그것을 걷히게 하는 것이 무엇인지 집중력 있게 살펴야만 시대를 보는 통찰력을 키울 수 있는 것이다.

시공을 초월하는 복음

누구나 공감하듯이 이제는 교회도 급격한 변화의 최선봉에 서게 되었다. 역사의 변곡점이라는 말이 너무나 실감나는 상황이 되었다. 따라서 흔히들 이제 60대는 진공관 세대, 40~50대는 아날로그 세대, 30대 이하는 디지털 세대가 되었다고 말한다. 가만히 생각해 보면 사역도 진공관 사역이 있고, 디지털 사역이 있는 것 같다. 진공관 세대는 듣는 것이 익숙해서 잔소리가 많은 편이고, 디지털 세대는 보는 것이 익숙해서 부모의 잔소리보다는 "보여 주세요!"라고 외친다.

진리 자체는 변함이 없지만 이 진리가 접목되기 위해서는 이제 진공관이나 아날로그식의 사고방식으로는 안 된다. 사람의 머리는 180도밖에 돌릴 수 없지만 사람의 생각은 360도를 회전시킬 수 있고, 영혼의 머리는 온 세상을 품을 수 있다.

"앉아서 세계를 본다." 이것은 있는 그 자리에서 세계를 보는 눈을 갖는 것이며, 삶의 터전은 지역적일 수 있지만 우리가 생각하는 패러다임은 세계화하는 것을 의미한다. 그런데 이처럼 몸은 시공간에 제한을 받지만, 생각은 시공간을 뛰어넘어 시대를 변화시키는 패러다임을 소유하는 것은 본래 우리 기독교의 핵심사상이다.

대표적인 예가 바울 사도의 복음의 무차별적 하나됨의 선언이다. "너희는 유대인이나 헬라인이나 종이나 자주자나 남자나 여자 없이 다 그리스도 예수 안에서 하나이니라"(갈 3:28). 2000년 전 당시의 사회적 상황을 돌아보면, 유대인과 헬라인은 살고 있는 별이 다른 종족이었고, 주인과 종은 태어날 때부터 피가 달랐으며, 남자와 여자는 같은 인간이 아니었다. 그런데 바울은 단숨에 신분, 지역, 계층 그리고 성별을 뛰어넘어서 예수 안에서는 모두가 한 몸이라는 선언을 하고 있다. 이것은 바울이 비록 몸은 시공간에 갇혀 있지만, 그의 생각은 시공간을 뛰어넘어 우주적 그리스도인의 패러다임을 소유했기 때문에 가능하였다. 그러기에 땅 끝까지 복음을 전하기 원하시는 주님의 사명을 완수할 수 있었던 것이다. 본래 복음의 역사는 시공을 초월하는 은혜가 있기 때문에 디지털 사역이 더 적합한지도 모르겠다. 그래서 앞으로는 뼛속 깊은 곳까지 디지털 시대를 품고 오히려 2세대를 능가하는 사역으로 바뀌어야 할 것이다.

비그리스도인을 위한 의식 전환

그러려면 먼저 생각의 전환, 즉 패러다임 쉬프트가 날마다 일어나야 한다. 먼저, 꼭 기억할 것은 교회에 다닌 지 오래되고, 헌신된 성도일수록 비그리스도인들과 만나고 영향을 끼칠 수 있는 기회가 점점 줄어든다는 사실이다. 따라서 지도자는 이러한 흐름을 예민하게 파악하여, 좀 과격하다 싶을 정도의 방법을 써서라도 성도들이 생각의 틀을 바꾸게 해야 한다. 또한 늘 새 물이 들어와서 기존의 틀이 썩지 않도록 복음을 전하는 일과 비그리스도인들에게 영향을 미치는 사역이 되도록 목회 패러다임을 바꿔야 한다.

목회자는 자신의 시간과 관심, 은사, 재능 등의 자원 배분을 복음 전도와 불신 세계에 영향을 끼치는 데 몰두해야 한다. 이러한 목회 철학은 강력한 비전과 사명 선언문을 통해 초점을 분명히 해야 할 것이다.

제자훈련이 잘 되려면 계속 새로운 생명이 들어와야 한다. 새로운 사람이 없는데 누구를 데리고 제자훈련을 하겠는가? 그러므로 목회의 방향을 복음 전도 쪽으로 잡아 나가야 소망이 있다. 목회 패러다임의 기준이 되는 방침의 축을 복음 전도와 제자훈련에 두고, 제자훈련의 강점과 틀은 그대로 유지하되, 복음 전도 쪽으로 과감하게 방향 전환하는 것을 심각하게 검토할 필요가 있다. 이를 위해 각 교회마다 체질에 맞는 소그룹 전도와 관계 전도, 연령층에 맞는 사역의 통찰력이 필요하다.

증가하는 노년층

한국 사회는 지금 세대 교체의 격랑 속에 있다. 그러나 젊은 사역자일수록 어른 세대를 보다 잘 이해하고 지혜롭게 섬기면 더 큰 은혜가 있다. 나는 대학부 시절에 용산의 철도병원에서 매주일 아침 3시간씩 7년을 봉사한 적이 있다. 그때 나이든 어른들을 심방, 전도, 찬양으로 섬기면서 얻은 깨달음과 통찰력이 이후 개척 사역에 너무나 큰 도움이 되었고, 교회가 건강하게 성장하는 데 큰 일조를 하였다.

지난 수년간 세계의 나이 드신 어른들이 젊음에 큰 자극을 받고 무언가를 시도하였다. 그들의 사기를 진작시킨 것 중 하나가 존 글렌 전 미 상원의원이 77세의 나이로 우주에 다녀온 것이다. AP통신은 1998년 1월 존 글렌의 우주 왕복 셔틀 디스커버리호의 성공적 비행은 연세 든 모든 분들의 얼굴에 미소가 가득하게 해주었고, 그들의 심장에 새로운 결의를 다짐하게 해주었다고 보도했다. 조지 부시 전 대통령이 1977년에 낙하산을 타고 하늘에서 내려오던 모습이나 80이 넘은 남아공의 만델라 전 대통령이 새로운 결혼 생활을 시작한 것도 노년층에 큰 자극이 된 것 같다.

이제는 이 노년 세대를 제 3의 세대라고 부른다. 한때 우리가 황혼으로 분류했던 세대가 건강한 중년의 세대에 포함된 것이다. 미국의 경우 8,000만 명의 베이비붐 세대가 50대에 접어들면서 스스로 젊어졌다고 느끼기 시작했다고 한다. 일본이나 한국에서도 일부 노년층 가운데 볼 수 있는 것처럼, 이제 활기찬 제 3의 연령층이 새로운 직종을 얻어서 아르바이트 혹은 자원 봉사자로 일함으로써 노년층의 잠재력을 보여 주고 있다. 앞으로는 더 많은 수의 노년층이 20년, 30년, 아니 그보다 더 오래 현역에서 일할 수 있는 시기가 도래할 것이다.

2010년에는 미국에서 50세가 넘는 인구가 1억에 육박했다. 이것은 1990년대에 비해서 48% 가량 증가한 수치이다. 같은 기간 동안 50세 미만의 인구가 1% 증가한 것과 비교할 때 가히 충격적인 결과라고 할 수 있다.

한국의 노년층 증가세도 결코 이에 못지 않다. 유엔 경제사회국이 발표한 '세계 인구예측 2004'에 따르면 한국은 세계에서 가장 빠른 고령화 속도로 인해 2050년에는 평균 연령이 53.9세로 세계 최고가 될 것으로 예측했다.

우리나라 베이비붐 세대(1955~1963년생)는 '노령화 태풍'의 핵이다. 이들은 우리나라를 앞으로 고령사회(65세 이상 인구가 전체의 14% 이상)와 초고령사회(20% 이상)로 급속하게 진입시킬 주력 부대이다. 이들이 노인이 되는 순간, 다시 한번 우리 사회를 뿌리째 뒤흔들게 되는 것이다. 이들이 60세를 넘어서면서 2018년에는 우리나라가 고령사회로 진입한다. 이어 7년만인 2026년에 초고령사회로 급변하게 된다. 영국이 44년, 프랑스가 40년, 일본이 12년에 걸쳐 도달하는 초고령사회를 우리나라는 불과 8년 만에 도달하는 것이다.

이런 통계는 노화되어 가고 있는 인구의 성향을 이해하고 이들에게 제대로 복음을 전해야 할 필요성을 단적으로 보여 주는 것이다.

시대를 막론하고 나이가 들면 육체적인 생리 현상과 심리적인 변화가 일어난다. 많은 경우 이런 변화는 복음을 받아들이는 데 큰 영향을 끼친다. 예를 들어 나이가 들면 어떤 사람은 원시안이 되고 조명에 직접적으로 민감한 영향을 받는다. 그래서 대부분 녹색, 파란색, 보라색을 명확히 보는 데 어려움을 느끼고 청력도 약해져서 아주 높은 음을 듣는 능력이 약화된다. 다음의 몇 가지 통찰력은 특히 젊은 사역자들이 노년 세대와 복음으로 의사소통하는 데 큰 도움이 될 것이다.

1. 기억의 열쇠를 사용하라. 늘 그렇듯이 어른들은 정보를 기억하는

데 문제가 있으면 '나이가 많으니까 당연하지'란 이유를 붙인다. 이것을 극복하려면 의사소통할 때 기억의 황금 열쇠를 사용하라. 예를 들어 이전에 나눈 이야기를 현재와 비교하여 상기할 수 있도록 도와주고, 이미 예수 믿는 분들이라면 이전 사역과 새 사역이 어떤 점에서 비슷하거나 더 나은지를 보여 주면 큰 도움이 될 것이다.

2. **간단하게 설교해야 한다.** 나이가 들면 중앙신경조직의 정보 진행 능력이 줄어들어 여러 가지 새로운 정보에 대해 천천히 반응하게 된다. 그러므로 복음의 메시지도 어수선하거나 복잡하게 설명하지 말고, 간단하게 해야 한다. 필요한 것은 반복해야 한다. 설교도 너무 복잡하게 하지 말고, 쉬운 것을 되풀이해야 한다.

3. **구체적으로 표현해야 한다.** 개념이나 호소가 추상적이면 안 된다. 공상적인 단어나 말은 가급적 배제해야 한다. 그리고 개인적인 연관성을 이용해 복음 제시를 하면 더 잘 기억하게 된다. 생일, 결혼, 졸업 기념일 등을 사용해서 어른들의 흥미를 끌어내야 한다. 평범한 언어와 시청각 교재를 사용하면 노년층에 큰 도움이 된다.

4. **한 단계 한 단계씩 점진적으로 가야 한다.** 연세 드신 분들은 폭주하는 정보를 한꺼번에 소화할 능력이 없다. 그러므로 정보를 소화할 수 있는 시간을 주고, 시간적 간격을 두어 강조점을 전달해야 한다. 꼭 필요한 것은 글로 써 드려야 한다. 그래야 본인의 세대와 나이에 맞추어 소화할 수 있다.

이 모든 것 위에 노년층에게 가장 중요한 것은 건강한 삶이다. 우리 사회의 초점이 점점 건강한 삶에 맞추어져 가는 것도 놀라운 일이 아니다. 이것이 오늘날 교회의 건강과도 직결되고 있다. 얼마나 많은 노년층이 당신 교회에 있는가? 앞으로 10년 뒤에는 얼마나 더 많아지겠는가? 노년층 성도들과 의사소통을 잘하기 위해서 지금 내게 필요한 통찰력은 과연 무엇인가? 젊은 사역자들은 지금 자신과 별로 관련이 없다고 생각하지 말고, 싸울 날을 위해 지금부터 통찰력 있는 마병을 예비해야 한다(잠 12:31).

시대의 변화를 읽는 사역자

예수님의 제자는 중간지대에 살지 않는다.
우리는 맨 가장자리에서 전적으로 하나님을 의지하며 살아간다.
–마이클 슬로터

시카고 윌로우크릭교회의 국제 리더십 개발 컨퍼런스에 참석할 기회가 있었다. 유럽과 한국 등 세계 전역에서 윌로우크릭의 사역을 담당하는 사역자들과 목회자들 30여 명이 5박 6일 동안 소그룹으로 모여 허심탄회한 대화를 나눴다. 윌로우크릭교회의 담임목사인 빌 하이벨스를 중심으로 존 오트버그(John Ortberg)와 슈 밀러(Sue Miller) 등 교회의 핵심 사역자들과도 함께 교제의 시간을 가졌다. 많은 깨달음과 더불어 한국 교회와 이민 교회에 필요한 통찰력과 예견력을 얻은 값진 시간이었다.

나는 이 모임을 총괄하고 있는 평신도 지도자이며 장로인 게리 슈와믈린(Gary Schwammlein)과 저녁 식사를 하면서 윌로우크릭교회의 성장 요인에 대해 깊은 대화를 나누었다. 슈와믈린 장로는 큰 회사의 부회장으로 있다가 지금은 국제 윌로우크릭 사역의 책임자로 있는데,

그가 윌로우크릭교회의 성장 요인에 대해 들려 준 이야기를 다섯 가지로 요약하면 다음과 같다.

윌로우크릭교회의 다섯 가지 성장 요인

첫째, 윌로우크릭교회는 철저하게 복음 전도를 강조한다. 전도를 위해 가능한 방법을 다 동원한다. 구도자 예배가 가장 대표적인 것 중 하나다. 교회 전체가 믿지 않는 자를 향한 복음 전도의 열정이 가득한 것이다. 마침 이 세미나를 하는 동안에 7,000석이나 되는 새로운 본당의 기공 예배가 있었는데, 나는 그때 빌 하이벨스가 전한 설교를 잊을 수 없다.

그 설교에서 빌 하이벨스 목사는 "이 새 예배당을 통해 얼마나 많은 예수 믿지 않는 사람들, 상처받은 사람들, 그리고 주님을 모르는 사람들이 구원받을 것인가? 또 얼마나 많은 외로운 사람들이 이 새로운 빌딩에서 은혜받고 예수를 믿을 것인가?"라며 눈물을 글썽거렸다. 어떤 자리에서도 철저하게 전도에 대한 이야기를 하고, 예배를 비롯한 모든 부분에서 구도자들에게 민감한 사역을 시행하는 것이 윌로우크릭교회의 핵심적인 성장 요인이었다.

둘째, 사역의 다양성을 들 수 있다. 적어도 100개 이상의 사역을 통해서 각 사역에 적합한 은사와 경험을 가진 사람들을 투입하여 활용하고 있었다. 이혼한 경험이 있는 사람으로 이혼한 사람들의 상처를 이해하고 그들의 아픔을 치유하겠다는 열정을 가지고 있는 사람이라면 그에 맞는 사역으로 섬길 수 있게 했다.

셋째, 사람들을 있는 그대로 받아들이는 것이다. 동성애자들도 쫓아

내는 것이 아니라 일단 있는 모습 그대로 받아들인다. 계층이 달라도 받아들이고, 입는 옷이 달라도 받아들인다. 이것은 예수 그리스도께서 어떤 사람이라도 받아들이고 영접했던 것과 동일한 성경적 원칙을 배경으로 한다. 사람들을 이중 잣대로 판단하지 않고 공평하게 대하는 것이다.

넷째, 성도들이 윌로우크릭교회를 너무나 사랑한다는 것이다. 측량할 수 없을 만큼 엄청난 열정을 가지고 교회를 사랑하고 있었다. 그러니까 시간을 투자하고, 돈을 투자하고, 기꺼이 희생을 감수하는 것이다. 그들이 왜 그렇게 특별한 헌신과 열정을 보이는 것일까? 윌로우크릭교회가 자신들의 삶을 변화시켰기 때문이다.

다섯째, 교회 직원들에게 특별히 대우를 잘해 준다고 한다. 사람은 기계가 아니므로 사람을 대하는 사역을 하는 직원들은 좋은 대우를 받아야 한다는 사역 철학이 배경에 있었다. 교회 안에 500명의 직원과 5,000명의 평신도 자원봉사자가 있어, 직원 한 사람이 10명의 자원봉사자와 함께 일한다. 이런 시스템 아래 일하기 때문에 시너지 효과가 클 수밖에 없다는 생각이 들었다.

시대의 변화를 읽으라

나를 포함한 컨퍼런스 참가자들과 빌 하이벨스 목사가 나눈 대화를 통해 나는 현대 목회 사역에 필요한 통찰력을 얻을 수 있었다.

먼저 목회자는 끊임없이 이 시대의 변화를 읽어내는 자세가 중요하다는 것이다. 20년 전까지만 하더라도 지식이 중요했다. 그러나 지금은 체험을 더 중시한다. 'fact'(지식)가 아니라 'felt'(체험)인 것이다. 지금은 사람들이 역할 모델을 보기 원하는 시대이다. 듣는 복음 이상으로 보는 복음이 중요해졌다.

또한 지금은 정보의 독점이 허용되지 않는 시대다. 인터넷 등의 매체로 정보에 대한 접근이 용이해졌기 때문이다. 그러므로 목회에서도 훨씬 창의적인 접근이 요구된다. 담임목사의 가장 큰 직무는 무엇을 하든 그것을 전도와 연결시키는 안목을 갖는 것이다.

어떤 가치 있는 일이라 해도 15년 동안은 꾸준히 할 수 있는 일을 시작해야 할 것이고, 그 가치를 이루기 위해서 모범을 보여야 한다. 그러면 10년 안에 온 교회가 그 모범을 닮아 가게 된다.

로버트 슐러 목사는 "한 교회에서 40년 동안 있을 경우 하나님이 얼마나 큰 일을 이루실지 상상해 보라."고 도전한 바 있다. 빌 하이벨스 목사 자신은 바로 그 기대 때문에, 목회를 그만두고 싶을 때에도 견딜 수 있었다고 한다. 교회를 시작한 처음 3, 4년 동안은 심령의 피를 흘릴 만큼 고생을 했다고 한다. 그리고 그 고생 속에서, 곁에 있던 사람 가운데 끝까지 함께 할 사람과 떠날 사람이 구별되었다고 한다. 그리고 20년이 지난 후에는 드림팀이 만들어지고 신뢰감이 형성되었다.

그런 이후부터는 처음 가졌던 갈등을 더 이상 반복하지 않았다고 한다. 이런 과정을 거치기 위해서는 반드시 시간이 필요하고 신뢰가 필요하다. 빌 하이벨스 목사는 윌로우크릭교회에서의 담임 사역이 30년이 되면 은퇴하겠다고 말했다. 코치의 역할만 하고 담임 사역을 그만둔다는 것이다. 최대한의 사역 기간을 30년으로 잡는 이유는 30년이 지나면 새로운 아이디어도 없고 새로운 세계를 위한 역할도 더 이상 해낼 수 없다고 생각하기 때문이다.

비전을 보게 하는 사역자

나는 빌 하이벨스 목사에게 '앞으로 윌로우크릭교회가 얼마나 더 성장할 것인가?' 라는 질문을 던졌다. 그런 전도 중심의 사역을 계속할 경우 교회가 얼마나 더 자랄 것인가 하는 것이다. 그는 "일주일에 한 번 만나서는 신앙생활의 뜨거운 온도를 유지하기 어렵다. 그런 만큼 신앙의 열도를 유지하려면 제대로 된 본당이 필요하고, 거기서 초신자나 새신자들이 함께 끓어야 한다. 우리 교회는 매주 토요일 새벽 6시에 900명의 사람들이 모여 도넛과 커피를 함께하며 은혜를 나누고 있다."고 말했다. 나 역시 주일 공예배 외에 제자훈련을 하면 자연스럽게 이런 과정을 거쳐 영성이 형성된다고 생각하며, 구제하고 봉사하는 가운데 순수한 열정이 유지된다고 믿는다.

모든 교회들은 공동체적 기능, 훈련적 기능, 생산적 기능 가운데 어느 것이 강한지 확인해 둘 필요가 있다. 특별히 생산적 기능이 뛰어난 사역자는 먼저 공동체적 성향을 보완하면서 동역하는 것이 좋다. 또한 대부분의 작은 교회는 그 자체가 커뮤니티이다. 이런 환경에서 생산적 기능 중심으로 나아갈 경우 공동체적 기능에 익숙한 사람들이 부담을 가질 수도 있다. 이럴 때 성령의 인도를 구하며 화합을 도모하고 동역해 나가야 한다.

이 모든 사역 과정에서 목회자는 자신의 에너지를 어디에 집중해야 할지에 대한 스케줄을 반드시 가지고 있어야 한다. 에너지를 집중해야 무엇이든 잘할 수 있다. 너무 다양한 종류의 일에 매달려서는 안 된다. 자신의 에너지를 가장 많이 집중시키기 원하는 부분에 가장 많은 시간을 쏟고 그것을 개발하기 위해 고민해야 한다.

지도자는 또한 사역자들에게 최대한 일을 시킬 책임이 있고, 교회 재정도 효과적으로 사용되도록 늘 신경을 써야 한다. 때때로 장로들이 담임목사에게 어려움을 끼치고 담임목사의 제안을 거절할 경우라도 그들을 받아들여야 할 때가 있다. 교회에서 최고의 권위는 예수님이시기 때문이다.

어떤 사역자든 더 좋은 아이디어를 가지고 있으면 따라주고 그의 능력을 인정해 주라. 현명한 리더는 비전을 강요하는 사람이 아니라, 따르는 이들이 자발적으로 비전을 보게 하는 사람이다.

쉼도 사역이다

그러나 이렇게 하는 가운데서도 한 가지 주의해야 할 것이 있다. 교회 때문에 사역자의 가정이 희생되지 않도록 의도적으로 조심해야 한다는 점이다. 사실 직업으로 보면 목회는 매우 혼란스럽고 복잡한 직업이다. 어떤 때는 거의 미칠 정도로 매달려야 할 때도 있고, 그래서 친구도 별로 없고 중독적인 면도 있다. 하나님을 위해서 하는 일이라고 뛰어다니다가 오히려 하나님과의 관계를 더 약화시킬 수도 있다는 사실을 늘 경계해야 한다.

사역에서 스피드가 강해질수록 영혼은 더 침잠되고 고갈될 수 있다. 이때는 누구도 자신을 도와줄 수 없다. 나는 사역을 하면서 거의 매일 누군가에게는 실망을 주게 된다. 그러나 사람들이 싫어하더라도 내 영혼을 위해서 거절하는 법을 배워야 한다고 생각한다. 바로 여기서 좋은 의미의 카리스마가 나오기 때문이다.

빌 하이벨스 목사도 1990년을 전후해서 가정도, 사역도 너무나 힘에

겨워 그만두려고 한 적이 있었다고 한다. 사역의 속도를 높였을 때 그의 영혼이 밑바닥으로 떨어졌다는 것이다. 사역이 바쁠수록 영혼이 고갈될 수 있다. 사역자들은 이 상태를 경계해야 한다. 나 역시 이것을 경계하기 위해 매일매일 싸운다. 영혼이 강건해지기 위해, 에너지 집중을 위해 쉼을 가져야 한다.

피곤에는 건강한 피곤이 있고, 파괴적 피곤이 있다. 건강한 피곤은 잠을 자거나 일시적인 쉼을 누리면 회복되는 피곤이다. 그러나 파괴적 피곤은 사역의 중압감과 상처, 분노가 해결되지 않고 누적될 때에 찾아오는 것이다. 파괴적 피곤은 사역을 파괴적으로 이끄는 주된 원인이 된다. 중요한 것은 사역을 하면서도 일과 쉼을 구분하는 지혜가 필요하다. 오늘날 사역자들이 하루 24시간 피곤에 묻혀 있는 이유 중 하나가 사역과 쉼의 경계선이 모호한 것에서 비롯된다.

그렇다면 엄청난 사역의 짐을 지고 머리 둘 곳조차 없으셨던 예수님은 어떻게 자신의 소명을 다 이루셨을까? 예수님은 누구보다도 십자가의 큰 짐을 지고 육신적으로 머리 둘 곳도 없는 피곤한 삶을 사셨지만 끝없는 열정과 사랑으로 사람들을 섬기셨다. 그 비결 중의 하나가 누구보다 바쁜 가운데서도 정한 시간을 떼어 하나님과 영교하면서 누렸던 쉼에 있다. 마가복음 6장 31절에서 예수님은 음식 먹을 겨를조차 없었던 제자들에게 "일에 더 집중하라"고 채근하지 않으시고 "너희는 따로 한적한 곳에 와서 잠간 쉬어라" 하고 말씀하셨다.

흔히 우리가 쉬지 못하는 이유는 사역의 열매가 우리의 땀과 눈물에서 비롯된다고 생각하기 때문이다. 그러나 웨인 뮬러(Wayne Muller)는 이러한 생각에 경고사인을 보내고 있다.

우리는 쉬지 않기 때문에 길을 잃는다. 선한 것들은 지속적인 결단과 지칠 줄 모르는 노력을 통해서만 이루어진다는 최면적인 믿음 때문에 우리는 결코 진정으로 쉬지 못한다. 그리고 쉼의 부족으로 인해 우리 삶은 위험에 처해 있다.

쉼의 부족으로 목회자의 사역이 위험에 처할 수 있다는 말에 동의하는가? 쉼도 사역의 하나임을 기억하자. 온전한 쉼을 경험한 사람만이 온전하게 일에 몰두할 수 있다. 사역에서 심신이 지치면 전체를 보는 안목이 생기지 않는다. 창조적이고 지혜로운 결정을 할 수 없게 된다. 오늘날 목회자들에게 결정이 얼마나 중요한가?

유명한 경영 컨설턴트 짐 콜린스는 "유능한 경영인은 결정이 아무리 힘들고 어렵더라도 결코 미루지 않는다."고 말했다. 그러면서 그는 더 중요한 것을 지적했다. "실패한 결정 열 개 중에서 여덟 개는 판단을 잘못해서가 아니라 '제때' 결정을 못 내렸기 때문이다." 심신이 피곤할 때는 바른 결정은 고사하고 그 결정을 내리는 것조차 피하게 된다. 그러므로 목회사역의 바른 판단과 시의 적절한 결정을 위해서 쉼은 필수적이다.

교회를 살리는 비전

일하지 않고 비전만을 추구하는 사람은 몽상가이다.
비전 없이 일만 하는 것은 고역이다.
비전을 품고 열심히 일하는 사람이 주님의 종이다. —조지 디킨

누구나 한 생을 살아가다 보면 주저앉고 싶을 때가 있다. 앞으로 나아갈수록 목표는 점점 더 멀어지는 것 같고, 차가운 현실은 족쇄가 되어 한걸음 내딛는 것조차 힘겹게 느껴질 때가 있다. 역사의 중심이 되었던 인물도 예외일 수 없다. 피바람을 일으키며 10억 중국을 접수했던 모택동은 냉철함과 비정함의 인물로 널리 알려졌지만, 그런 사람조차 대장정(大長征)의 와중에 몸과 마음은 지칠대로 지치고, 동료들로부터도 외면당하여, 자신의 공산혁명의 꿈마저 흔들릴 때가 있었다. 그때의 심경을 나타낸 것이 "십육자령삼수"라는 시인데, 그 중 한 구절이 "하늘이 무너지려 하는데 그 사이를 버티고 섰네"라는 절창의 시구로 표현되어 있다.

목회를 하면서도 누구나 한두 번은 하늘이 무너지는 것과 같은 위기에서 홀로 서 있는 듯한 경험을 갖게 마련이다. 간신히 산을 넘으면

더 힘들고 고통스러운 사역이 태산처럼 앞을 가로막고 있다. 아무리 능력 있는 목회자라도 사역에 한 번쯤은 회의를 느끼고 철석같이 품었던 비전이 흔들릴 때가 있는 것이다. 성경도 우리가 복음의 소망에서조차 흔들릴 수 있음을 말씀하고 있다(골 1:23).

사역자에게 있어 비전은 무엇인가? 예수 그리스도께서 이 땅을 바라보시는 시각을 내 것으로 삼는 것이다. 주님은 이 땅의 모든 족속을 제자 삼기 위하여 십자가에서 피 흘리셨다. 이를 위해 주님은 우리를 섬기셨고, 훈련하셨으며, 마귀의 세력을 멸해 주셨다. 즉, 주님이 이 땅에 품으신 비전은 모든 족속을 제자로 삼는 것이다.

그런데 비전은 생각만큼 견고한 것이 못 된다. 이것은 내가 20여 년 동안 사역을 하면서 느낀 실체적 사실이다. 오히려 내외적인 작은 충격에도 허물어질 수 있는 것이 비전이다. 오늘 한국 교회를 보면서 마음이 아픈 것은 5만의 교회 가운데 수많은 교회가 비전이 흔들리거나, 아니 흔들리다 못해 사역의 비전 자체가 사라지고 있기 때문이다. 비전이 있다면 결코 할 수 없는 양태들이 교회마다 많이 나타나고 있고, 비전을 품은 사역자에게 있을 수 없는 일들이 자주 보이는 것이 현실이다. 이것은 대개 비전이 흔들리는 초기에 그것을 파악하고 바로 세우지 못한 결과라고 생각한다.

중요한 것은 우리가 품은 비전이 절대로 흔들리지 않도록 하는 데 있지 않다. 우리에게는 그런 능력도 없거니와 그럴 수도 없다. 보다 중요한 것은 비전이 흔들릴 때, 초기에 상황을 파악하고, 바른 방향으로 끝까지 끌어가는 데 있다. 국가의 안보가 위태로울 때는 국가의 정보기관이 사태의 초동 진압에서 실패할 때라는 말이 있다. 사역에서도 비전이 흔들리는 초기에 제대로 대처하지 못하여 그 후유증으로 고생하는 목회자나 교회가 적지 않은 것을 보게 된다.

비전이 흔들릴 때 나타나는 세 가지 현상

앤디 스탠리가 그의 칼럼에서 목회의 열정을 유지하는 데 필요한 비전이 새어나가는 신호들에 대해서 언급한 바 있다. 비전이 흔들릴 때는 일반적으로 세 가지 현상이 나타난다. 그것은 거창한 사역에서도 드러나지만, 각종 부서 사역, 또는 제자훈련 같은 소그룹 환경 속에서도 흔히 나타날 수 있는 일반적인 양태이기도 하다.

1. 기도제목의 한계

비전이 흔들리는 모임이나 구성원의 경우 기도제목에서 확연한 차이가 드러난다. 다시 말하면 내가 맡은 순원들, 제자훈련생들, 교사들, 그밖에 각 사역 대상들의 기도제목을 보면 비전이 흔들리고 있는지 굳건한지 알 수 있다는 말이다.

만일 당신이 맡은 사역지에 속한 사람들의 기도제목이 날마다 "병을 고쳐 주옵소서. 치유가 일어나게 하여 주옵소서."라는 것이라면, 그리고 당신 역시 기도의 제목을 그 정도 수준으로 한정하고 있다면 그것은 비전이 흔들리고 있다는 증거다. 비전이 약화된 증거다.

한번 당신이 맡은 사역 대상자들의 기도제목이 무엇인지 정직하게 정리해 보라. 아니 자신의 기도제목부터 점검해 보라. 똑같이 병든 자라도 육신적으로 병든 자들만을 위해 기도하는 것이 아니라, 영적으로 병든 자들을 위하여 기도할 수 있는 마음의 자세가 있다면 그것은 비전이 있는 것이다.

마찬가지로 같은 상황이라도 그것을 보는 태도와 그 상황에 대해 내놓는 기도제목의 수준을 통해 비전이 있는지의 여부를 판단할 수 있다. 자신이 속한 사역의 대상들의 기도제목들을 살펴보라.

2. 일상에서 나오는 간증의 약화

비전이 탄탄하다면 일상에서 기가 막힌 은혜의 간증들이 나오게 마련이다. 그러나 내가 맡은 사역지에서, 제자훈련을 통해서, 교사들 가운데서, 교역자들에게서, 나의 삶과 자녀들의 삶 속에서 은혜로운 간증이 계속 뿜어져 나올 수 없다면 그것은 비전이 흔들리고 있다는 증거다. 제자훈련을 하는 사역자라면 충분히 공감할 수 있는 부분이다.

3. 불만의 표출

비전이 흔들릴 때 성도들은 불만을 갖게 되는데 그 불만을 표출하는 내용과 질을 눈여겨 보라. 흔히 나오는 불평들이 "찬양대가 은혜가 안 된다", "예배 안내자가 덕이 안 된다", "주차 문제가 심각하다", 심지어는 "우리 교회가 너무 크다" 등 다양하다. 이런 불만을 들을 때 우리 교회 또는 우리 사역의 비전이 흔들리고 있는지 견고한지 느낄 수 있을 것이다.

주일학교 교사들과 학생들, 대학 청년부 리더들과 그룹원들의 불만의 소리를 가만히 들어 보라. 그들이 표출하는 불만의 내용들이 비전에 대한 하나의 바로미터가 된다. 심지어 부교역자들이 갖는 불만의 내용을 통해서도 지금 우리 교회의 비전이 약화되어 있는지 강력한지 알 수 있다.

　꿈이 없는 교회의 가장 큰 특징은 싸우는 것이다. 하나님이 교회에 주시는 크고도 놀라운 비전은 작은 불만들을 잠재우고 넘어가게 하는 능력이 있다. 강력하고도 견고한 비전들이 계속 심어지면 웬만한 불만 사항들은 함께 참아낼 수 있게 된다.

　먼저 불평의 내용을 잘 정리해 본 후, 기도제목을 새롭게 제시함으로써 일상에서의 은혜를 복원하고 불만 사항들에 대해서는 더 큰 비전으로 대체하도록 하라. 그러면 비전에 가려 불만은 아무것도 아니게 될 것이다.

　이때 강력한 비전을 가진 리더십이 필요하다. 강력한 비전에서 나오는 리더십이 없다면 그 조직은 표피적이고 산발적인 사역이 될 것이다. 사역만 장황할 뿐 내실을 기하기는 어렵다. 강력한 리더십이란 강하게 목회하는 것을 의미하지 않는다. 목회자의 강한 스타일을 의미하는 것도 아니다. 그것은 강력한 비전을 통해서 발휘되는 것이다.

비전을 굳게 세우는 방법

　비전을 함께 공유하고 붙잡는 것은 사역의 집중도를 높이기 위해서 매우 중요하다. 따라서 광고, 설교, 소그룹 모임, 기도제목, 격려, 글, 개인 교제 등 여러 가지 통로를 활용해 반복적으로 비전을 전달하는 일은 사역이 힘차게 뻗어 나가도록 동력을 제공하는 것이다.

　비전을 제시하는 데 있어서 중요한 것은 적절한 시기 선택, 즉 적절한 때를 놓치지 않는 것이다. 제자훈련 개강 예배, 졸업 예배, 전도 집회, 교역자 회의, 주일 광고 시간 등을 놓치지 말아야 한다.

사랑의교회 주보 7면에는 매주 "사랑의 목장"이라는 코너가 실린다. 담임목사가 성도들에게 전하고 싶은 이야기를 담는 곳인데, 이것은 대형 교회가 갖는 의사소통의 한계를 극복하려는 목적도 있지만, 나는 그 코너를 통해 우리 교회가 이루어가야 할 비전을 전달하려고 항상 노력한다. 주보를 이용하는 것은 그 주의 교회 일정과 계절 변화 등에 따라 매번 신선한 비전을 전달할 수 있는 좋은 방법이다.

나아가 사명 선언문을 분명히 세우고 그것을 통해 전략과 전술, 핵심 가치 등을 정리하라. 사명 선언문에 따라 주일학교부터 제직회까지 어떤 식으로 전략과 전술을 집중할 수 있을 것인지, 핵심 가치를 어떻게 만들 수 있는지를 고민해야 한다. 속해 있는 문화와 시대, 대상에게 가장 알맞은 통로를 찾아 비전을 반복하여 전달하라.

여기에 또 하나 기억할 것은 전략적으로 제시하는 것이다. 당회에서 비전을 제시할 때도 마찬가지다. 눈앞의 문제에만 집중하지 말고, 가장 중요한 것, 우리 교회가 궁극적으로 이루어 나가야 할 일에 집중하도록 전략적으로 비전을 제시하라.

성공적인 사역을 위한 전략적 접근

전략적 사고를 통해 비전을 제시하고 그 비전에 동의한다면, 사람들은 시간, 돈, 재능을 아끼지 않게 된다. 분명한 비전은 사람들로 하여금 자신의 것을 투자하게 만들고, 헌신하게 만드는 힘이 있다. 교회를 위해 그리고 미래를 위해 꼭 필요한 일이라고 확신하면 사람들은 헌신하게 된다.

광고와 복음 전도는 사람의 마음을 얻는다는 점에서 같은 구조를 가진다. 광고가 설득 커뮤니케이션을 통해서 소비자가 제품을 구매하도록 하는 것이라면 복음 전도는 설득 커뮤니케이션을 통해서 불신자가 복음을 받아들이도록 하는 것이다. 사역에 있어서 비전을 공유하고 전략적인 사고와 방향을 같이하게 되는 과정도 마찬가지이다. 따라서 오랜 자본주의 역사를 가진 서구 사회의 '사람들의 마음을 파고드는 전략'을 통해 성공적인 사역을 위한 전략 도출의 과정을 정리할 수 있다.

먼저 창조적인 사역의 전략을 세울 때 염두에 두어야 할 세 가지는 적합성(Relevance), 독창성(Originality), 영향력(Impact)이다. 즉, 적합성은 이것이 지금 이 상황에서 얼마나 적합하고 밀접한 연관이 있는지를 말하고, 독창성은 아직 시도되지 않은 일이 무엇인지를 뜻하며, 영향력은 이를 통해 얼마나 영향력을 줄 수 있는가 하는 것이다.

전략 도출의 8가지 과정

R. O. I., 즉 적합성과 독창성과 영향력은 창의성을 갖기 위한 전략 기획으로 총 8가지 전략 도출 과정을 통해 나올 수 있다. 어떠한 사역이든 이 8가지의 과정을 거치면 창조적인 사역의 방향을 가질 것이다.

(1) 무엇을 달성하려 하는가? (objective)

사역을 통해서 얻어내고자 하는 목표를 명확히 하라. 기도제목, 디자인, 설교, 찬양 모임, 소그룹 훈련, 이 모든 것들을 통해서 교회가 감당할 목표가 무엇인지 정하는 것이다.

(2) 누구에게 전달하려 하는가? (target audience)

사역을 통해서 영향을 미치길 원하는 집단을 분명히 하라. 주일학교, 중고등학교, 대학부 등 목표를 달성하기 위해 커뮤니케이션을 통해서 영향을 미치기를 바라는 집단을 결정해야 한다. 우리가 하는 사역 모두를 통해서 각자 타깃 그룹들에 대해 잘 감당할 때 전체가 모이면 어린이부터 노년 세대까지 다 커버할 수 있게 된다.

(3) 무엇을 말하는가? (what to say)

사역 전반에 걸쳐 이야기할 일관된 메시지를 정하라. 전달하고자 하는 명확한 핵심 메시지가 무엇인가? 각 팀별로 와 닿는 핵심 메시지를 정해 보라.

(4) 어떤 반응과 행동을 얻어내길 바라는가? (desired action)

대상들이 어떻게 반응했으면 하는가 하는 기대 행동을 함께 고민하고 공유하라.

(5) 보상과 그 근거는 무엇인가? (reward and support)

어떤 보상을 약속하며 그것을 어떻게 뒷받침할 것인가? 그 메시지를 받아들일 때 얻게 되는 보상과 그 근거를 제시하라.

(6) 언제 어디서 말할 것인가? (aperture of receptivity)

우리의 제안에 대해서 대상 그룹이 마음 문을 활짝 열 수 있을 시간과 장소를 면밀히 검토하라.

(7) 어떤 개성을 형성할 것인가? (personality, tone and style)

사역의 개성과 분위기를 결정하는 데 필요한 감각을 가져라. 어떤 분위기로 말할 것인가? 톤과 스타일을 어떻게 할 것인가? 어떻게 가슴으로 느껴지도록 할 것인가? 각 그룹에 맞는 스타일이 중요하다.

(8) 초점을 맞추어야 할 핵심 통찰은 무엇인가? (key insight)

사역의 초점, 가장 중요한 포인트를 명확히 인지하라.

전략적 시각을 가지고 창조적 아이디어의 수준이 올라가면 웬만한 사역은 그 수준이 떨어지지 않는다. 이런 통찰력과 전략 과정을 통해서 에너지를 집중하면 사역의 비효율성과 매너리즘을 극복하고 창조적인 사역의 힘을 발휘할 수 있을 것이다.

예수 그리스도가 생각하는 교회

교회는 즐거움을 주기 위해서, 혹은 약한 자를 격려하기 위해서,
혹은 자긍심을 주기 위해서,
혹은 교제를 장려하기 위해 존재하는 것이 아니다.
교회는 무엇보다 하나님을 예배하기 위해 존재한다. - 필립 얀시

한때는 전체인구의 1%에도 못 미치는 기독교인들이 우리 사회의 흐름을 이끌었던 적이 있었다. 박용규 교수의 한국기독교회사(생명의말씀사 간)에 따르면 100년 전인 1905년도에 교인수는 5만 명에 불과했다. 그럼에도 교회는 도덕적인 면에서 주도적으로 사회를 이끌었다.

다음은 기독교의 도덕적 주도권을 입증하는 국사편찬위장을 역임한 이만열 교수의 말이다.

1899년 3월 1일자 당시 감리교회에서 나온 대한그리스도인회보라고 하는 주간 신문이 있었다. 거기에 어떤 내용인즉, 서울에 있는 어느 유세력가라고 하는 사람이 서북지방에 고을 원님 자리를 얻게 되었다. 정황적으로 보면, 이 사람은 뇌물을 써서 매관매직한 것이 보인다. 어쨌든 서북지방 원님으로 임명을 받고 부임하기 전에 그 서북지방의 상황조사를

했는데, 조사를 하고 보니 자기가 예상하지 않았던 어떤 현상이 있었다. 그 지방에 야소교, 즉 개신교가 들어가 있었다.

그래서 이 사람이 자신을 임명해 준 관청에 가서 "나는 야소교 있는 고을에 가기 싫소. 야소교 없는 영남마을로 옮겨주시오."라고 이야기했다는 것이다. 이것은 대한그리스도인회보에만 난 것이 아니고 당시의 황성신문에도 이 기사가 나와 있다. 그런데 대한그리스도인회보의 기자는 거기에다가 해설을 덧붙였다. "왜 그 사람이 야소교 있는 고을에 갈 수 없다고 하느뇨? 우리 교는 하나님을 공경하고 사람을 사랑하는 도라, 어찌 추호나 그런 일을 행할까 보냐. 그러나 만약 그 원님이 백성의 생명과 재산을 무단히 강탈할 지경이면 그것은 우리가 용이하게 용납하지 않을 터이니 이 양반에 올 수 없다는 것이 이 까닭일 듯." 이렇게 써놓았다. 당시에 기독교인들은 관원들의 부정과 부패에 부단히 항거했다. 그래서 여러 지역에서 부패한 관원들에 의해 고초를 당하는 일이 종종 있었다. 예수 믿는 사람들이 관원의 부정에 항거하다가 감옥살이하는 경우도 더러 나타났다. 그래서 선교사들이 와서 조치를 취해 빼낸 적도 적지 않았다. 그러니까 이 관원은 예수교 있는 고을에 가면 자신이 부정을 행하는 것에 여러 가지로 걸림돌이 있을 것이라는 것을 알았기에 예수교 없는 영남고을로 옮겨주시오 했던 것이다.

기독교인의 대사회적인 공의로운 영향력을 보여 주는 또 다른 사례가 있다. 1901년에 뒷날 순종의 처남이 되었던 윤덕영이 황해지사로 갔다. 황해도 관찰사로 가서 막 해먹다가 그곳에 있는 야소교 교인들이 본인에게 항거하고 중앙정부에 항거해서 결국 그 자리에서 파직된 일이 있었다.

기독교인들은 당시에 어떤 힘에 의해서인지는 알 수 없지만 이렇게 부정에 항거하는, 그래서 정의 사회를 이룩하고자 하는 노력을 했다. 당시 우리나라의 인구는 1,200만 정도였고, 1899년 현재, 개신교 세례교인의 수가 만 명이 채 안 되었을 때였다. 그러나 그때 우리 기독교인들은 관원들에게도 위협적인 존재가 될 정도로 사회의 부패와 싸웠고 감옥에 갔으며 신앙을 지키기 위해서 온갖 고초를 다 겪었다.

100여 년 전의 한국 교회는 오늘날의 1%도 되지 않았지만 문화와 교육과 의료의 견인차였으며, 목마른 영혼들을 해갈시키는 마르지 않는 샘이었다. 참으로 적은 수의 교인과 교회였지만 이들이 당시 사회에 전방위적으로 생명력 있는 영향을 끼쳤던 것은 오로지 예수님의 사랑에 기초한 섬김과 희생과 봉사의 정신이 넘쳤기 때문이다.

반면에 오늘날 한국 교회는 삶의 열매 없는 믿음, 십자가 없는 기복신앙, 박제된 교리라는 세속화의 삼각파도로 큰 어려움을 겪고 있다. 사람들은 고통받는 영혼으로 괴로워하면서도 어디에서 영혼의 갈증을 해결할지 몰라 주변을 두리번거리고 있다. 이러한 원인에 대해서 가장 큰 책임을 져야 할 사람은 나 자신을 포함하여 목회자들이다. 교인들을 잘 양육하지 못한 책임, 사회의 어려움을 돌보지 못한 책임, 그리고 무엇보다도 주님의 몸 된 교회를 목회자의 아집의 장소로 전락시키고, 교회를 분열시킨 책임이 있는 것이다. 교회가 초대교회의 순수복음과 영광을 회복하기 위해서는 교회 지도자들부터 자기 희생의 십자가 정신과 세속화의 방부제인 거룩의 두 기둥으로 한국 교회를 다시 갱신하고 세울 수 있어야 한다.

나는 한국 교회의 혈맥 속에 흐르는 순교적 신앙을 믿는다. 우리는 예수의 사랑과 섬김으로 충만한 교회만이 이 무너져가는 사회를 살리는 유일한 소망의 터전임을 선포해야 한다. 이것만이 하나님이 원하시는 아름다운 교회를 세울 수 있는 길이다. 아무리 이런 저런 이유로 교회가 사회로부터 손가락질을 받는다고 해도 물질 만능주의의 덫에 사로잡힌 채 도덕성의 황폐화로 치닫고 있는 이 사회의 회복 불능의 고통과 상처를 온전히 회복시킬 수 있는 것은 십자가의 정신 위에 서 있는 교회밖에는 없다. 수많은 상처로 고통하는 이 땅이 고쳐지고 물밀듯한 영적 부흥으로 충만하기 위해서는 예수의 이름만 높여드리는 주님의 몸 된 좋은 교회들이 세워져야 한다.

교회를 바라보시는 예수님의 시각

예수님이 생각하시는 교회란 어떤 교회일까? 이것은 그리스도인들에게 대단히 중요한 문제이다. 존 스토트는 우리가 생각하는 교회상도 중요하고 세상이 생각하는 교회상도 중요하지만 그 무엇보다도 중요한 것은 예수 그리스도가 생각하는 교회라고 말한다. 왜냐하면 그분이 교회의 설립자요, 머리요, 심판자이기 때문이다. 따라서 예수님께서 교회를 바라보는 시각이 곧 우리의 교회에 대한 비전이 되어야 한다.

헨리 나우웬은 교회를 이렇게 설명한다.

라틴어로 교회를 의미하는 에클레시아라는 말은 희랍어인 에크(ek)와 칼레오(kaleo)에서 온 말입니다. 에크는 '밖으로부터'를, 칼레오는 '부르다'를 뜻합니다. 노예에서 해방되어 자유자로, 죄에서 해방되어 구원으로, 절망에서 해방되어 소망으로, 암흑에서 해방되어 빛으로, 죽음에서 해방되어 생명으로 부름받은 하나님의 사람들이 교회입니다.

그렇다. 진정 하나님께서 의도하신 교회, 하나님께서 목적하신 교회는 세상의 온갖 탐욕과 정욕의 노예를 해방시켜 하나님의 거룩하신 자녀로 부르신 곳이요, 영원한 죽음의 세계로 갈 수밖에 없던 인간들을 부르셔서 주님의 진정한 생명의 능력을 부어주신 곳, 죄악의 사슬에 얽매여 꼼짝도 못하는 인생들을 부르셔서 하나님의 거룩한 면류관을 씌워주신 곳이다.

인생 황혼기의 남자 두 분이 예수를 믿고 세례를 받았다. "예수를 구세주로 믿는 하나님의 자녀 OOO에게 성부와 성자와 성령의 이름으로 세례를 주노라" 하는 순간 그분들을 위해 기도해 온 아내와 순장님은 감사의 눈물을 흘렸고 딸들은 달려와 아버지를 껴안고 축하했다. 슬픔과 고통이 있는 이 땅 위에서 감사와 기쁨과 천상의 눈물을 흘리는 곳, 바로 그곳이 교회가 되는 것이다.

아픔 대신에 위로를, 상처 대신에 나음을 입는 곳, 비난과 미움 대신 용서와 화해가 있는 곳, 그곳이 바로 교회다. 남녀노소 구별 없이 어린 아이처럼 순결한 마음을 가지고 마음을 다하여 하나님을 찬양하는 영광스러운 시간, 하늘 문이 열리고 은혜의 물줄기가 터지는 역사가 일어나는 곳, 바로 그곳이 교회다.

창조주 하나님의 유일한 관심과 기대와 사랑의 대상이 무엇인가? 요한계시록에서는 하나님의 교회라고 이야기하고 있다. "네가 본 것은 내 오른손의 일곱 별의 비밀과 또 일곱 금 촛대라 일곱 별은 일곱 교회의 사자요 일곱 촛대는 일곱 교회니라"(계 1:20). 주님께서는 이 일곱 교회를 붙잡고 계신다. 그리고 이 교회의 사이를 왔다 갔다 하시며 늘 교회에 임재하여 계신다. 주님의 관심의 대상이라는 것이다.

이 일곱 교회들 중에는 칭찬받는 교회들도 있었지만 대부분의 교회는 부족함투성이였다. 그러나 부족한 교회라 할지라도 예수님은 그 교회에 대한 꿈을 버리지 않으시고 소망을 갖고 권면하셨다. 우리가 좀 부족해도 이 땅의 교회를 향해 하나님은 기대의 끈을 놓지 않는다.

좋은 교회는 만들어져 가는 것이다

하나님이 기뻐하시고 원하시는 좋은 교회는 어떻게 하면 이루어질 수 있는가? 좋은 교회는 하늘에서 뚝 떨어지는 것이 아니다. 갑자기 태어나는 것도 아니다. 좋은 교회는 만들어져 가는 것이다. 좋은 교회는 세워져 가는 것이다. 하나님이 기뻐하시는 교회, 하나님이 원하시는 일을 하는 교회는 태어나는 것이 아니라 만들어지는 것이다.

그런데 중요한 것은 좋은 지도자, 좋은 교인이 되어야 좋은 교회가 세워진다는 것이다. 그렇게 되려면 좋은 교회에 대한 꿈을 가져야 한다. 아름다운 교회의 비전을 일구어가기 위해서는 다음의 두 가지가 반드시 충족되어야 한다.

1. 좋은 지도자

"일곱 별은 일곱 교회의 사자라"(계 1:20). 이 사자란 헬라어로 토앙겔러라고 하는데 '말씀을 전하는 자'를 말한다. 그러니까 일곱 별은 말씀을 전하는 자들이다. 예수 그리스도께서 "오른손에 일곱 별을 붙잡고"(계 2:1) 계신다고 했다. 오른손에 붙잡았다는 것은 그만큼 소중하게 여긴다는 뜻이다. 말씀을 전하는 일이 너무나 소중하기 때문에 주님께서 오른손으로 붙잡아 주셨다는 것이다. 그래서 주님은 이 일을 위임받아 말씀을 전하는 지도자들에 대해서 예민하게 반응하시고 보살피시고 관심을 기울이신다. 여기서 교회 지도자의 위치와 중요성을 다시 한번 확인할 수 있다. 주님의 시각이 이러하다면 교회의 지도자에 대한 우리의 시각도 달리해야 한다.

언젠가 사랑의교회 주보에 옥한흠 목사님의 글이 실린 적이 있었다. 다음은 "담임목사, 그는 기도해 줘야 할 사람입니다"라는 그 글의 일부이다.

> 담임목사는 하나님께서 자신의 생명과 바꾼 너무나 소중한 교회를 맡기셨다는 사실 때문에 자주 두려움을 느낄 때가 있습니다. 담임목사는 고독한 자리입니다. 그는 몇 사람의 목사가 아닙니다. 특정한 그룹의 목사가 아닙니다. 전 교회의 목사입니다. 원래 만인의 연인은 고독한 법입니다. 담임목사는 영적으로 대단히 예민한 자리입니다. 간교한 사탄이 어떻게 공격을 할지 모르기 때문에 늘 깨어 있어야 합니다. 담임목사는 하루에도 몇 번씩 웃고 울어야 합니다.
>
> 어떤 성도를 위해서는 정말 기뻐해 주어야 할 일들이 있습니다. 반면에 어떤 성도를 위해서는 가슴이 미어지는 슬픔을 경험해야 합니다. 담임목사는 밤낮 쫓기는 자리입니다. 한 주간이 금방 지나갑니다. 설교자로서 주일 말씀을 듣기 위해 원근 각처에서 달려 올 수만 명의 영혼들을

생각하면 자다가도 벌떡 일어날 때가 있습니다. 담임목사는 신뢰를 못 받으면 죽는 자리입니다. 신뢰는 리더십의 무게를 결정합니다. 믿고 따를 수 있을 때 사람들은 영향을 받게 됩니다. 이 정도만 가지고도 담임목사가 얼마나 어려운 자리라는 것을 알 것입니다.

… 우리는 담임목사의 무거운 짐을 나누어 져야 합니다. 그가 살아야 우리 모두가 살고 그가 승리해야 우리가 함께 승리할 수 있습니다. 저와 같이 담임목사를 위해 우선적으로, 더 적극적으로 중보하는 일에 즐겁게 동참해 주시지 않겠습니까? 좋은 교회는 우리 모두의 행복을 보장하는 절대 조건입니다. 그 절대 조건을 좌우할 수 있는 막중한 자리에 있는 분이 담임목사입니다.

25년간 담임목사로서 옥 목사님이 짊어져야 했던 사역의 무게와 교회를 향한 깊은 사랑에 온 성도가 마음의 옷깃을 여미고 결단하는 시간을 가졌다. 담임목사의 자리를 내어주시면서 성도들에게 마지막으로 교회와 후임 목사를 위해 기도할 것을 권면하신 것은 그것이 얼마나 중요한 일인가를 말해 준다. 담임목사의 위치와 중요성, 그리고 좋은 교회를 위하여 교회 지도자에 대해 성도들이 가져야 할 마음가짐과 기도의 책임에 대한 큰 가르침이 아닐 수 없다.

지도자의 복을 받기 위해서는 먼저 지도자를 사랑해야 한다. 지도자를 사랑하지 않으면 천사의 말을 해도 귀에 들어오지 않는다. 그러나 사랑하면 관심을 기울일 수밖에 없다. 사랑하는 사람은 기도의 후원을 한다. 기도의 후원을 받지 않는 지도자는 결코 영적으로 생명력 있는 역사를 감당할 수가 없다.

지도자를 향해 어떻게 기도해야 하는가?

먼저, 지도자가 하나님과 개인적이고도 생동력 있는 영적 교제를 생의 마지막까지 지속할 수 있도록 기도해야 한다. 지도자들은 공적인 석상에서는 잘 할 수 있다. 그러나 아무도 보지 않을 때, 하나님과 홀로 독대하는 개인적이고도 은밀한 시간에도 하나님과의 살아 있는 영적 교제를 계속해야만 한다. 두 번째로 지도자가 끝까지 잘 되려고 하면 주님 앞에 서는 그날까지 배우는 자세를 흐트리지 않아야 한다. 따라서 지도자가 어린아이처럼 순수하고 소박하게 배우는 자세를 놓치지 않도록 기도해야 한다. 세 번째로는 예수 그리스도의 인격을 닮아가며 인격적으로 균형이 갖추어지도록 기도해야 한다. 마지막으로 중요한 것은 지도자가 당대와 후세에 결정적인 믿음의 공헌을 남기게 해달라고 기도해야 한다.

왜 이렇게 지도자를 위해서 기도해야 하는가? 지도자는 영적 전쟁의 최선봉에 서 있기 때문이다. 기도의 방패로 보호해 주지 않으면 영적 전쟁의 최선봉에서 마귀의 총알받이가 될 수밖에 없다.

좋은 지도자가 좋은 교회를 결정한다. 그런 차원에서 지도자를 사랑하고 그를 위해서 기도할 때 좋은 지도자를 통해 아름다운 교회의 비전이 이뤄질 것이다.

2. 영적 훈련과 성장

자식이 태어나면 시간이 지날수록 거기에 걸맞게 자라야 되는데 자라기를 멈춘다면 그것만큼 부모를 고통스럽게 하는 것이 없다. 자라야 된다. 머리만 크고 자라지 않는다면 참으로 고통스러운 일이다.

좋은 교회가 되려면 목사로부터 시작해서 어린아이에 이르기까지 영적으로 자라가야 된다. 하나님의 말씀을 읽고 하나님의 말씀을 듣고 하나님의 말씀을 적용하고 지키고 묵상하면서 자라가야 한다.

교회가 자라기를 멈추는 순간 썩어가기 시작한다. 그러므로 성장해야 한다. 잘 자라면 의욕이 생긴다. 잘 자라면 일하고 싶어 한다. 잘 자라면 역동력이 있다. 잘 성장하는 사람들에게 게으름과 권태라는 말은 도저히 있을 수 없는 단어이다. 잘 자라면 의욕을 가지고 하나님의 일을 할 수 있다. 영적으로 자라는 데 있어서 관심과 의욕으로 잘 성장할 수 있는 교회가 되어야만 한다.

교회에 주시는 축복

하나님께서는 에베소서 3장에서 수천 년 동안 감추어져 있다가 그분의 백성들에게만 드러난 비밀에 대해서 말씀하신다(엡 3:3, 9). 그것은 곧 하나님께서 '교회를 통해' 자신을 드러내실 것(엡 3:10)과 그리스도의 죽으심으로 유대인과 이방인이 교회라고 불리는 새로운 공동체 속에서 함께 후사가 되고 함께 지체가 되고 함께 약속에 참예하는 자가 된다는 것(엡 3:6)이다. 미국 갈보리교회의 글렌 와그너 목사는 이 구절을 가리켜 "모든 민족을 함께 모아 교회라고 불리는 제 3의 인류를 만드셨다는 것이 바울의 비밀이다."라고 말했다.

아름다운 교회생활을 통하여 하나님이 주시는 그 은혜의 귀한 증거들을 받아 누리는 사람이 있다. 그런데 이것은 받는 사람 외에는 알 사람이 없다. "귀 있는 자는 성령이 교회들에게 하시는 말씀을 들을지어다 이기는 그에게는 내가 감추었던 만나를 주고 또 흰 돌을 줄 터인데 그 돌 위에 새 이름을 기록한 것이 있나니 받는 자밖에는 그 이름을 알 사람이 없느니라"(계 2:17).

첫째로 이기는 그에게는 감추었던 만나를 준다고 하셨다.

아름다운 교회 비전을 가지고 교회생활을 잘 감당할 때 하나님은 때를 따라 돕는 은혜를 통하여 매일 매일 필요한 만나를 주시고 필요한 영의 양식을 공급하신다. 이 만나는 예수 그리스도를 상징한다. 좋은 교회생활을 통해 은혜를 받으면 날마다 예수 그리스도를 더 깊이 경험하고 예수 그리스도를 더 알게 되고 주님과의 동행의 은혜를 깊이 만끽할 수 있다. 좋은 교회생활을 통하여 은혜와 승리를 경험하는 자에게는 하늘의 만나를 주시는 것이다.

또 하나, 흰 돌을 주신다고 했다. 고대 근동사회에서 이 흰 돌은 무죄를 표시하는 것이었다. 이것은 어떤 자격을 부여하는 것이었다. 어떤 모임에 들어갈 수 있는 자격증이었다. 잔치에 들어갈 수 있는 자격표가 되었다. 즉, 아름다운 교회 비전을 가지고 좋은 교회생활을 감당할 때 하나님은 우리에게 날마다 잔치할 수 있는 자격을 부여해 주신다. 천상의 예배를 이 땅에서도 드릴 수 있게 하시고 천상의 은혜를 이 땅에서도 예고편으로 맛볼 수 있도록 만들어 주시는 것이다.

아름다운 교회를 흔드는 복병

하나님이 바라시는 좋은 교회, 아름다운 교회의 모습을 이루어가는 과정에서 우리는 반드시 그 상황을 뒤흔드는 복병들을 만나게 된다. 그것은 성공의 가도를 달릴 때나 실패의 쓴 잔을 마실 때나 맞부딪히게 되는 것들이다. 여기서는 교회가 성장할 때와 실패할 때 생기는 문제들과 그 해결 방안들을 살펴보고자 한다.

1. 성장할 때

(1) 관료주의 : 교회가 성장하면 선택의 폭이 넓어지고, 그 결과 조직이 강화된다. 조직이 커지면 자연히 복잡해지며, 결과적으로 비전이 흔들리기 쉽다. 이때 조직 내에 부정적인 관료주의가 득세할 수 있다.

(2) 복잡한 결정 과정 : 성장은 선택의 폭을 넓게 하여 집중력을 떨어뜨리고 결정 과정을 복잡하게 만든다. 이것은 안전장치가 될 수도 있지만 비전을 집중하는 데 있어서는 굉장히 조심해야 할 부분이기도 하다. 출석 교인이 1,000명을 넘어서면 복잡한 조직들이 가동되기 때문에 교회가 유연성을 잃기 쉽다. 결정 과정이 너무 복잡해지고 관료화되기 때문이다. 이것이 바로 성장이 가져다주는 함정이다.

결정 과정은 단순해야 한다. 개척 교회가 갖는 강점 중 하나가 바로 간단한 결정 과정이다. 비전이요, 꿈이요, 중요한 것을 위해서는 밀고 나갈 수 있는 힘과 강력한 속도전이 필요하다.

이것은 칭기스칸이 전 세계를 장악하던 당시, 100만 명이 1억의 중국인을 넘봤던 속도와도 같다. 13~14세기 당시 유럽 기사들의 특징은 중장비에 있었다. 하지만 칭기스칸의 경우는 가벼운 몸으로 돌진하는 속도전에 능했다. 그는 마를 삶아 미숫가루처럼 만들어 2~3kg에 불과한 양을 허리에 차고 다니면서 물에 불려 끼니를 대신함으로 감히 따라올 수 없는 속도전을 벌였다.

중국이 전 세계를 통치한 17~18세기 초에는 중국의 문화와 능력이 전 세계의 경제를 30%나 장악했다고 한다. 그 비결이 어디에 있었을까? 황제에게 신속히 소식을 전달하기 위해 파발마 600리, 곧 하룻밤에 600리를 갈 수 있는 시스템을 만들었기 때문이다. 따라서 세간에 있었던 중요한 일들이 바로 이틀 만에 북경에 도달할 수 있는 시스템으로 결정 과정에 드는 시간을 상당히 단축시켰던 것이다.

(3) 해결 방안 – 에너지 집중 : 우리는 허수, 허상, 허세라는 3허가 아닌 실상과 핵심, 그리고 부국강병에 집중하고 관심을 기울여야 한다. 덜 중요한 것, 변방 사역에는 에너지를 낭비하지 않기 위해서다. 이런 자세를 견지한다면, 성장으로 인한 비전의 약화를 피할 수 있을 것이다.

2. 실패할 때

(1) 비전은 실패하는 것이 아니다 : 실패했다고 느낄 때 비전이 흔들릴 수 있다. 그래서 비전을 바꿔 보자고 생각하는 경우가 많다. 그러나 그것은 큰 잘못이다. 비전은 실패하는 것이 아니다. 주님이 주신 비전은 영원한 것이며 바뀌는 것이 아니다. 비전은 실패를 통해 다듬어지고 세워질 수 있다.

설령 실패했다 하더라도 비전 자체가 실패하는 것은 아니다. 오히려 다듬어질 수 있는 기회로 생각하라. 실패로 인해 비전이 흔들리지 않도록 하라.

(2) 비전은 결코 약화될 수 없다 : 나는 개척을 하면서 몇 번 실패했다. 몇 차례 절벽에 선 듯한 느낌을 가질 때가 있었다. 처음 제자훈련을 시작할 때도 상당히 힘들었다. 심지어 옥한흠 목사님도 개척하고 1기 제자훈련을 했는데, 결국 사모님만 남고 다 도망갔다고 하지 않는

가. 내가 제자훈련을 처음 시작했을 때는 30대 초반이었다. 따라서 전통적인 교회 출신 목회자들 가운데 목회는 그렇게 하는 것이 아니라고 권면해 주거나 윽박지르는 분들도 있었다. 남가주사랑의교회를 건축할 때도 상당히 힘들었다. 돈도 없었고 여덟 번을 공청하는 등 난관이 많았다. 하지만 지나고 나니 그런 난관들로 인해 실패를 경험한 적은 있지만 비전이 약화되지는 않았음을 알게 되었다. 우리의 계획대로 잘 풀리지 않는다고 해서 비전을 바꿀 필요는 없다.

(3) 비전은 '이 순간' 방해받을 수 있다 : 비전은 이루어져야만 하는 것이다. 그러나 삶이란 항상 '이 순간'과 다툼한다. 바로 이 순간 아이를 키워야 하고, 바로 이 순간 투병하게 되며, 바로 이 순간 아내와 싸우고, 바로 이 순간 시험에 들기도 한다. 이처럼 바로 이 순간 때문에 앞으로 이루어질 일이 영향을 받는 것이다. 우리는 육신의 한계를 갖고 있기 때문에, 정말 안타깝지만 어찌할 수 없는 상황을 만나게 된다.

교회도 마찬가지다. 바로 이 순간 사역의 어려움 때문에 비전이 흔들릴 수 있다. 바로 이 순간 제자훈련의 어려움 때문에 비전이 흔들릴 수 있다.

(4) 해결 방안 – 질문을 던지라 : 실패를 경험하는 가운데 비전을 더욱 굳건히 세우기 위해서는 계속 질문을 던져야 한다. 내가 하는 사역이 한 순간의 프로그램으로 끝나는 것인가, 아니면 계속 빛어 갈 수 있는 사역인가? 비전을 위하여 나를 한 단계 성숙시킬 것인가, 아니면 또 하나의 프로그램으로 그칠 것인가?

비전 축제

아름다운 교회는 하나님이 주시는 비전을 바라보며 날마다 잔치할 수 있어야 한다. 특히 창의적인 전략과 집중을 통해 비전이 이루어졌을 때 그 열매를 함께 나누고 기도하고 축하하는 것은 비전의 뼈대에 근육과 살을 붙이는 것이다.

가령 제자훈련 졸업식이나 세례식, 특새 마지막 날에는 간증하고 기뻐하며 감사하는 특별한 순서를 마련할 수 있을 것이다. 이러한 날들은 하나님께서 우리에게 주신 비전을 이루어주신 데 대해 감사하는 축제의 날이다.

불신자들에게 임한 구원의 열매, 평신도들을 위한 양육의 열매, 다음 세대를 향한 교육의 열매, 교회 비전을 통한 헌신의 열매들을 앞에 놓고 하나님의 은혜에 감사하고 그 열매를 기뻐하고 축배하는 것은 아무리 강조해도 지나치지 않다. 이것은 우리가 내세우고 자랑하겠다는 차원과는 다른 것이다. 중심은 예수 그리스도이다. 그분을 위해서 비전의 열매들을 나누는 것이다. 비전의 열매를 앞에 놓고 계속해서 축제를 여는 사역이 되어야 한다.

비전이란 미래를 예언하는 것이 아니다. 우리 중에 그 누구도 미래를 알 수 없다. 비전은 장기계획도 아니다. 아무도 미래를 알지 못하는데 어떻게 미래를 계획하겠는가? 비전이란 하나님께서 지금 어떻게 역사하고 계시는지, 하나님의 인도가 어떻게 되는지 예민하게 살피고 거기에 동참하는 것이다. 비전은 하나님이 지금 교회, 시대, 나라에 역사하시는 것을 보고 "하나님, 저도 이 일에 동참케 하시고, 하나님의 일에 쓰임받게 하옵소서."라고 기도하는 것이다.

한국 교회를 이끌어가는 사명을 가진 사역자들에게는 이러한 비전이 너무나 중요하다. 사역자의 삶을 살다 보면 자신은 교회에 목숨을 걸어도, 주변의 삶이 흉포한 짐승처럼 물어뜯을 때가 있다. 또한 비전을 위협하는 심각한 도전을 경험할 때도 있다. 화나고 고통스러운 일, 상처받는 일들이 끊이지 않는다. 그러나 이런 질고의 순간들을 맞닥뜨릴 때마다 가슴에 비전이 있다면 결코 흔들리지 않을 것이다. 비전이 있기에 자신을 추스르고 자신을 다스리게 된다.

사역자의 삶은 비전이 이끄는 삶임을 잊지 말자. 이 땅의 모든 사역자들이 비전을 품고 그것을 놓지 않았을 때 맺게 되는 풍성한 기적의 열매들을 바라볼 수 있기를 바란다.

오정현의
Thinking Note

기적과 전율의 삶

　신학교 교수로 영향력을 끼치고 있는 캘빈 밀러는 "기적이 우리의 일상 속으로 들어오는 순간 우리의 삶의 질은 급상승하기 시작한다. 기적과 신비가 인간의 절망 속으로 들어오면, 다리를 저는 사람이 마라톤에서 승리를 거두는 기적이 일어난다."고 말했다. 기적만이 맹물 같은 우리의 일상을 열정적이고 농축된 포도주 같은 삶으로 바꿀 수 있는 것이다.
　그러나 기적은 두드리면 원하는 것이 나오는 요술방망이가 아니다. 그것은 눈감고 있으면 부드러운 입맞춤으로 깨워주는 눈부신 왕자와 같은 모습도 아니다. 우리가 찾는 기적은 사랑을 속삭이는 아내의 목소리에서, 장미 한 송이에서, 아름다운 노래와 계절의 변화 가운데서, 갓 태어난 아기의 해맑은 눈동자에서, 맛있는 음식과 감미로운 대화 속에서, 떨어지는 낙엽에서, 한 줄기 신선한 바람에서, 푸른 하늘에서, 따뜻한 햇볕 속에서 찾을 수 있다. 그것뿐만이 아니다. 깊은 잠에서 눈을 뜰 때도, 출근길의 발걸음에서도, 심지어 냄새나는 화장실에서조차 기적을 찾을 수 있다.
　일상의 삶 자체가 기적임을 깨닫는 것은 어려운 일이 아니다. 병원의 응급실이나 중환자실에 가 보면, 우리가 너무나 당연하게 여기는 사소한 것들이 얼마나 감사하고 기적 같은 일인지 알 수 있다. 우리를 둘러싸고 있는 삶의 굴레를 한 꺼풀 들추고 그 속에서 보석처럼 점점이 박혀 있는 기적을 보는 순간, 우리의 무미건조한 삶이 생명력 있는 삶으로 변화될 것이다. 기적의 빛이 쏟아져 들어오면, 우리를 지치고 힘들게 하는 절망의 어둠은 사라지게 마련이다.
　진정으로 중요한 것은 기적 자체가 아니라 기적을 보는 우리의 눈이다. 마이클 프로스트는 "현대인은 일상 속에서 전율하는 법을 모른다."고 말했다. 그것은 우리의 삶에 점점이 박혀 있는 기적을 볼 줄 모른다는 의미일 것이다. 정말 중요한 것은 일상의 겹 속에 숨어 있는 기적 그 자체가 아니라, 그것에 대한 위대한 해석이다. 삶의 매순간을 기적의 눈으로 해석할 수만 있다면, 젖은 솜처럼 무겁게 반복되는 일상, 불안하고 피곤한 일상 속에서도 마음의 감동을 넘어 영혼이 전율하는 삶을 살 수 있을 것이다.

▎국제제자훈련원은 건강한 교회를 꿈꾸는 목회의 동반자로서 제자 삼는 사역을 중심으로
성경적 목회 모델을 제시함으로 세계 교회를 섬기는 전문 사역 기관입니다.

교회의 심장을 깨우는
잠들지 않는 사역자

1판 1쇄 발행 2005년 12월 5일
1판 18쇄 발행 2018년 9월 14일

지은이 오정현

펴낸이 오정현
펴낸곳 국제제자훈련원
등록번호 제2013-000170호(2013년 9월 25일)
주소 서울시 서초구 효령로68길 98(서초동)
전화 02)3489-4300 **팩스** 02)3489-4329
이메일 dmipress@sarang.org

저작권자 (C) 오정현, 2005, Printed in Korea.
이 책은 저작권법에 의해 보호를 받는 저작물이므로 저자와 출판사의 허락 없이
내용의 일부를 인용하거나 발췌하는 것을 금합니다.

ISBN 978-89-5731-748-8 03230

※ 책값은 뒤표지에 있습니다. 잘못된 책은 구입하신 곳에서 교환해드립니다.